Imke Müller-Hellmann
Leute machen Kleider

Imke Müller-Hellmann

Leute machen Kleider

Eine Reise durch die globale Textilindustrie

Osburg Verlag

Das Projekt »Leute machen Kleider«
wurde von der Robert Bosch Stiftung im Rahmen des Programms
»Grenzgänger China-Deutschland 華德無界行者« unterstützt.

Dritte Auflage 2018
© Osburg Verlag Hamburg 2017
Alle Rechte vorbehalten,
insbesondere das der Übersetzung, des öffentlichen Vortrags
sowie der Übertragung durch Rundfunk und Fernsehen,
auch einzelner Teile.
Kein Teil des Werkes darf in irgendeiner Form
(durch Fotografie, Mikrofilm oder andere Verfahren)
ohne schriftliche Genehmigung des Verlages reproduziert
oder unter Verwendung elektronischer Systeme
verarbeitet, vervielfältigt oder verbreitet werden.
Lektorat: Bernd Henninger, Heidelberg
Umschlaggestaltung: Judith Hilgenstöhler, Hamburg
Satz: Hans-Jürgen Paasch, Oeste
Druck und Bindung: CPI books GmbH, Leck
Printed in Germany
ISBN 978-3-95510-141-1

Inhaltsverzeichnis

Prolog

Frühstück

Ich habe gestern Morgen gefrühstückt. Einen Espresso, zwei Scheiben Brot, Butter und Marmelade. Ich war noch müde und habe die Handgriffe der Zubereitung im Halbschlaf getan. Ich habe Wasser in den unteren Teil der Espressokanne gefüllt, bis zum Ventil am oberen Rand. Ich habe den siebähnlichen Einsatz eingelegt, die Küchenschranktür aufgeschoben und die Dose mit dem Espressopulver herausgegriffen. Zwei Löffel davon habe ich in den Siebeinsatz gefüllt, den Kaffee mit der Unterseite des Löffels festgedrückt, die Kanne zugedreht und auf den Gasherd gestellt. Dann habe ich das Feuerzeug betätigt und gleichzeitig den Drehknopf am Herd. Es gab ein leises ploppendes Geräusch, und die Herdflamme hat unter der Espressokanne gebrannt und mit der Zeit das Wasser nach oben durch die gemahlenen Bohnen hindurchgepresst. Das Geräusch, das dann folgte, war ein Gurgeln und ich wusste: Der Espresso war fertig.

Gestern Morgen war kein besonderer Morgen, es sollte auch kein besonderes Frühstück werden, es stand nichts Besonderes an. Zwei Scheiben vom Brot abschneiden, die Scheiben in den Toaster tun, die Butterdose und das Glas Marmelade aus dem Kühlschrank nehmen. Den Frühstücksteller hinstellen, die Besteckschublade aufziehen, ein Messer herausnehmen. Zur Haustür gehen, die Zeitung aus dem Briefkasten holen.

Ich aß also gestern Morgen getoastetes Brot und las die Zeitung und wusste nicht, wie es dazu kam, aber plötzlich waren die Wände des Zimmers beschädigt, hatte sich Putz abgelöst, waren Steine aus der Wand herausgebrochen, an einigen Stellen. Ich legte die Zeitung beiseite und ging zu dem größten Loch, das da klaffte, steckte den Kopf hindurch und blickte hinaus in den Garten. Es war früh am Morgen, die Sonne schien, aber es war noch frisch. Ein Vogel saß im Baum und sang. Ich lauschte einen Moment, zog den Kopf zurück, ging zum Tisch und aß weiter.

Ich erschrak, als ich aufblickte und einen Mann mittleren Alters sah. Er saß an meinem Esszimmertisch, trug einen Hut, einen verbeulten, und eine ausgeblichene grüne Jacke. Er hatte Ellenbogen und Unterarme auf den Tisch gelegt, lächelte mich an und schien überhaupt sehr vergnügt. Schmeckt's?, fragte er und zeigte auf die Scheibe Brot in meiner Hand, von der ich gerade abgebissen hatte. Ich nickte, kaute, sagte: Ja, ja, und legte die verbliebene halbe Scheibe auf den Teller zurück. Ich wischte mir die Krümel vom Mund und sah aus Verlegenheit wieder in die Zeitung, ich hatte keinen Besuch erwartet. Gute Ernte, sagte der Mann, Anfang August letzten Jahres, schöner Sommertag. Ganz neuer Traktor, abgezahlt in vier Jahren, wenn alles gut läuft. Ach, sagte ich, das wünsche ich Ihnen, dass alles gut läuft. Der Mann nickte und sah gedankenverloren über den Tisch. Woher er denn käme, fragte ich höflich, und er sagte: Brandenburg, Güterfelde, Hof in vierter Generation, 46,3 Hektar.

Ich blickte durch das größte Loch in der Esszimmerwand hinaus in den Garten und dachte darüber nach, wie groß 46,3 Hektar sind und was wohl ein Traktor kostet. Ob er den Weizen bereits mit dem neuen Traktor ausgesät habe, im Herbst des Jahres davor, wollte ich den Mann gerade fragen, als ich merkte, dass sich noch andere Menschen an meinen Tisch gesetzt hatten. Guten Morgen, sagte ich und die Gäste sagten ebenso: Guten Morgen. Eine Frau mit robuster Jacke saß mir gegenüber und zeigte auf meine angebissene Brotscheibe: Schmeckt's?, fragte sie und lächelte, Butter von meinen Kühen. Oh, sagte ich, angenehm. Gehe ich recht in der Annahme: Sie haben die Kühe gemolken? Ja, sagte die Frau, Hof Oldeborg, Niedersachsen, morgens, zwanzig vor sechs. Na, sagte ich, das ist ja was. Und die Marmelade?, fragte eine jüngere Frau. Sie hatte einen leichten Akzent und sah mich zweifelnd an. Ja, vorzüglich!, sagte ich schnell, und das Gesicht der Frau hellte sich auf. Habe ich gepflückt, im Juni, vier Wochen lang, von sechs bis sechs, mit der ganzen Familie. Ach, sagte ich, richten Sie bitte verbindliche Grüße aus. Gerne, sagte die Frau, aber die Erdbeeren auf Ihrem Brot habe ich alleine gepflückt, am 10. Juni, ich weiß es genau. Sehen Sie? Mit diesen Händen. Sie streckte mir ihre Hände entgegen, es waren lange, kräftige Hände, ich nickte ihr freundlich zu. Nun, sagte ich und blickte dabei in die Runde, wenn es Ihnen nichts ausmacht, würde ich gerne weiterfrühstücken, ich muss nämlich gleich zur Arbeit, ich wusste ja nicht, dass Sie kommen. Alle nickten, und der Mann mit dem Hut lüftete ihn und sagte: Natürlich, wir bitten darum.

Ich führte meine Espressotasse zum Mund, konzentrierte mich auf das Trinken und konnte dennoch aus den Augenwinkeln heraus sehen, wie ein Mann und eine Frau mit zwei Kindern sich durch das Loch in der Esszimmerecke zwängten. Guten Morgen, sagten sie und setzten sich an den Tisch. Schmeckt's?, fragte die Frau und zeigte auf meine Tasse, während sie das jüngere Kind von ihrem Schoß hob, um es auf den Boden zu setzen. Ja, sehr, erwiderte ich und ahnte schon, was jetzt kommen würde. Aus der nächstgelegenen Plantage von unserem Dorf. Aha, sagte ich, wo ist denn Ihr Dorf? Fünf Busstunden von Matagalpa entfernt, Nicaragua, und dann dreieinhalb Stunden zu Fuß. Ganz schön weit, sagte ich, und Sie haben den Kaffee gepflückt, nehme ich an? Ja, natürlich, sagte der Mann, die Bohnen der Tasse, die Sie gerade trinken. In der Erntezeit wandern wir zur Plantage runter. So, sagte ich, und jeden Abend zurück? Die beiden lachten. Nein, das ist zu weit. Wir haben Hängematten dabei.

Während ich mit den beiden aus Nicaragua sprach, waren immer mehr Menschen durch die größer werdenden Lücken in meinen Esszimmerwänden gestiegen. Nun ist das Zimmer nicht allzu groß und am Tisch gab es schon jetzt keinen Platz mehr. Ich stand auf, um die Neuankommenden zu begrüßen. Eine Französin, die Sonnenblumen anbaute, eine Aachenerin, die in einer Fabrik Marmelade kochte, ein Bauer aus Tschechien, Zuckerrüben sein Metier, ein junger Mann aus Thüringen, der in einer Mühle ein Praktikum machte, eine Kaffeerösterin aus Bremen, ein Lkw-Fahrer mit bulgarischen Wurzeln, ein Gießer aus einer chinesischen Porzellanfabrik und ein Lagerarbeiter aus Schweden. Sie alle betrachteten mein bescheidenes Frühstück. Das Zimmer wurde dabei immer voller. Wir rückten den Tisch und die Stühle beiseite, ich aß den letzten Bissen unter Applaus, trank den letzten Schluck vom Espresso, hielt die leere Tasse in die Höhe, wieder Applaus, und stellte sie ab. Alle standen herum und redeten durcheinander. Ich klatschte laut in die Hände und sagte: Sehr geehrte Damen und Herren, darf ich Ihnen auch etwas anbieten? Wie wäre es mit einem Wasser, einem Saft, einem Sekt? Obst hätte ich auch noch da, und … Ich hatte den Satz noch nicht zu Ende gesprochen, alle jubelten, als mehrere Leute aus dem Garten hereinkletterten – Orangenpflückerinnen, Flaschenhersteller, Obstbewässerer, Verkäuferinnen. Sie kamen aus Spanien, Marokko, Tunesien, aus Belgien und aus der Türkei. Irgendjemand brach noch mehr Steine aus der Wand, sodass der Zugang zum Garten frei war. Ich leerte meinen Kühlschrank und ging in den Keller, stellte alles, was ich finden konnte, im Esszimmer auf den Tisch. Die Leute hielten die Lebensmittel in die Höhe und zeigten dabei mit einem Finger auf sich oder auf ihre Nachbarin, ihren Nachbarn. Alle klopften sich auf die Schultern, man lachte und prostete sich zu.

Ich bin nicht zur Arbeit gegangen. Ich konnte ja nicht. Ich habe meine Gäste bewirtet, es wurde ein großes Fest. Zwischendurch habe ich überlegt, warum die Wände eigentlich Löcher bekommen hatten und wie ich sie wieder stopfen würde. Und was wäre, wenn mir das nicht gelänge. Mir ist ein bisschen schwindelig geworden bei dem Gedanken. Ich habe mir eine Pause vom Trubel im Esszimmer gegönnt und bin leise in mein Arbeitszimmer gegangen.

Ich habe den Computer angestellt, sofort saßen fünf Chinesen auf meinem Sofa. Ich habe ihn schnell wieder ausgeschaltet. Im Flur, voller Regale mit Büchern, standen die Menschen, die die Bücher geschrieben, gesetzt und gedruckt hatten. Auch sie zeigten sich gegenseitig ihre Werke. Der Flur war viel zu eng, es schoben sich auch Holzfäller, Dreherinnen, Tischlerinnen und Teppichweber durch das Gedränge, und einige waren schon dabei, die Wände abzubauen. Ich flüchtete mich ins Badezimmer, wischte mir den Schweiß von der Stirn und wusch mir die Hände. Ein Seifenhersteller trat ein und eine Frau aus einer Handtuchfabrik. Eigentlich wollte ich ein frisches T-Shirt anziehen, aber ich wagte mir nicht auszumalen, was in meinem Kleiderschrank los war. Ich beschloss, sobald wie möglich eine Baufirma zu bestellen, vielleicht noch eine weitere Firma für eine Extraladung Zement.

Ich bin zurück in mein Esszimmer gegangen, also in das, was von ihm übrig war, und von dort in den Garten. Ich habe getrunken und mich durch die Menge treiben lassen und zwischendurch Pizza und Wein für alle bestellt. Immer mehr Menschen kamen hinzu, Pizzabäckerinnen und Winzer, und Musikinstrumente wurden gespielt. Ich habe einmal, zwischen zwei Gesprächen, verwundert gegen die Reste einer Wand des Esszimmers geklopft, sofort fiel ein Stein heraus. Ich verstehe das nicht. Ich weiß nicht, was mit den Wänden ist.

Das Fest ging bis spät in die Nacht.

*Ich zog mir ein frisches T-Shirt an und sah nach,
was in meinem Kleiderschrank los war.*

Die Unterhose | Slip Claudia

Bremen, 5. Dezember 2014
Sehr geehrte Damen und Herren von GALERIA Kaufhof,
ich möchte die Menschen porträtieren, die meine Lieblingskleidung
hergestellt haben. Zu dieser Kleidung gehört eine Unterhose aus
Ihrem Sortiment der Marke emotions. Sie ist zu 95 Prozent aus Baumwolle, und die Zahlen unter dem Barcode auf dem Innenschildchen
lauten: 4 008030 716850.

Darf ich Sie bitten, mir mitzuteilen, wo genau diese Unterhose hergestellt wurde und an wen ich mich im Betrieb des Herstellers wenden
kann, damit ich eine Person finde, die an der Produktion dieser
Unterhose mitgewirkt hat?
Mit freundlichen Grüßen

Köln, 10. Dezember 2014
Sehr geehrte Frau Müller-Hellmann,
wir freuen uns sehr, dass der Slip Claudia zu Ihrer Lieblingskleidung
gehört. Das finden viele andere Kundinnen auch
und daher gehört der Slip Claudia zu den absoluten Bestseller-
Artikeln.
Die Serie Claudia wird von der Fa. Gebr. Conzelmann in Albstadt
produziert. Unsere Ansprechpartnerin erwartet gerne Ihre Anfrage.
Wir würden uns freuen, von Ihnen zu hören, wie alles weitergeht
(insbesondere in Bezug auf den Slip Claudia).
Freundliche Grüße aus Köln
GALERIA Kaufhof

Bremen, 10. Dezember 2014

Sehr geehrte Frau A.,

sind Sie sicher, dass es sich bei meiner Unterhose um das Modell
Claudia handelt? Alle von mir im Netz gefundenen Bilder zum Modell
Claudia sehen anders aus. Darf ich Ihnen ein Bild des besagten Klei-
dungsstücks anhängen? Verzeihen Sie bitte meine Zweifel.

Mit freundlichen Grüßen

Köln, 11. Dezember 2014

Sehr geehrte Frau Müller-Hellman,

es handelt sich definitiv um Claudia. Sie haben recht: Der Slip Claudia
muss noch von unserem Online-Team bearbeitet werden. Vielen
Dank für Ihren Hinweis.

Freundliche Grüße aus Köln

GALERIA Kaufhof

Albstadt, 14. Januar 2015

Sehr geehrte Frau Müller-Hellmann,

wir freuen uns (Herr Riede, Leiter Färberei, und ich, Leitung Produktion) auf Ihren Anruf.

Freundliche Grüße

Bremen, 12. Februar 2015

Sehr geehrte Frau A.,

ich möchte Ihnen mitteilen, wie es mit Slip Claudia weiter-
gegangen ist:

Ich werde Herrn B. und Herrn Riede im Betrieb von Conzelmann in
Albstadt besuchen. Ich freue mich sehr darüber.

Mit freundlichen Grüßen

Albstadt | Gebrüder Conzelmann

Von Bremen bis Stuttgart sind es einige Stunden im Zug. Fünfein-halb, wenn man den ICE nimmt, der mit 300 km/h in einer einzigen Stunde die Teilstrecke von Köln nach Frankfurt zurücklegt, oder sechseinhalb Stunden, wenn man gemütlich den Rhein hochfährt, mit Blick auf die anfangs leicht und später steil ansteigenden, den Flusslauf begrenzenden Rheinhöhen, über deren Hänge sich Wein-berge ziehen und an deren Fuß die Häuser der kleinen Orte am Ufer zusammenzurücken scheinen. Von Stuttgart aus braucht der Zug eineinhalb Stunden bis Albstadt-Ebingen und von dort fährt ein Bus nach Albstadt-Tailfingen, er braucht für den Weg fünfzehn Minuten. In Tailfingen wohnen elftausenddreihundert Menschen. Die meisten von ihnen im engen Tal der Schmiecha, einem Zufluss der Donau, die anderen auf den Hochflächen und Hängen der Schwäbischen Alb. Der Ort liegt auf 800 Metern, und dass dies ein-deutig höher ist als zu Hause, merke ich daran, dass Schnee liegt, als ich aus dem Bus steige, Schnee, den gab es in diesem Winter in der norddeutschen Tiefebene kein einziges Mal. Die Luft ist kühl und klar und es dämmert, als ich die Namen der Straßenschilder mit den Namen der Karte vergleiche, die ich in Form eines Internetaus-drucks auf einem zerknitterten Blatt Papier in der Hand halte. Ich habe mich telefonisch in einer Pension eingemietet, die ich einige Straßenzüge weiter, nach dem Passieren des kleinen Marktplatzes, an der Sparkasse und am Rathaus vorbei, in einer Stichstraße finde, und der ältere Gastgeber im Jogginganzug führt mich zu meinem Raum, in dem mehrere Männer, die aussehen, als seien sie Mon-teure, vor einer Mikrowelle sitzen und Suppen aus Dosen erwär-men. Er sagt: Keine Angst, das sind keine Ausländer. Die Monteure lachen. Ich folge dem offensichtlich ängstlichen Schwaben in seine Stube, in der ich seiner Frau das Geld für die Übernachtung gebe, die mich nicht anschaut dabei, da gerade in einer sehr laut gestellten

Vorabendsendung ein mutmaßlich deutscher Mann von einer mutmaßlich deutschen Frau erschossen wird.

Die Bedienung im schwäbischen Gasthaus an der Hauptstraße des Ortes bringt mir das Getränk und fragt, was ich in Tailfingen täte, ach, Conzelmann, sagt sie, ob ich da anfangen wolle, ein Interview, wofür denn das und mit wem, sie kenne viele im Ort, die dort »schaffen«, Conzelmann sei ein großer Betrieb. Früher habe es viel Textil auf der Alb gegeben, einer, der das Cowboyhemd wieder groß rausgebracht habe, arbeite noch im Ort, und ein anderer bekannter Betrieb sei nur zehn Kilometer entfernt, sie zeigt mit der Hand in Richtung der Holzvertäfelung über den Köpfen einer Gruppe Männer, die sich gerade zugeprostet haben.

Die Straßen des Ortes sind menschenleer. Ich laufe durch die beginnende Nacht – Lichter kleben am Berg –, steige über Schnee, der zusammengeschaufelt wurde und dann gefror, gehe an den weißen Ufern des Flusses entlang, dessen Wasser schnell fließt und der eher einem Bach ähnelt, bis zum Fabrikgelände, in dem ich morgen früh verabredet bin. Das Gelände ist groß, eine weitläufige Anlage, ein Übersichtsfoto zeigt die im Rechteck angeordnete Ansammlung älterer Gebäude, in deren Innenhof weitere Betriebsstätten gebaut wurden und in dem ein hoher Schornstein aus roten Backsteinen emporragt. Der Fabrikverkauf ist mit einem Pfeil markiert, man muss bis zum Ende gehen und dann nach rechts an die Frontseite, und bis dahin hat man 33 Fenster à drei Etagen, also 99 Fenster der sich längs der Straße erstreckenden Gebäudeanlage passiert.

Am nächsten Morgen liegt feiner, pulvriger Schnee auf den Dächern der Häuser, auf die ich aus meinem Monteurszimmer blicke, und fast alle haben am unteren Ende eine Auffangeinrichtung, in die große Mengen alten Schnees hineingesackt sind. Ich räume mir einen Platz zwischen den Hosen und Shampoos und gespülten Suppentellern im Monteursbadezimmer für meine Waschutensilien

frei, frühstücke eine Etage höher in der Küche mit Blick auf den
Kirchturm und stehe um Punkt zehn Uhr in einem Empfangs-
raum, in dem es ein Telefon und die Nummern der Durchwahlen
gibt, mit dem ich Herrn B. meine Ankunft bei Conzelmann melde.
Herr B. betritt mit Schwung den Raum. Er trägt Anzughose und
Hemd, sieht akkurat aus und freundlich, und nachdem ich den
Schreck, nicht schick genug gekleidet zu sein, und den in mir auf-
glimmenden Ärger, dass ich daran bei einem Textilprofi doch hätte
denken müssen, verscheucht und meinen Rucksack abgestellt habe,
beginnt er sofort mit der Betriebsführung – schnell noch greife ich
nach meinem Block –, die er zügig durchführt, in einem weichen
Schwäbisch erklärend. Ich steige hinter ihm die Treppen in einem
kahlen Treppenhaus hinauf und notiere dabei, dass die Baumwolle
aus der Türkei käme, aber dass die Türken auch zukaufen würden
und dass die Wolle, Angora und Schaf, aus Italien eingeführt wird.
Die Schafwolle sei in Australien gekauft, aber dass ein großes Problem die Chinesen seien, die so riesige Mengen abnähmen, dass die
Europäer nur noch – er will nicht »Ausschussware« sagen – »min-
derwertige Ware« erhielten, da Europa nicht mehr der Hauptbezie-
her sei, wie es früher einmal war. Die Chinesen würden sich auch in
Afrika »breitmachen«, sie würden alles vom afrikanischen Markt
aufkaufen und Land und Flächen in vielen afrikanischen Ländern
für wenig Geld erstehen, das sei ein großes Problem für die Menschen vor Ort, China breite sich aus wie ein »Krebsgeschwür«. Wir
sind oben angelangt und Herr B. öffnet eine Tür, dreht sich noch
einmal um und ergänzt: Bei Angora achte der Betrieb sehr genau
darauf, dass die Hasen geschoren und nicht gerupft werden würden, und was die Schafwolle aus Australien beträfe, müsse erwähnt
werden, dass der Preis sehr schwanke, eine Trockenheitsperiode
und die Ernte sei beinahe hin. Ein Baumwollfeld hingegen sei
schnell angepflanzt, die Einkaufspreisschwankungen hielten sich
bei diesem Produkt in Grenzen. Der Betrieb würde jetzt schon die

Wolle für den Herbst bestellen, denn die Vorstellung, es gäbe Lie-
ferengpässe zu Beginn der kälteren Jahreszeit, wäre der Super-GAU,
er habe die Garne gerne schon lange im Voraus im Haus. Wir betreten den Raum, der eine ganze, weitläufige, helle Etage ausfüllt, die
mit durchsichtigen Plastikvorhanglamellen unterteilt wurde, zwischen denen über einhundert Strickmaschinen stehen, die ihre
Arbeit tun und schlauchförmige Stoffe unter hohem Geräuschpegel
herstellen. Die Strickmaschinen sind rund. Sie haben auf knapp
über Kopfhöhe 30 bis 80 Garnrollen montiert, die wie ein großer,
mehrschichtiger Heiligenschein über den Kreis der 2000 Nadeln
gespannt sind. Garnrollen in nur einer Farbe, wenn der Stoffschlauch einfarbig werden soll, oder Garnrollen in verschiedenen
Farben, wenn es ein gestreiftes oder gemustertes Stoffstück wird.
Bei einigen Maschinen bestehen die Garnrollen aus Baumwolle, bei
anderen aus verschiedenen Mischanteilen, vier Rollen Elasthan
kommen auf 76 Rollen Baumwolle, um das Mischgewebe zu produzieren, aus dem Slip Claudia hergestellt wird. Bei den neueren
Maschinen befinden sich die Garnrollen in einer Hängevorrich-
tung an der Seite, bei den älteren sind sie im Kreis oberhalb angebracht, und deswegen, sagt Herr B., sei es schlecht, wenn ein
Strickmeister größer als ein Meter achtzig wäre. Drei Ventilatoren
flitzen zuoberst in hoher Geschwindigkeit über die Rollen hinweg
und ebenso wird Luft per Hand, oder automatisch aus »Abblas-
schläuchle« über die vielen Nadeln geblasen, damit kein Flaum,
keine Flusen diese verstopfen, die das feine Gespinst der von oben
herablaufenden Fäden zerreißen würden. In zwei Schichten bedienen zwölf Mitarbeiterinnen und Mitarbeiter die über einhundert
»Leibweitenmaschinen«, die in einer Woche acht bis zwölf Tonnen
Stoff in den Feinheiten von 14 bis 28E produzieren, das ist die Maß-
einheit Nadeln pro Zoll, und ein Zoll galt früher als der zwölfte Teil
eines Fußes und wird heute bei 2,54 Zentimetern gesehen, was
erstaunlicherweise eine Fußgröße von 30 Zentimetern ergäbe, die

der Schuhgröße von 48,5 entspräche. 20E bedeuten 28 Nadeln auf zweieinhalb Zentimetern, und dies ist – Herr B. fragt beim Strickmeister nach – die Nadeldichte, mit der Slip Claudia hergestellt wurde, eine feine »Rippe«, gestrickt mit rechter und linker Seite. Die 100 Strickmaschinen dieser Etage produzieren Singlestoffe, Interlock und Feinripp. Bei Feinripp handelt es sich zumeist um eine Rechts-rechts-Maschenreihe aus fein gekämmten Garnen, bei der das »Rechtsmaschenstäbchen« in Längsrichtung eine durchgehende Rippe bildet, daher der Name. Feinripp muss aber nicht immer rechts-rechts »abgestrickt« sein, es gibt diverse Möglichkeiten und Varianten. Feinripp wird für Unterwäsche verwendet, lese ich später nach, er sei tragefreundlich, denn er passe sich den Formen des Körpers an. Interlock und Singlestoffe werden dem Jerseystoff zugerechnet, lese ich weiter, wobei der Single-Jersey aus abwechselnd einer rechten und linken Masche besteht und dadurch sehr elastisch wird, und der Interlock-Jersey an zwei Nadelreihen, sogenannten »Fontouren«, gestrickt und in einer Rechts-rechts-Bindung gekreuzt wird. Wenn der Stoffschlauch einhundert Meter erreicht hat, erklärt Herr B., wird er abgeschnitten, und sechshundert Meter Stoff wird in einer Doppelschicht produziert. Ich komme an einer Maschine vorbei, an deren Seiten Vorrichtungen verlaufen, die an Fahrradketten erinnern, und während Herr B. den Fahrstuhl am anderen Ende der Etage ansteuert, betont er, dass diese alte Maschine etwas könne, was die neuen vollautomatisch computergesteuerten von heute – er zeigt auf die Maschinen an der Seite der Fenster, aus denen man den Steilhang der Schwäbischen Alb sehen kann – nicht mehr zustande brächten: Eine Schlauchform zu produzieren, die keiner Seitennaht in der späteren Produktion mehr bedarf. Ich verstehe: Slip Claudia hat keine Seitennaht. Ich fühle mich ertappt. Das Besondere meiner Unterhose hatte ich nicht bemerkt. Wir betreten den Fahrstuhl, die Wände gleiten nach oben, und Herr B. erklärt, dass der gestrickte Stoff nun gewaschen werde,

Paraffine seien in ihm enthalten und Schalenanteile der Baumwoll-
pflanzen, Wasser würde der Stoff so nicht aufsaugen können, es
würde abperlen an ihm. Unten ist das Lager voller Stoffe, eigener
und zugekaufter, und ich frage, nach welchen Kriterien er die Firmen auswählen würde – er sagt Qualität und Preis, zugesendete
Musterstücke – und ob sein geschulter Blick jemals frei habe oder
er immer, egal wo im Alltag, die Qualität eines Stoffes, den er an
einem Menschen sehe, bewerte. Herr B. bleibt bei dieser Frage stehen und sieht mich an. Ja, immer, sagt er, die Qualität des Stoffes,
die Qualität der Verarbeitung – in welchem Abstand die Stichlinge
gesetzt sind, davon hängt ab, wie schnell eine Naht reißt – und die
Farbqualität. Ein schwarzes T-Shirt für vier Euro, das Gift kriegen
Sie nie wieder raus, und die Arbeitsbedingungen werden schrecklich gewesen sein. Er sagt, ich verneige mich vor den Chinesen, das
können sie wirklich, sie arbeiten präziser als jedes Balkanland oder
als die Türkei, aber ich möchte nicht wissen, wie sie Farbe und Chemikalien nach dem Bleichen und Färben entsorgen. Wir gelangen
in die Färberei, zwei Meter bis vier Meter hohe Maschinen, in denen
Wasser steht oder sich bewegt, Stoffe in langen Bändern auf Rollen
durch Trommeln und Becken und Farbe gezogen werden, es ist
warm und feucht, die Mitarbeiter haben Gummistiefel an den
Füßen, der Boden ist gekachelt, die Maschinen dröhnen. 80 Prozent der Stoffe werden zu Weißwäsche gebleicht und der Rest, eineinhalb Tonnen täglich, werde gefärbt, 150 Kilogramm Stoff in
einer »Kufe«, ein Kilogramm braucht 150 bis 180 Liter Wasser und
acht Stunden für einen Färbungsvorgang: Eine Stunde abseifen,
eine Stunde spülen und vorbereiten, fünf Stunden lang Farbe auf-
nehmen und wieder eine Stunde lang spülen. Der Wasser- und
Energiebedarf ist bei diesen Veredelungsvorgängen enorm. Auf
dem Weg in die Bleicherei sehe ich einen Mann auf einer zweiten
Ebene des Rohstofflagers hinter alten Holzlatten Stoffballen auséin-
anderrollen und an einer Nähmaschine zusammennähen. Nur ein

paar Schritte weiter bleiben wir vor zwei sehr großen, gekachelten Zubern stehen, die wie runde Schwimmbecken aussehen, beide tief und leer, die riesigen Deckel aufgeklappt und die Abdeckgitter zur Seite geschoben. Hier wird gebleicht, an der Wand hängen die Behälter, in denen die Chemikalien aufbewahrt werden: Natriumchlorit, Ameisensäure, Puffersalz. Puffersalz, sagt Herr B., steuere den Bleichvorgang, zwölf Stunden lang bleibe der Stoff bei 90 Grad darin und anders als beim Färben, ruhe der Stoff und werde nicht bewegt, die Chemikalien sänken durch ihn hindurch auf den Grund. Einen Reaktor haben sie bauen müssen, die Chemikalien werden darin neutralisiert, drei bis vier Millionen D-Mark für diesen und den unterirdischen Puffer, in dem das Wasser abgekühlt wird, und da frage man sich zum Thema Preisvergleich: Was passiert in China mit dem Wasser des Bleichvorgangs? Die Stoffe hier, fügt Herr B. hinzu, werden im Anschluss gewaschen und optische Aufheller hinzugegeben, aber seien Sie unbesorgt, ein Schluck Wasser im Schwimmbad fügt Ihnen mehr Chlor zu als das Tragen der von uns gebleichten Wäsche auf Ihrer Haut. Wir kommen zum Trockenraum, wieder andere Maschinen, »krumpfen« ist das Wort, das ich hier zum ersten Mal in meinem Leben höre, und es meint das mechanische Stauchen des Stoffes vor seinem Zuschnitt, damit er nachher nicht weiter schrumpft. Wir stehen vor der raumgroßen, grünen Krumpfmaschine, in dem der Stoff gestreckt und wieder geschrumpft wird, und Herr B. berichtet von den weggebrochenen Aufträgen seit 2001, seit China so stark sei, die Kaufhäuser seien abgesprungen, und selbst die Bundeswehr, wie unpatriotisch, lasse im Ausland produzieren, ein ehemals großer Auftraggeber. Und was die Großen betrifft, Aldi und so, diesen Preiskampf kann man nicht gewinnen, da zahlt man drauf, da machen wir nicht mehr mit, eher hören wir auf. Aber Slip Claudia, sage ich, sei ja bei Kaufhof zu kaufen, ein Großabnehmer, der blieb? Ja, sagt Herr B., da hängen auch Schiesser und Mey, aber die sind beim Nähen nicht besser als wir, die kochen auch nur mit Wasser, bei denen zahlen Sie den Namen, also die Werbung mit. Wir gehen an Maschinen vorbei, die bügeln, und an Maschinen, die die Stoffschläuche mit Hilfe von Magneten für den Zuschnitt exakt in die Form bringen, ich sehe eine uralte Maschine mit Rollen, auf denen sich tausende Widerhaken befinden, die den Stoff anrauen, wodurch dieser flauschiger wird – fühlen Sie mal! – was nicht mit dem Nicki-Stoff zu verwechseln ist, bei dem die heraushängende Masche flächig abgeköpft wird. Nach Stricken, Waschen, Bleichen, Färben, Krumpfen, Trocknen, Rauen und anderen Veredelungen muss der Stoff drei bis vier Tage ruhen, dann erst wird er geschnitten, denn »zu warm« geschnitten würde er immer kleiner werden beim Nähen. Ich soll an verschiedenen Stoffen fühlen, hier, sagt Herr B., dieser ist rauer, er wurde von älteren Maschinen gemacht, und dieser – spüren Sie das? – viel feiner, aus neuen Maschinen, und jetzt raten Sie, aus welchem Stoff Wäsche für Herren und aus welchem die Wäsche für Damen wird. Der Zuschnitt wurde früher per Hand gemacht, sagt er im nächsten Raum, überall auf der Alb habe es Textilfirmen mit Zuschneidern gegeben, 21 hier im Betrieb, als er anfing, in den 8oer Jahren, heute sind es noch fünf. Die Stoffbahnen wurden genau übereinandergelegt, »abtafeln« wird das auch heute genannt, eine Pappschablone kam darauf, und dann wurden die Schnitte mit »Pudersäckle« oder mit einem Bleistift auf den Stoff übertragen. Heute schneidet noch einer der fünf Zuschneider des Betriebs per Hand, bei Mustern, bei denen die Mengen zu klein sind, oder bei Wäsche mit Spitze oder Taillierungen. Er zeigt mir das senkrecht gespannte Handmesser, Kettenhandschuhe sind Vorschrift, er möchte nicht wissen, wie viele damalige Zuschneider Finger an solchen Werkzeugen ließen. Ein paar Schritte weiter hängen dreißig eineinhalb Meter hohe Schablonen wie Kleidungsstücke auf Bügeln, die Stanzbleche. Daneben läuft der Stoff in eine Maschine ein, in der eine Blechschablone mit dem Gewicht einer Tonne, wie ein

Backförmchen in den Teig, ein Muster in den mehrschichtig übereinandergelegten Stoff hineinstanzt. Das sind die Zuschnitte für eine Unterhose, und am Ende der Maschine legt ein Mitarbeiter die Stoffpacken zusammen, die so zu den Näherinnen kommen, den 20 Frauen im Haus, es waren einmal 300, oder den 165 Frauen in Serbien oder Rumänien in den Lohnnähereien. Auch eine computergesteuerte Cutter-Maschine gibt es, die setzt den Nullpunkt mit Infrarot, schneidet mit Vakuum einen absolut exakten Schnitt, flexibel in der Formgebung, und ich sehe, wie der Arm der Maschine über die meterlang ausgelegten, »abgetafelten« Stoffbahnen flitzt und wie der Bediener der Maschine auf einem Display die nächste Aufgabe eingibt. Wieder fahren wir mit dem Aufzug, die Wände sinken nach unten, wieder öffnet Herr B. Türen und durchquert mit schnellen Schritten die Etagen. Näherinnen sitzen an Einzeltischen vor ihren Maschinen, sie haben zugeschnittene Stoffstücke neben sich liegen, und vielleicht, so sagt er, sei auch Slip Claudia hier zusammengenäht worden, vielleicht aber auch in Rumänien, der Betrieb dort produziere ausschließlich für sie. Regelmäßig wird der Zuschnitt dorthin transportiert, die fertige Ware kommt zurück und wird geprüft, auf Löcher und Flecken, und dann umgepackt, auf Bügel, in »Päckle«, je nachdem was der Kunde sich wünscht. Das Ein-, Um- und Verpacken geschieht in der Qualitätssicherung. Wir laufen durch eine weitere Etage, neben der der verwaiste Bundeswehrraum liegt. Die Vorgaben seien sehr hoch gewesen, sie hätten sie alle erfüllt, wirklich unpatriotisch. Wir gehen mit zügigen Schritten hindurch. Herr B. verabschiedet sich, er entlässt mich in den Raum des Fabrikverkaufs, schwarze, weiße, rote Unterhosen und -hemden, Schlafanzüge, Wollwäsche, Bio, Angora, in einer Stunde, nach der Mittagspause sähe man sich wieder, zum Treffen mit Reinald Riede, dem Textilveredler.

Reinald Riede

Reinald Riede ist Textilveredler von Beruf. Er ist der textiltechnische Leiter des Betriebs und für alle Veredelungsschritte verantwortlich. Unter seiner Aufsicht geschahen das Waschen und das Färben des Stoffes von Slip Claudia, nicht »brombeerfarben«, verbessert er mich, »taupe« heiße die Farbe des Slips. Reinald Riede kennt die Eigenschaften der Stoffarten. Er weiß, wie viel Farbe und welche Farbe Wolle, Seide, Acryl, Baumwolle oder Polyester brauchen, und wie man es hinbekommt, dass die Farbe nachher nicht »ausblutet« oder ein mitgewaschener Stoff nicht »anblutet«. Er sagt: So wenig Chemie wie möglich, so farbecht, wie es geht, wir sind nach dem IVN-best Standard und nach dem Global Organic Textile Standard zertifiziert, GOTS laute die klangvolle Abkürzung, auf die solle ich ab heute achten. Seit 35 Jahren veredelt Reinald Riede Stoffe. Er ist begeistert von dieser Arbeit, vielfältig sei sie, und herausfordernd. Ein ganzes Berufsleben reiche nicht aus, um alles zu lernen, was es über Textil zu lernen gebe. Strickmeister sein? Nein, danke. Das wirklich Interessante geschehe in der Veredelung: Produkte voranbringen, Zufallsergebnisse verfeinern, keine Angst vor schwierigen Aufgaben haben. Sturmhauben aus Seide färben? 100 Kilo Seide für 6000 Euro? Er hat es gemacht. Mit Naturindigo färben? Ein Kilo für 150 Euro? Da ist er gerade dran.

Wir sitzen in einem Konferenzraum an einem langen Glastisch, der spiegelt, und ab und zu klingelt sein Handy, er sagt: Polyester, elastisch. Oder: Stückle, viereinhalb Tonnen. Dann verschränkt er die Arme hinter dem Kopf. Ein Textilveredler sei inzwischen so selten wie ein Bierbrauer oder ein Glockengießer, dabei trage doch jeder Mensch Textilien auf seiner Haut. Niemand wisse mehr, wie diese hergestellt werden und welche Arbeitsschritte ein Veredler dafür vollzog. Er findet das schade. Stoffe seien lebendig. Er will den Bereich Textil ins Bewusstsein zurückbringen, deswegen bildet er auch Lehrlinge aus, die einzige Berufsschulfachklasse, die es im Süden noch gibt, befindet sich in Südbaden – Textilveredler, ein aussterbender Beruf. Früher, so sagt er, zählten die Färber und die Bleicher zum Handwerk, heute zur Industrie. Früher war es eine Zunft, es gab eine Berufsehre, heute nicht mehr. Es sei schwierig, gute junge Leute zu finden, die Eltern sagen: Textilbereich? Da verreckt doch jeder Betrieb.

Reinald Riede hat das große Sterben der Textilbranche auf der Schwäbischen Alb selbst erlebt. In seinem zweiten Lehrjahr, er war 16 Jahre alt, wurde sein Ausbildungsbetrieb mit 500 Angestellten abgewickelt. Es war eine der ersten Firmen, die Anfang der 80er Jahre schließen mussten, in den nächsten Jahren wechselte Reinald Riede fünf Mal den Betrieb, alle Firmen, für die er »schaffte«, gaben nach und nach auf. Die Übriggebliebenen haben sich ihre Nischen gesucht, erklärt er, der eine modisch, der nächste konservativ, der dritte preisaggressiv. Drei Große seien übrig in Albstadt, einer von ihnen trage noch den Zusatz »zum Ochsen« in der Firmenabkürzung: Comazo, »Conrad Maier zum Ochsen«. Früher diente die nächstgelegene Kneipe als zusätzliches Unterscheidungsmerkmal der vielen Betriebe. Das sei lang her. Trotzdem. Er habe es niemals bereut, die Textilbranche gewählt zu haben, er sei immer gut damit gefahren, er würde es sofort wieder tun. Ich bin zu einhundert Prozent Veredler, betont er, ich brenne für diesen Beruf.

Reinald Riede ist so schwäbisch wie der ganze Betrieb Conzelmann: bodenständig, freundlich, regional verwurzelt. Geboren in einem kleinen Ort auf der Alb, 25 Kilometer entfernt, lebt er heute noch – verheiratet, eine Tochter –, wo jeder jeden kenne, sagt er, eine Idylle, dort habe er »sein Haus« gebaut, wie alle in der Familie vor ihm, seit 1525, die Riedes, ansässig vor Ort, ein Sägemüllergeschlecht. Ich notiere, man baut sich ein Haus hier und man lebt für den Beruf, auch wenn dieser am Anfang mehr Zufall war. Was wisse man schon mit 15, nichts wisse man. Er wusste nur, dass er nicht zur Post wollte, wie sein Vater es für ihn geplant hatte, Beamter sein, und dass er nicht Stahlbetonbauer werden mochte, da war eine Lehrstelle frei. Betonstahl als Material für das tägliche Brot? Viel zu kalt. Keine Ahnung habe er gehabt, wohin ihn die Textilausbildung führen würde, letztendlich bis nach El Salvador. Reinald Riede lächelt. Zwei Jahre lang hat er für einen Schweizer Investor einen Lohnveredelungsbetrieb geleitet, als die Anfrage kam, war die Aufregung groß: Soll er, soll er nicht? In eines der kriminellsten Länder der Erde gehen? Er hat es getan, und es waren zwei der schönsten und interessantesten Jahre seines Lebens: die Mentalität, der andere Kontinent, das andere Lebensgefühl. Er hat den Betrieb mit aufgebaut, hundert Angestellte, er hat über Mindestlohn gezahlt, er hat Land und Leute bereist und auch die andere Seite von Textil erlebt: Ein Billiglohnland, eine unglaubliche Ausbeutung, ganz schlimm. Ich habe über den Tellerrand geschaut, sagt er, ich habe nicht nur die Schwäbische Alb gesehen, ich habe sehr viel erleben dürfen, ich bin dankbar dafür. Er erzählt von seinen Wochenenden in Honduras, Nicaragua, Guatemala und Mexico, von den Hemmungen am Anfang, sich in den Verkehr von San Salvador zu trauen, vom Zusammenhalt in den salvadorianischen Familien und von einer Betriebsweihnachtsfeier, bei der der Zuständige eine sehr große Musikanlage herankarrte und er dies erst verstand, als er später sah, wie ausgelassen getanzt wurde. Dass er sich dort alles leisten konnte, das müsse man bedenken, bei aller Schwärmerei. Die Armut, die es dort gibt, die extremen Unterschiede der Lebensstandards, das habe ihn verändert. Er ist viel zufriedener hier, er weiß sein Leben zu schätzen. Wir reden über seinen Blick auf das Leben in Zentralamerika, und später kommt er immer wieder zurück auf diese Zeit, wenn es um die Textilbranche anderer Länder geht, um Lebenserfahrung oder um herumstreunende Hunde, um die er sich in San Salvador kümmerte, seine Angestellten dachten, er sei ein bisschen verrückt. Ich frage, ob es neben dem Textil noch etwas anderes gebe, er sagt: die Musik. Die Website, die ich mir anschauen soll, heißt »Alphornklang und Schwobablech«, das ist der Name der Band. Reinald, Wolfgang, Bruno, Rüdiger, Dieter, Kurt, Harald und Herbert spielen Alphörner, Trompete, Flügelhorn, Tuba, Tenorhorn und Schlagzeug, und dies auf Goldenen Hochzeiten, bei Open-Air-Platzkonzerten, auf Volksmusiktagen, zur Umrahmung von Maiandachten und beim Oktoberfest der NATO in Belgien. Sie tragen Trachten dabei, weiße Hemden, Lederhosen, Kniestrümpfe und Schuhe, die Hölzler genannt werden, eine Art Clogs mit Fell oben drauf. Reinald Riede spielte schon als Jugendlicher im dörflichen Musikverein, mit 19 gründete er eine Big Band, zwölf Jahre lang waren sie auf Schützenfesten unterwegs, das war eine »ganz große Zeit«. Er wurde früh Dirigent, die erste Kapelle hatte er mit 25. Er spielt alle Blechblasinstrumente, komponiert neue Stücke und »hält den Haufen zusammen«. Er sagt, ich kann führen und motivieren, schelten und beschwichtigen, ich kann mitreißen, in der Firma oder bei der Musik, das ist meine Lebensaufgabe. Er will Musik machen, solange es geht, Zähne und Lippen müssen es zulassen, das Mundstück oben, egal bei welchem Blasinstrument, drücke auf das Gebiss.

Reinald Riede hat sich viel Zeit genommen, es ist Nachmittag, der Lehrling wird gerufen, dass er mich vom Berg runterfahre, zum Zug, ich mache noch Fotos. Und Slip Claudia, frage ich schließlich, wer denkt sich so einen Namen aus? Wir nicht, sagt Herr Riede, das war Kaufhof, bei uns heißt das Produkt Qualität 714, eine feine Teilung, die verkauft sich gut, hauptsächlich im Damenbereich. Wir haben sie hier gestrickt, gewaschen, gefärbt und geschnitten, vielleicht auch genäht. Wir stehen auf, wir verabschieden uns, Herr Riede sagt, schreiben Sie etwas über die Veredelungsschritte, melden Sie sich, wenn Sie noch Fragen haben, machen Sie meinen Beruf bekannt! Vielen Dank, sage ich, für Ihre Zeit und Ihre Arbeit

Reinald Riede

an Slip Claudia. Er nickt, und dran denken, nicht »brombeerfarben« ist die Farbe des Slips, sondern »taupe«. Zu Hause sehe ich nach, was dieses Wort bedeutet. Ich schüttele den Kopf: Niemals ist dieses Stück Stoff in meinem Schrank maulwurfsgrau.

Die Mütze | Melbu Beanie III

Bodensee, 8. Januar 2015

Hallo Frau Müller-Hellmann,

wir freuen uns, dass Ihnen die Melbu Beanie III gefällt und zu einem Ihrer Lieblingsstücke geworden ist.

Gerade hier in der Entwicklung ist dieses Feedback immer schön zu hören.

Die Mütze wird in einem unserer Partnerbetriebe in China hergestellt.

Design, Passform und Farbe sind hier am Standort entstanden.

Maßgeblich arbeiten bei der Entwicklung unserer Bergsportprodukte ein Team aus Designern, Technikern und meiner Person.

Ich hoffe, ich konnte Ihre Fragen beantworten.

Mit sportlichen Grüßen

Bremen, 23. Januar 2015

Telefonat, Notizen:

Die Lieferkette ist komplex. – Mützen sind nicht unser Kerngeschäft, das sind nette Accessoires, sie runden das Sortiment ab, aber sie sind kein Schwerpunkt von uns. – Der Produktionsort der Mütze, hmm, da wechseln die Produzenten alle zwei bis drei Jahre. – Wir bemühen uns sehr um Nachhaltigkeit, gerade auch bei unseren Lieferanten in Asien. – Der Produktionsbetrieb selber? Sehr schwer oder gar nicht herauszufinden. – Das sind Lieferanten aus China. Den Menschen selber zu finden: unmöglich! – Sie wollen so nah wie möglich dran? – Wir machen eher Jacken und Hosen. – In der NGO »fairwertung« sind wir Mitglied. – Sie könnten den Produktmanager interviewen. – Jemanden aus der Produktion selber wäre grundsätzlich möglich, aber wir legen unsere Lieferanten nicht so gerne offen. – Kompliziert. Eigentlich eine kanadische Firma mit europäischem Sitz in Italien. – Das müsste ich erst intern abklären. – Ja, ich könnte Ihnen Adressen geben. – Wir sind für Transparenz, so weit es geht, aber es geht nicht bei allem, die Prozesse offenzulegen. – Wir tun uns intern schon schwer, da durchzusteigen mit den Lieferantenketten. – Wollen Sie nicht vielleicht ein anderes Bekleidungsstück nehmen? Ein Fleece oder eine Jacke, unser Kerngeschäft? – Wir haben auch eine Mütze, die in Deutschland produziert wurde. Im Bayerischen Wald. – Sie können aber gerne hier vorbeikommen und den Produktmanager interviewen. – Außerhalb von Deutschland wird der Weg immer verworrener. Aber ich forsche intern mal nach. Es ist in unserem Interesse, Transparenz zu gewähren. Da muss man jetzt ein bisschen nachhaken. – Das Material ist Polyacryl. Das sind Synthetikfasern, auf Erdöl basierend. – Ich frage mal nach. Bin sehr eingespannt. Melde mich bis Mitte Februar. Sonst rufen Sie gerne noch einmal an.

Bremen, 20. Februar 2015
Telefonat, Notizen:
Oh, das tut mir leid, ich weiß noch nichts Neues, ich frage unseren Produktmanager. Es wird auf jeden Fall schwierig. Ich frage auch noch mal eine Kollegin, dazu bin ich noch nicht gekommen. – Nein, Sie können nicht selber bei den Kollegen anrufen. – Und haben Sie auch an den cultural gap gedacht? Das ist China, eine ganz andere Kultur! – Melden Sie sich gerne in zwei Wochen wieder.

Bodensee, 9. März 2015
Hallo Frau Müller-Hellmann,
nun habe ich nochmals Rücksprache mit einer Kollegin halten können, die unsere Produzenten in Asien betreut.
Laut ihrem Feedback ist es praktisch unmöglich, die einzelne Person herauszufinden, die genau ihre Lieblingsmütze hergestellt hat.
Noch unmöglicher ist es, mit dieser Person dann auch ein Interview zu führen. Da sind große kulturelle Unterschiede zu beachten und chinesische Firmen sind generell sehr skeptisch, wenn sich jemand von der Presse ankündigt.

Als einzigen Trost kann ich Ihnen ein Interview (schriftlich oder ggf. auch mündlich) mit unserem zuständigen Produktmanager im Haus anbieten. Er ist letztendlich für die Entstehung des Produkts verantwortlich. Mit ihm hatten Sie ja bereits kurz Kontakt.
Falls das in Frage kommt, organisieren wir gern einen kurzen Telefontermin.
Herzliche Grüße vom Bodensee

Bodensee, 16. März 2015
Hallo,
also, wenn Sie uns für das Projekt tatsächlich auch besuchen wollen … Wie Sie es wünschen, m. E. reicht auch ein Telefon-Interview.
Herzliche Grüße vom Bodensee

Bodensee, 18. Juni 2015
Hallo Frau Müller-Hellmann,
leider müssen wir den geplanten Termin am 26. Juni absagen.
Wir sind aufgrund kurzfristiger Terminkollision nicht im Haus.
Ein Termin Ende Juli wäre passender, falls Sie uns wirklich vor Ort besuchen möchten. Vielleicht reicht ja doch auch ein kurzes Telefoninterview?
Herzliche Grüße vom Bodensee

Bodensee, 22. Juni 2015
Hallo Frau Hellmann,
natürlich würden wir uns über eine größere Berücksichtigung freuen.
Ende August ist der Produktmanager leider im Urlaub.
Wie schaut's im September aus?
Zur Info: Unsere Bekleidung kommt überwiegend aus Fernost, China und Vietnam.
Herzliche Grüße vom Bodensee

Bodensee, 25. Juni 2015
Hallo Frau Müller-Hellmann,
okay, dann machen wir gern einen Termin am 25. September für ein
Gespräch hier im Haus.
Vielleicht wissen wir bis dahin dann auch noch ein wenig mehr in
Sachen China.
Herzliche Grüße vom Bodensee

Melbu | Norwegen

Melbu ist einer von zwei Orten der Insel Hadseløya, die vor der Küste Norwegens liegt, 300 Kilometer nördlich des Polarkreises, auf derselben Höhe wie Grönland. Hier leben 2000 Menschen, von denen nicht wenige im Fischfang tätig sind – von Januar bis April Kabeljau, Heringe im Herbst – und andere in der ortsansässigen Fischkonservenfabrik. Von Melbu aus kann man mit der Fähre zu den Lofoten übersetzen oder mit dem Fahrrad zum anderen Ort der Insel fahren, 25 Kilometer entfernt, oder diese Kilometer in Sportschuhen laufen und an der Westküste wieder hinunter, das ergeben exakt 42 Kilometer – der Hadsel-Marathon ist landesweit dafür bekannt. Die Winter sind wegen des Golfstromes mild, die Sommer auch, im Februar ist es durchschnittlich -2 Grad, im Juli sind es 12–14. Von Januar bis März fällt viel Schnee, im Dezember geht die Sonne nicht auf und im Juni geht sie nicht unter. Früher legte hier täglich das Postschiff der Hurtigruten-Linie an, auf der einhundert Jahre lang Briefe die Westküste Norwegens rauf- und runtergefahren wurden, heute macht es im anderen Inselort halt und transportiert Passagiere, Touristen und Fracht. Warum meine Mütze Melbu heißt, erkläre ich mir so: Der Produktmanager des Vorläufermodells, Melbu Beanie I, fuhr an einem kalten, klaren Frühlingstag die berühmte 2700 Kilometer lange Hurtigruten-Strecke und fror in dem Moment am meisten am Kopf, als er in den Hafen von Melbu einfuhr, oder: war von der irritierend schönen Zartheit der vielen Farbtöne zwischen Hell und Dunkel vor dem Hintergrund der schneebedeckten Berge und des klaren Abend-himmels in dem Moment am meisten gerührt, als er in den Hafen von Melbu einfuhr.

Das Wort Beanie heißt Mütze und kommt von der Bohne, erklärt Wikipedia: Bean, umgangssprachlich für Kopf, ähnlich wie im Deutschen die Birne. Wikipedia weiß auch, dass die Beanie bei

Jugendlichen in der Skateboard-, der Snowboard- und der Hip-Hop-Szene beliebt ist und dass sie niemals einen Bommel habe. Der Rand sei meist umgeschlagen und mit einem großen Logo des Herstellers versehen, und die Beanie werde entweder eng am Kopf anliegend – gerne über die Ohren und tief in die Stirn gezogen – oder mit einem isolierenden Luftraum über dem Hinterkopf getragen.

Bodensee | Bergsportausrüster

Der Septembertag, an dem ich mehrmals den Bus wechsele und über die Höhen des Bodenseehinterlandes fahre, und an keiner der Haltestellen – so wie die Mitreisenden – das Gefährt mit einem Schulranzen verlasse, um von einer Mutter im Auto abgeholt zu werden, ist ein Herbsttag, wie man ihn sich schöner nicht ausmalen kann: sonnig, blauer Himmel, weiße Wolken, goldenes Licht. Die Blätter der Laubbäume sind rot, letzte Sonnenblumen leuchten gelb, und auf den Hügeln, durch die wir auf kleinen Straßen kurven, stehen Apfelbäume voller Äpfel und die leeren Gestänge unzähliger Hopfengerüste: Sieben Meter hoher, zwischen in gleichen Abständen aufgestellten Masten gespannter Draht, längs und quer, an dem sich von März bis Ende August der kletternde Hopfen rechtswindend hinaufgeschlungen hat, um nun, Ende September, gepflückt, getrocknet, gepresst und gekühlt in die Sudpfannen der Brauereien hinzugegeben zu werden. Der Hopfen ist es, der dem Bier das Aroma und die Bitterkeit gibt, genauer gesagt, die weiblichen Dolden des Hopfens sind es, die männlichen verderben die Ernte, verderben das Bier. Der Bus ist am Ende der Fahrt bis auf mich und den Fahrer leer, die Wege so eng und kurvig, dass kein entgegenkommendes Auto passieren könnte, und zwischen den Hügeln der Hopfengärten und Streuobstwiesen und Kühen öffnet sich manchmal die Landschaft zu einem Blick auf den weit unten gelegenen Bodensee und die am Horizont erkennbare, sehr helle Silhouette der Berge.

Ich steige aus im Firmenort, der kein Dorf ist, sondern ein Weiler. Es gibt ein paar Straßenzüge mit Häusern, das Gasthaus Zum Hirsch, eine weiße Kirche mit roten Dachziegeln und den Glaubensweg einer Seelsorgeeinheit, den man in der Länge von 12,3, 6,8 oder 3,9 Kilometern laufen kann. Das Gebäude des Herstellers liegt unübersehbar an der großen Straße, und auf der anderen Seite ist der Fabrikverkauf mit Café, das Freibad, das von der Firma vor der Schließung bewahrt wurde, und die Bushaltestelle vor einer heruntergekommenen Autowerkstatt.

Ich gehe auf den großen Neubau zu, der außen zum Teil mit Holz vertäfelt ist und vor dem Haupteingang eine sehr hohe überdachte Kletterwand besitzt. Links vom Eingang liegt der betriebseigene Kindergarten. Bergsportausrüstung ist das Geschäft der Marke, ich laufe über Holzboden zur Warteecke und setze mich auf einen Sessel neben einen Tisch mit Bergsportzeitschriften. Der Pressesprecher, der mich abholt, wirkt sportlich wie alle hier, denen ich im Laufe meines Besuchs begegne. Im Konferenzraum wartet Aaron Bittner, schlaksig, zugewandt, jung, dem ich mein Buchprojekt vorstelle, die Orte erwähne, aus denen meine Kleidung kommt, ich nenne auch Bangladesch. Er sagt, als Produktmanager komme ich rum, ich habe viele Produktionsstätten gesehen, die Arbeitsbedingungen in Bangladesch entsprechen nicht unserem Wertesystem: Dort produzieren wir nicht. Unsere Baumwoll-T-Shirts kommen aus der Türkei und bald auch aus Portugal. Unsere Rücksäcke werden hier vor Ort hergestellt, und der Pressesprecher ergänzt, wir produzieren auch in Myanmar, wir streben langfristige Kooperationen an, wir haben seit drei Jahren keine neuen Zulieferer mehr. Die Firmen für technische Produkte seien vor allem in Vietnam und China, China habe das meiste Know-how. Apropos China, sagt Aaron Bittner, Melbu Beanie III wird in China produziert, aber ab nächstem Jahr in Bayern. Wir hatten die Mehrheit der Mützen in Asien, wir wollen sie nun nach Deutschland holen. Bei den Mützen können wir den Preis halten, da sind nicht viele Menschen beteiligt, die Produktion läuft maschinengesteuert. Der Pressesprecher fügt hinzu, je mehr Handarbeit, desto wichtiger wird der Lohnkostenfaktor, wenn ich das mal so im Wirtschaftssprech ausdrücken darf. Aaron Bittner sagt, in Bayern steigen wir um auf Wolle, Melbu Beanie III ist noch aus Kunstfasern gemacht. Ich frage, woher kommt der Name? Haben Sie sich den ausgedacht? Ne, sagt Bittner, der war schon vor mir da. Die Namen haben meistens einen Bezug zum Bergsport, ein Pfad, ein Gipfel, eine Hütte, ein Tal. Keine Ahnung, warum mein Vorgänger Melbu wollte. Ich sage, die wenigen Menschen, die die Melbu-Beanie-Produktionsmaschinen in China betätigen, würde ich gerne besuchen. Ein Betriebsbesuch in China?, sagt der Pressesprecher, aussichtslos. Wir haben mal gedreht in China, um unser Engagement im Fair-Wear-Bereich zu zeigen, das war ein Riesenact, sehr kompliziert, bis wir die Drehgenehmigungen hatten. Wir sind bei der Fair-Wear-Foundation seit 2010, wir haben dort Leaderstatus, wir waren eine der Ersten im Outdoorbereich. Fair Wear schickt eigene Auditoren in unsere Zuliefererbetriebe und überprüft die Arbeitsbedingungen. Wir mussten echte Überzeugungsarbeit leisten. Welche Firma lässt sich schon gerne in die Karten gucken? Wir sind nur ein kleiner Kunde für die Zulieferer, das war nicht einfach. Wenn man Adidas oder Jack Wolfskin heißt, ist das etwas anderes. Ebenso die Bezahlung in Asien. Wir alleine können ihnen nicht vorschreiben, wie sie ihre Leute bezahlen. Da müssen alle drauf einwirken.

Der Pressesprecher schlägt einen Katalog auf und spricht von Design-Updates. Es ist das Look-Book der Kollektion Winter

2014/2015. Fotos von schönen Menschen in schöner Natur in voller Outdoor-Ausrüstung. Er zeigt den kleinen Bruder der Mütze, das Headband, die gleichen Farben, nur für Ohren und Stirn. Er sagt, mit denen finanzieren wir nicht den ganzen Laden hier und deutet auf den Boden, die Decke, die Fensterfront, alles schick, alles neu, alles öko. Er erzählt, dass es Farbfamilien gebe und Trends, dass sie Colour-Stories hätten für ihre Bereiche. Ich sage, welche Bereiche? Er zählt auf, Mountain, Bike, Urban Life, Trekking, Family. Die Farbthemen zögen sich pro Kollektion einmal durch. Ich halte meine Melbu Beanie hoch. Sie ist gelb, ockergelb und dunkelgrau gestreift. Im Look-Book ist sie golddust, ochre und titan und gehört zur Zielgruppe Bike/All Mountain, zu »sportlichen und trendbewussten Mountainbikern, die auf ihren Touren die Natur und flowige Trails genießen«.

Was sind die Arbeitsschritte bis zur Mütze, frage ich Aaron Bittner, was ist Ihr Anteil daran? Also, sagt er, am Anfang planen wir die Kollektion. Fünf Produktmanagerinnen, ein Produktmanager, nämlich ich, und ein Designer. Wir setzen uns zusammen, wir sichten Trends und Marktnachfragen. Wir überlegen, wie können wir die Kollektion auffrischen? In unserem Fall: die Bergsportkollektion. Was können wir verbessern? Was funktionierte überhaupt nicht? Wo könnte es Design Updates geben? Wir assoziieren, haben Moodboards, auf denen wir Ideen sammeln, wir erarbeiten alles selber. Wir gehen nicht zu Agenturen nach Asien und sagen, hey, wir wollen das so und so, macht ihr mal. So kann Produktentwicklung auch aussehen. Wir suchen selber aus, testen die Materialien, entwickeln die Modelle, probieren auch selber an. Wir sind siebzig Leute in der Produktentwicklung, da sind so einige Kopfgrößen dabei. Aber es kommen auch Models, die den ganzen Tag hier anprobieren. Siebzig Leute?, frage ich. Ja, das Materialienteam, das Technikteam, das Designteam, das Innovationsteam und noch andere Produktbereiche. Unser Fokus liegt auf Nachhaltigkeit. Gesellschaftstrend, lange Trends. Gemeinsam in die Natur gehen, Sport machen, das Erlebnis haben, wo sehen wir da den Trend? Nachhaltigkeit, dafür stehen wir, das ist Reiz und Ansporn, das schränkt uns aber auch sehr ein, ich betone: sehr. Wir nehmen immer die umweltfreundlichste Variante. Wodurch wissen Sie, dass ein Modell gut gelaufen ist und das andere nicht, nur an den Verkaufszahlen? Nicht nur, sagt Bittner. An glücklichen Zuschriften? Falsch, lacht er. Wir bekommen in der Tat Feedbacks, aber mehr von den Athleten, die wir sponsern, und von anderen Testpersonen. Die sagen uns sehr genau, der Reißverschluss da, das geht nicht, das Material hier, das hatte den und den Nachteil. Eine Kollektion hat großen Vorlauf. Wir machen jetzt die Prototypen für Sommer 2017. Wir entwickeln die Reißverschlüsse, die werden dann extra eingefärbt. Eineinhalb Jahre vorher bestimmen wir alle Details. Im November wird die neue Kollektion intern und Ende Januar der Öffentlichkeit vorgestellt. Der Vertrieb startet und verkauft diese bis April an die Händler. Anhand von Hochrechnungen wird dann produziert. Anfang August will der Händler die Ware haben. Das ist zu knapp. Deswegen produzieren wir vor, wir gehen ins Risiko. Und die Melbu Beanie?, frage ich. Für die Melbu Beanie suchen wir die Farben aus und überlegen, wie breit die Streifen werden, ob wir die Maße ändern, die Form. Der Garnproduzent färbt uns die Garne ein, das Garn von Melbu Beanie kommt aus China. Wir überprüfen, ob die EU-Chemie-Standards eingehalten wurden, und – wir gehen noch weiter – ob das gefärbte Garn unseren Öko-Standards, OEKO-TEX und Bluesign, entspricht. Dafür haben wir ein Labor. Der erste Prototyp von Melbu kommt in wilden Farben, wie alle Prototypen, da geht es um die Passform, um die Designlinie, dafür nehmen die Firmen Restfarben. Bei der Melbu haben wir die Streifen tatsächlich verschoben. Das Vorgängermodell war uns zu ringelmützig. Und wir haben sie umgedreht,

jetzt ist sie ein kompletter Linksstrick. Sind wir dann einverstanden, suchen wir mit unserer Asienexpertin die passende Produkti-
onsstätte aus. Das Technik-Team fährt hin, kontrolliert die Maße,
inline und final, das heißt während der Produktion und am Ende.
Sie geben vor Ort das Okay und es wird losproduziert. Ich frage,
vor Ort? Shanghai? Die könnte ich doch besuchen! Der Pressesprecher sagt, ja, das ginge vielleicht. Aaron Bittner sagt, puh, Shanghai
ist nur groß und confusing, aber wenn Sie da hinfahren, essen Sie
Dumplings! Dumplings sind Teigtaschen, lese ich später nach, mit
verschiedenen Füllungen, die in Dampfkörben aus Bambus zube-
reitet werden. Bittner sagt, die fertigen Mützen kommen in Kartons
aufs Schiff über Holland nach Hamburg, mit der Bahn nach Neu-
Ulm, mit dem Lkw bis hierher. Dieser Weg hat eine bessere Öko-
bilanz als ein Lkw-Transportweg von Rumänien. Manche Firmen
fliegen ihre Sachen sogar, wenn sie spät dran sind. In Einzelfällen
mussten auch wir das tun. Aber wir planen die Lieferung früh, das
Schiff braucht zwei Monate. Einmal ist ein Schiff untergegangen,
mitsamt unseren Hemden. Es gab in der ganzen Sommerkollektion
kein einziges Trekkinghemd. So etwas passiert, das ist Welthandel.

Aaron Bittner

Aaron Bittner kommt nicht aus den Bergen, er kommt vom Nie-
derrhein. Studiert hat er Bekleidungsmanagement in Mönchen-
gladbach. Der Studienwahl vorausgegangen war ein Praktikum bei
einer Firma für Damenoberbekleidung. Ob er schon immer Interesse für Kleidung gehabt hätte, frage ich ihn, und er sagt, nö. Etwas
Kreatives wollte er machen, und da dachte er, warum nicht mal Vertrieb, Marketing, Produktentwicklung. Das Letztere war es dann,
der Berufswunsch geklärt: Produktmanagement Sportbekleidung.
Ein halbes Jahr Praktikum hier vor Ort und die Diplomarbeit bei

einem Ski- und Snowboardausrüster in der Schweiz. Im Studium waren in der Bekleidungstechnik 90 Prozent Frauen, hier ist er der einzige Mann bei der Bekleidung. Im Nähen war er im Studium nicht so gut, sie mussten komplette Anzüge schneidern. Er sagt, ich kann das zwar, ich kann auch Nähte vertapen, dass sie wasserdicht sind, aber so nähen wie in Asien, das kann ich nicht. Allein die Vorstellung, in der Fahrradhandschuhproduktion tätig zu sein ... Alle einzelnen Finger, so kleine Teile, das wäre nichts für mich. Und nach dem Studium?, frage ich. Wurde er angerufen, ob er nicht Juniorproduktmanager werden wolle. Wollte er. Erst im Bereich Family und Kinderbekleidung, dann Trekking, dann Bergsport. Das ist glorreich, sagt er, hier gibt es die Berge vor der Tür, eine Spielwiese für unsere Produkte. Ich bin sehr gerne in den Süden gezogen.

Was ist schwierig an Ihrem Job? Aaron Bittner überlegt. So lange im Voraus zu planen, sagt er. Dass der zeitliche Rahmen so weit gesteckt ist, bis ich das Ergebnis endlich in den Händen halte. In der Zwischenzeit gibt es längst neue Stoffe und Technologien. Und die andere Schwierigkeit ist, sich den Prototyp vorzustellen. Der Vertrieb wundert sich immer, wie wir das hinbekämen, die Designerzeichnung des Prototyps zu lesen, nur in 2D, zweidimensional. Die Preisspanne einhalten beim Planen ist auch noch schwierig. Es gibt so tolle Sachen, aber der Kunde muss es auch kaufen können. 300 Euro für eine Jacke würde ich als Grenze nehmen, man kann nicht nur Liebhaberstücke produzieren. Es gibt ja alles, beste Materialien und dafür stolze Preise, 1500 Euro für ein Zelt. Ich sitze dann da, denke, ich nehme diesen Stoff und jenen, und, na klar, diesen Reißverschluss dazu, dann rechne ich das hoch und komme auf 800 Euro, ups, das geht natürlich nicht. Schön wäre diese Jacke, ganz bestimmt.

Hat sich Ihr Blick im Alltag verändert?, frage ich. Bittner lehnt sich im Stuhl zurück und überlegt. Bekleidung aus Bangladesch

Aaron Bittner

kaufe ich nicht mehr. Ich gucke mir genau an, wo etwas herkommt. Aber sonst? Ja. Im Laden habe ich den Produktblick. Warum ist das so und nicht so? Aber außerhalb des Ladens nicht. Feierabend. Da gehe ich Sport machen. In die Berge. Jetzt gleich zum Beispiel mit einem Freund Fahrrad fahren. Und abends lese ich. Obwohl ich ein sehr langsamer Leser bin.

Was machen Sie von all dem am liebsten?, frage ich. Er weiß es sofort: Erstens, mit dem Rad in die Berge, und zweitens, mit den Skiern. Aber nicht mit Melbu Beanie. Immer mit dem Melbu Headband.

Wo ich denn die Mütze gekauft hätte, möchte der Pressesprecher noch wissen, ach, in unserem nördlichsten Laden, in Bremen? Es gibt keinen Laden nördlicher?, frage ich. Nein, nur noch Händler. Der nördlichste Händler ist in Rovaniemi, in Finnland. Rovaniemi, schaue ich später nach, ist der Sitz der Kammer des Weihnachtsmannes, der in der Nähe sein eigenes Postamt hat, die Stadt liegt direkt am Polarkreis. Das ist schon nördlich, denke ich, keine Frage, aber Melbu liegt 300 Kilometer nördlicher.

*

Bodensee, 19. Oktober 2015
Hallo Frau Müller-Hellmann,
ich bewundere Ihre Hartnäckigkeit.
Aber für eine weitere Recherche in Asien sehe ich wirklich keine Chance.
Widmen Sie das Melbu Beanie Kapitel einfach Herrn Bittner.
Und vergessen Sie nicht, dass ab nächstem Jahr die Produktion zu einem Lieferanten in Deutschland verlegt wird.
Dort können Sie dann sicher gerne hinfahren ...
Herzliche Grüße vom Bodensee

Die Socken | Trekking Teka 2

Sauerland, 13. Februar 2015
Hallo Frau Müller-Hellmann,
vielen Dank für Ihre Nachfrage! Ihr Buchprojekt klingt sehr anspre-
chend, aber leider ist es uns nicht möglich, Sie dabei zu unterstützen.
Die Daten unserer Mitarbeiter dürfen nicht weitergegeben werden,
weswegen wir Ihnen leider keine Auskunft geben können. Weiterhin
viel Erfolg mit Ihrem Buchprojekt!
Mit freundlichen Grüßen

Bremen, 20. Februar 2015
Telefonat, Notizen:
Nein, wir geben grundsätzlich keine Daten der Mitarbeitenden
heraus. Die Marke präsentiert sich gerne im Ganzen. Das ist die
Gesamtphilosophie des Unternehmens. Es werden keine einzelnen
Mitarbeiter hervorgehoben. Auch Ihre Socken wurden nicht von
einer Person hergestellt. Ich kann höchstens zustimmen, wenn es
sich um ein Interview mit den Geschäftsführern handelt. Daran
wären Sie auch interessiert? Dann schicken Sie mir Ihr Anliegen noch
einmal schriftlich zu.

Sauerland, 23. Februar 2015
Sehr geehrte Frau Müller-Hellmann
vielen Dank für Ihre Anfrage.
Grundsätzlich ist ein Porträt der Geschäftsführung denkbar. Wie ist
der zeitliche Ablauf? In welcher Form möchten Sie das Interview
führen (schriftlich, telefonisch, persönlich)?
Und sehr wichtig auch, in welchem Verlag wird das Buch erscheinen?
Mit freundlichen Grüßen

Sauerland, 11. März 2015

Hallo Frau Müller-Hellmann,

nach Rücksprache mit den Herren C. muss ich Ihnen leider eine negative Rückmeldung geben. Ich bitte um Ihr Verständnis, dass wir aufgrund von zeitlichen Engpässen nicht alle Interviewanfragen positiv beantworten können.

Wir wünschen Ihnen viel Erfolg bei der Realisierung Ihres Projekts!

Mit freundlichen Grüßen

Bremen, 16. September 2015

Telefonat mit Herrn D., Gewerkschaftssekretär, Notizen:

Ja, natürlich kenne ich engagierte Leute der Firma, aber lassen wir die Gewerkschaft da raus. Sie fragen im Betrieb selber nach dem Betriebsratsvorsitzenden, den können Sie anrufen.

Bremen, 16. September 2015

Telefonat, Notizen:

Da würde ich Sie gerne ins Personal überweisen. Das kann ich nicht entscheiden. Wenn die Presseabteilung »Nein« sagt, verstehen Sie, ich bin ja auch an die Unternehmenskultur gebunden. Nachher fragen die, wer Ihnen geholfen hat, und dann landen die bei mir. Ich will niemanden reinreiten, verstehen Sie? Ich gebe Ihnen Recht, Ihr Projekt ist nichts Verwerfliches, es gibt ja auch nichts, was zu verbergen wäre. Aber letztendlich kämen alle auf mich, und was dann? Tut mir leid, alles Gute Ihnen.

Sauerland | Strumpfhersteller

Die Kleinstadt liegt in einer Mittelgebirgslandschaft, im dünn besiedelten Hochsauerlandkreis, der aus 83 Ortschaften besteht, in denen 25 236 Menschen wohnen. Im Städtchen selber leben 6055 von ihnen, umgeben von bewaldeten Hügeln mit einigen Buchen und vielen Fichten, mit Ausblicken auf Felder, die sich die Hänge emporziehen und Wiesen, die sich die Berge hinunter ausbreiten. Der Bus fährt vom hoch gelegenen Ort Winterberg viele Kurven bergab durch dunklen, manchmal im Nebel liegenden Nadelwald, und von Weitem schon sieht man in der Stadtmitte den wehrhaften Turm der Kirche und am Eingang des Ortes ein kleines Industriegebiet mit großen Gebäuden, auf denen bei einigen der Firmenname prangt. Menschen aus anderen Gebieten Deutschlands und viele Niederländer kommen hierher, vor allem, um Berge zu sehen und Sport zu treiben, für den es vier Minigolfanlagen und 2500 Kilometer Wanderwege gibt, 20 Tennisplätze, einen Hochseilklettergarten, elf Skilifte, fünf Skihütten und 130 Kilometer gespurte Loipen. Es gibt 28 Hotels, von denen 16 ein eigenes Hallenbad haben, 32 Gasthöfe, 55 Pensionen und 442 Ferienwohnungen mit insgesamt 6300 Betten. 2011 wurden 693 516 Übernachtungen gezählt, aber meine sind in dieser Zahl nicht enthalten, als ich in ebendiesem Jahr den Rothaarsteig wanderte und für das Zelt in meinem Rucksack viele Wiesen vorfand. Der Rothaarsteig ist ein Fernwanderweg, der 154 Kilometer über den Hauptkamm des Rothaargebirges führt, in Brilon startet, Winterberg kreuzt und in Dillenburg endet. Die Dunkelheit eines Waldes, der vor allem aus Fichten besteht, der Eindruck von Verschlossenheit eines Ortes, dessen Häuserdächer und -wände mit grauen oder schwarzen Schieferplatten bedeckt sind, und die Einsamkeit eines wenig besiedelten Mittelgebirgsgebietes im doch bevölkerungsreichsten Bundesland Nordrhein-Westfalen sind die Erinnerungen, die blieben.

Die Ortsgeschichte umfasst die Verleihung der Stadtrechte 1244 bis zum Erreichen der Einwohnerzahl von 2000 im Jahr 1910. Das ist in Deutschland die Zahl, ab der eine Ortschaft eine Stadt genannt werden darf, in Dänemark braucht es 200 wohnende Menschen, in Österreich 5000, doppelt so viele in Spanien, Italien und in der Schweiz. Wer 1732 sieben Jahre alt war und ein langes Leben von einhundert Jahren lebte, hat drei Mal mit angesehen, wie der Ort niederbrannte und wieder aufgebaut wurde, im Fachwerkstil, an den Wänden und auf den Dächern: der Schiefer. Nirgendwo in Deutschland gibt es größere Vorkommen von Dachschiefer als hier, seit 150 Jahren wird das gefaltete Sedimentgestein in den Gruben Bierkeller, Gomer und Magog abgebaut. 100 Jahre lang durch Bohren und Sprengen und seit 1970 durch Sägegeräte und Hydraulikhammer. 30 Mitarbeiter sind es heute, von denen vier unter Tage arbeiten, 120 Meter tief. Ihr Beruf ist selten geworden, früher gab es 1000 Gruben in Nordrhein-Westfalen, heute sind diese drei geblieben, die miteinander verbunden sind, sie erstrecken sich auf eine Länge von 1000 Metern.

Das Sagen hat in der Gemeinde die CDU, unangefochten mit 21 von 38 Sitzen im Rat, und die beiden zweitstärksten Gruppierungen sind nicht etwa sozialdemokratisch und grün, sondern unabhängig, männlich, über 65 (Unabhängige Wählergemeinschaft) und unabhängig, männlich, über 65 mit christlicher Verantwortung vor Gott und den Menschen (Bürger für die Gemeinde). Das Vereinsleben ist sehr aktiv, 282 Vereine werden gezählt – Blasorchester, Blues und Bogensport –, von denen 51 als Sportvereine gelistet sind. Die Kleinstadt selber hat keinen Frauenfußball, aber das »Damenfußballteam« vom zweitgrößten Ortsteil in der Nachbarschaft belegte in der abgelaufenen Saison den vorletzten Tabellenplatz und verlor ihr letztes Spiel am 7. Juni 2015 um 11 Uhr gegen den SG Valmetal/Ostwig Nuttlar mit 1:10. Wer den Ehrentreffer schoss, ist nicht dokumentiert.

Die Firma liegt nicht weit hinter dem Schützenplatz, dem Hauptplatz des Ortes, auf dem heute Marktstände aufgebaut sind – Fisch,
Blumen und Honig – und an dessen Rand ein Kruzifix steht, der
Gekreuzigte hängt platzabgewandt. Ein Stein ist mit dem Hinweis
versehen, dass auf diesem Platz ein knappes Jahrhundert lang das
Schützenzelt stand, Ort der Zusammenkunft beim Schützenfest, ein
in vielen Regionen Deutschlands begangenes traditionelles Volks-
fest, bei dem geschossen und marschiert wird, Trachten getragen,
Fahnen geschwungen und Alkoholika in nicht geringen Mengen
konsumiert werden. Der lokale Schützenstadtverband ist unter dem
Dach des Sauerländer Schützenbunds organisiert, ein Zusammenschluss von 140 000 Mitgliedern. Ich passiere eine Bronzegedenk-
tafel, die an Sophie Stecker erinnert, die einzige Ehrenbürgerin der
Stadt, die die Textilgeschichte des Ortes mitgeprägt hat, die bis ins
Mittelalter zurückreicht. Die ansässigen Weber besaßen schon 1416
eine Walkmühle, die das Walken mit den Füßen ersetzte, das Kne-
ten, Drücken, Schieben, Quetschen und Stampfen des Stoffes, das
zur Verfilzung der Fasern führte, sodass eine glatte Oberfläche ent-
stand und der Stoff wasserabweisender und geschmeidiger wurde.
Walkmühlen brachten oft Unfrieden in die Orte des Mittelalters,
weil eine einzige Mühle 40 Fußwalker ersetzte. 200 Jahre später,
1626, organisierten sich die örtlichen Tuchmacher und Schneider
mit den Statuten der »Gilde vom heiligen Geist«. 22 Wollweber
zählt das damalige Einwohnerverzeichnis, das war ein Drittel der
Handwerkerschaft. Wieder gut 200 Jahre später, 1853, verdiente ein
Meister in einer Textilfabrik der Region am Tag dreißig Groschen,
das war ein Taler, ein Gehilfe zwölfeinhalb Groschen und ein Tagelöhner sieben Groschen und einen halben. Mit 150 Talern im Jahr
konnte man – wenn auch knapp – eine Familie ernähren. Dem
Gehilfen gelang dies also nicht, dem Tagelöhner noch weniger. Ab
1870 wurden viele Betriebe der Textilindustrie gegründet. Sophie
Stecker schaffte 1909 die ersten motorenbetriebenen Maschinen

an, und der Firmengründer des Strumpfherstellers, im Sommer
Dachdecker, im Winter Tagelöhner in einer Strickerei, kaufte 1918
eine Woll- und Haargarnspinnerei und baute 1920 eine Fabrik, die
heute noch steht. Im Jahr 2017 wird diese von Urenkeln in Form
einer Kommanditgesellschaft auf Aktien, KGaA, geführt, das heißt,
sie haften persönlich, nutzen das Kapital einer Aktiengesellschaft,
aber behalten Geschäftsführung und Entscheidungsmacht in ihrer
Hand.

Ich nehme an einer Führung im Betrieb teil. Der Mitarbeiter des
Tourismuszentrums erklärt, dass die Firma hier vor Ort nur die
Muster entwickele und die ersten 20 000 Stück produziere. Vor
allem Führungskräfte würden hier arbeiten, die Hauptproduktion
sei in Serbien, der Slowakei und in Portugal. Viele Führungskräfte
kämen von außen, so wie in den Fünfzigerjahren Busse die Arbeiterinnen aus den umliegenden Dörfern und Städten abgeholt hätten,
da der Ort selber zu klein war, um alle vorhandenen Arbeitsplätze
zu besetzen. Zwei braungebrannte ältere Herren nehmen die Tou-
rismusgruppe in der Firma in Empfang. Große Plakate mit schönen Menschen in edlem Strumpfgarn zieren das Treppenhaus, es
riecht nach neuen Textilien, und während wir auf Nachzügler warten, erklärt einer der Führenden halblaut, dass man auch in Südafrika produziere und dass sie in »Afrika« eine Woche lang nicht
zur Arbeit kämen, wenn sie Geld bekommen hätten. Er feiert die
herrlich-deutsche Überlegenheit an Präzision und Arbeitsmoral
ab, dann heißt er alle willkommen. Er erzählt die Firmengeschichte
und nennt Zahlen: Weltweit habe das Werk 3200 Beschäftigte, am
hiesigen Standort ungefähr 700. Täglich würden in diesem Hause
12 000 bis 15 000 Strümpfe in drei Schichten produziert werden,
weltweit 150 000 Paar. Produziert werde auch Oberbekleidung,
Sportbekleidung und für Esprit. Eine andere Strumpfmarke wurde
im Jahre 2008 übernommen, ihr Name wurde beibehalten. Seit

1946 werde das Firmenlogo verwendet, und stolz sei man, dass das große Unternehmen in dem kleinen Ort seine Wurzeln und seinen Hauptsitz habe. 210 Maschinen liefen hier rund um die Uhr, man werde sich diese nun anschauen gehen, Fotografieren sei nicht erlaubt. Wir betreten eine große Halle, in der eine Strickmaschine an der anderen steht, sie sind viel kleiner als bei Conzelmann, die ersten sehen aus wie Kühlschränke, mit einem Aufbau, der die Nadeln beinhaltet, darüber die Garnrollen, und an der Seite ein Schlauch mit einer Haube, die mich an die alten Dauerwellenfönhauben aus den Frisörsalons vergangener Zeiten erinnern. Alle paar Minuten öffnet sich eine Klappe und mit einem saugenden Geräusch werden durch Unterdruck die Reste der Strumpfproduktion aus dem Schlauch katapultiert und in einen Müllbehälter geworfen. Es ist laut, die Maschinen arbeiten auf Hochtouren – sie arbeiten immer, sie werden nicht abgestellt –, und die Erklärungen des freundlichen Rundgangmanagers, Herrn E., sind kaum zu verstehen, die kleine Gruppe drängt sich um die Maschinen und ihn. Herr E., der früher selber in der Qualitätssicherung tätig war, zeigt auf die Befeuchtungsanlage, die ein anderes Klima herstellt, damit die Garne nicht zu trocken werden, und erklärt, dass der Beruf des Strickers ein Anlernberuf sei, nach einem halben Jahr könne man die Maschinen bedienen. Im hinteren Ende des Ganges hängt die Zahl des Arbeitsplatzes, Nummer fünf, für den der zuständige Stricker zehn Maschinen beaufsichtigen muss, es ist Akkordarbeit, die Zeit wird gestoppt, der Materialverbrauch gewogen, das sei wichtig für die Preisermittlung des Produkts. Das Programmieren der Maschinen ist kompliziert – alles Hightech! –, dafür braucht es die Ausbildung zum Mechatroniker. Dieser wartet die Maschinen, repariert sie und stellt sie im Produktionsablauf auf neue Artikel um. Eine Zusatzausbildung zum Techniker ermögliche die gehobene Position des Personalführers. Wir stehen im Halbkreis vor einer Maschine, die 35 000 Euro kostet und von der Firma Lunati in

Brescia, Italien, hergestellt wurde. Die Maschinen dieser Firma produzieren 60 Prozent aller Socken der Welt, verkünden sie in ihrem Internetauftritt, ohne ihr Wissen zu teilen, wie viele Socken es gibt auf der Welt und woher sie die Weltsockenanzahl so genau kennen. Wir starren auf die Maschine, versuchen mitzubekommen, wo sie wann was macht, nach dreieinhalb Minuten ist der Arbeitsablauf vorbei, die fertige Socke wird herausgesaugt und in einen Behälter gespuckt, das Stricken der nächsten Socke hat längst begonnen. Hier pendelt sie, sagt Herr E., die Ferse wird links zugestrickt, und rechts wird der Rundlauf der neuen Socke gestrickt, dann rübergesaugt, saugend von rechts auf links gewendet, dort wieder zugenäht. Haben Sie das gesehen? Wir runzeln die Stirn, schieben die Gesichter noch näher an das saugratterndpumpende Gerät heran, Herr E. verweist auf die Schutzlichtschranke. Bei älteren Maschinen bliebe die Socke offen, das Zunähen der Spitze heißt Ketteln, das würden wir später sehen. Im Laufe der nächsten Stunde stehen wir vor vielen Maschinen, japanischen, englischen, italienischen, einzylindrischen, zweizylindrischen, alten – mit fahrradkettenähnlichen Antrieben – und neuen mit Displays – die modernsten stricken vier Maschen auf eine Zylinderumdrehung –, und Herr E. erklärt den Unterschied von rein Rechts- oder Rechts-links-Socken, für die man mindestens zwei Zylinder brauche, er zeigt die verschiedenen Garnzulaufregulierungen, damit das Garn die Nadeln in der immer gleichen Spannung erreiche, und das Pumpen der Maschine beim Nähen des Splittingfadens: Eine Extranaht dort, wo der Strumpf am meisten belastet wird. Er berichtet von unterschiedlichen Nadelstärken, von mindestens sechs und maximal 20 Nadeln auf 2,5 Zentimetern, einem Zoll, von Mustern und Maschen und Abnähen, defekten Nadeln, die die Azubis einsammeln, und von den Details der Strickaufträge, ihrem Weg durch die Abteilungen. Ich hätte gerne mehr verstanden, mehr nachgefragt, aber es ist sehr laut, ich schreibe mit und wir sind viele. Vorbei an einer Oldtimermaschine, die die Socken als einen meterlangen, zusammenhängenden Endlosstrumpf produziert, verlassen wir den Grobstrickbereich, und als die Türen hinter uns zufallen, überrascht der kleinere Raum der Feinstrickerei mit seiner Stille. In der Grobstrickerei waren 200 Nadeln pro Zoll das Feinste, in der Feinstrickerei sind es 420, die Mitarbeiter arbeiten mit Handschuhen, um den feinen Stoff nicht zu beschädigen. Der Stoff gelangt dann in die Konfektionierung, in dem feine Damenstrumpfhosen zusammengenäht werden. Fünf Frauen nähen ab, markieren, schneiden auf und nähen zu – ein ovales Stück Stoff, der Zwickel, wird als Übergang zwischen die Strumpfhosenbeine eingenäht –, in einer Geschwindigkeit und Präzision, die beeindrucken. Auch diese Arbeit brauche ein halbes Jahr Anlernzeit, dann fertigen die Frauen 450 Strumpfhosen täglich in acht Stunden Akkordarbeit. Eine der Frauen sieht auf, sehr ernst, sehr konzentriert, sie erwidert mein Lächeln nicht. Herr E. führt der Gruppe mit Begeisterung die feinen Strumpfwaren vor, die hier hergestellt werden, feine Spitze, limitierte »Busserl«-Oktoberfeststrümpfe, halterlose Strümpfe mit von Klebepistolen fixierten Glitzersteinen und so weiter.

Wir gehen in die Färberei, die wir nur kurz besuchen, es riecht nach Essig, durch eine Glasscheibe hindurch sieht man ins Labor: Viele Farben, viele Behälter. Hat der Betrieb GOTS, den Global Organic Textile Standard als Zertifizierung?, frage ich, und Herr E. runzelt die Stirn, ja, sagt er, das gäbe es auch, es gäbe ja einige Labels – offenbar weiß er es nicht so genau –, heute sehe man zum Glück nicht mehr an der Bachfarbe im Nachbardorf, welche Färbung in der Fabrik vonstattengehe und niemand bekäme Pickel von hier produzierten Socken an den Beinen, das wäre mehr als ein Eigentor. Später sehe ich nach: Die Firma ist von OEKO-TEX zertifiziert, ein Label, das strenger als die gesetzlichen Vorgaben und sehr verbreitet ist, aber weit hinter dem Standard GOTS zurückbleibt, da es nur die Schadstoffrückstände im Endprodukt in den Blick nimmt, nicht aber die Produktionsprozesse wie bei GOTS. Herr E. sagt, sie färbten europaweit mit Naturfarbstoffen, aus Erdöl gewonnen, und die Veredler in Marokko, eine alte Tradition, die färben mit Urin. Er zeigt auf den Boden, da drunter befände sich die Kläranlage. Zwei Stunden müsse man den Stoff mit Wasserstoffperoxid einweichen, um den Gelbstich bei der Baumwollfärbung zu neutralisieren, und sechs bis acht Stunden brauche der Färbeprozess im Anschluss, eine Extrafärbung benötige das Material Polyamid. Später lese ich nach, dass die Naturfarbstoffe Indigo, Purpur und Indischgelb tatsächlich mit Hilfe des Einsatzes von Urin ihre Farbkraft erhielten, und dass die aus Erdöl gewonnenen Farben nicht zu den natürlichen Farbstoffen gehören, sondern zu den synthetischen.

In der Formerei stehen keine Namen am Eingangsschild wie bei den anderen Abteilungen. Dies hier, sagt Herr E., sei Knochenarbeit. Man stehe an warmen Maschinen mit Dampftemperaturen und ziehe die Textilien auf Formen. Ich sehe viele Beine nebeneinander aus Stahl, die die Füße nach oben strecken und Strümpfe übergezogen bekommen von Männern mit vermutlichem Migrationshintergrund und von einigen Frauen mit vermutlich keinem. Die Linie der aufragenden, bestrumpften Beine fährt ruckartig an, in die Maschine hinein, 103 Grad sagt die Anzeige, bei Baumwolle können es 170 werden. Auf der anderen Seite kommen die Fließbandbeine aus der Maschine herausgeruckelt, die Strümpfe werden schnell abgezogen und zusammengelegt. Ein wenig weiter sitzen zwei Mitarbeitende vor zwei aufragenden Röhren. Ihre Aufgabe ist es, auf links gewendete Strümpfe über das Rohr zu stülpen, das den Strumpf ruckartig aufsaugend auf rechts dreht und in einen Behälter spuckt. Das Sauggeräusch ist laut, die Dampfmaschinen daneben auch, die beiden stülpen im Sekundentakt. Herr E. kommt zu mir und sagt, dass er nicht so recht wisse, wie er das finden würde, die ganze Nacht so ein Rohr vor sich zu haben. Er kichert vor sich hin und geht mit großen Schritten davon, lotst die Gruppe in den nächsten Raum.

In der Abteilung Verpackung werden Musterplatten für den Vertrieb von Hand aufgeklebt, und wieder zeigt Herr E. der Gruppe feine Besonderheiten: Eine Federboa am halterlosen Feinstrumpf für das Oktoberfest, limitierte Auflage, 100 Stück, unbezahlbar. Laserbedruckte Strümpfe aus Italien, viele kleine verschiedenfarbige Quadrate, die sich über das gesamte Beinkleid ziehen, feinster Stoff. Eine Frau fragt, ob so ein Artikel denn laufe, das müsse doch ein besonderer Mann sein, der so etwas trägt, und es klingt so, als spiele sie auf Männer an, die sich freimütig über die ihnen gesellschaftlich zugewiesene Kleidernorm des Attributes »männlich« hinwegsetzen. Herr E. sagt: Wieso? Er strahlt und wickelt sein Hosenbein hoch, entblößt den soeben stolz präsentierten italienischen Laserdruckstrumpf an seiner Wade – die farbnuancenreichen prächtigen Kleinquadrate ziehen sich hoch bis unters Knie –, ein Männerstrumpf, der, wie er hinzufügt, nicht für einen Hunderter zu haben sei.

Der Rundgang neigt sich dem Ende zu, wir sehen noch, wie Strumpfhosen auf beleuchteten Unterlagen auf Laufmaschen kontrolliert und dann maschinell verpackt werden, wir treffen Hildegard in der Endfertigung Strick, die heute Namenstag hat, und Herr E. singt ihr ein Ständchen, und wir sehen, wie das Ketteln funktioniert, der Arbeitsgang, der bei den älteren Maschinen übrigbleibt: Das Schließen der Socke oben. Die Nadeln sind im Rund auf Augenhöhe angebracht und die Maschen der Strumpfendreihe werden exakt auf die vielen feinen Nadeln geschoben, die im weiteren Rundlauf den Strumpf leise tickernd zusammennähen. Eine sehr feine Arbeit, sie brauche eine ruhige Hand und Geduld. Jede Masche der Endreihe müsse exakt auf das Nadelbett aufgestoßen werden, 250 Paar Socken schaffe eine Kettlerin an einem Tag. Neben ihr sitzt eine weitere Frau, die Wandersocken – Trekking Teka 2? – senkrecht, die Spitze nach oben haltend, in eine Maschine hineinschiebt, die ebenso die Enden zusammennäht. Ketteln geht nicht bei Wandersocken, erklärt Herr E., wegen des Plüschs in der Sockenspitze, dieser Arbeitsvorgang heiße Ablegen, der gehe vier Mal so schnell. Ich sage zur Ablegerin, könnte es sein, dass Sie meine Socken hier zugenäht haben? Die Frau lächelt und nickt. Herr E. sagt, ja, aber, die beiden Frauen hier schaffen 1000 Paar Socken am Tag, wir produzieren jedoch 12 000 bis 15 000. Man lasse in Portugal konfektionieren, und dies dann doch irgendwie wegen der Lohnkosten und so – die Sache mit der Lohnkostensparerei scheint ihm unangenehm zu sein –, er sagt: Das hier sind die Muster für Herbst/Winter 2016.

Wir verlassen die Kettelei und treffen auf den zweiten Teil der Gruppe. Der andere ältere Herr, der geführt hat, fragt mich, was ich da schreibe. Ich müsse alles der Presseabteilung vorlegen, die hätten einen sehr langen Arm da oben, das wüsste ich doch, oder? Allein schon, um mich zu schützen, sollte ich das tun. Ich sage, Sie plaudern hier doch keine Geheimnisse aus. Die Gruppen verlaufen sich und ich frage die beiden, ob sie mir helfen könnten, einen Menschen aus der Produktion der Socken Trekking Teka 2 zu finden, um ihn zu porträtieren. Der Betrieb wollte im Vorfeld keinen Kontakt herstellen, daher sei ich angereist, um diesen zu ermöglichen, wer auch immer erzählen möge, aus freien Stücken, ich dachte, ich frage mal rum. Sie halten einen Techniker am Ärmel fest, hilf doch der Dame mit dem Projekt, du kannst das, auch rhetorisch und so, viel besser als wenn das ein Stricker macht. Er zögert, willigt dann ein, verabredet wird 15 Uhr. Ich vertreibe mir die Zeit, indem ich die imposante, videoüberwachte Kirche besuche – Gott sieht alles –, das blaue Licht auf Fußbodennähe hinter dem schicken Altar bestaune und 31 Bestattungen auf der Mitteilungstafel sowie 31 Taufen zähle, von denen einige Kinder ungewöhnliche Namen tragen: Amy, Tayler, Ennie, Lucien, Samira und Keke. Um 15 Uhr bin ich zurück und der Techniker kommt zur Eingangspforte, er reicht mir einen Zettel mit Handynummer und E-Mail, ich möge ihm die Fragen schriftlich geben, er wolle sie mit der Betriebsleitung abklären. Für ein Porträt wäre es gut, ihn ein wenig kennenzulernen, wende ich ein, frage, ob der Zeitpunkt schlecht sei, ich könne wiederkommen, morgen, übermorgen, Ende des Monats, in einem halben Jahr? Er sagt, nein. Ich nehme den Zettel, kündige ihm meine E-Mail an, bedanke mich und gehe. Ich zögere, was nun? Ich frage im Buchladen, ob sie jemanden kennen würden, der in der Strumpfproduktion arbeite, ich würde einen Gesprächspartner für ein Buchprojekt suchen. Die Antwort klingt so, als hätte ich Unerhörtes gewollt, unflätige Dinge gesagt, das könnten sie doch nicht tun, wo käme man denn da hin, also beim besten Willen nicht, nein. Ich laufe durch den Ort, unschlüssig, verwirrt – wovor hat man hier Angst? – und sehe eine der Näherinnen zur Bushaltestelle eilen, die, die nicht gelächelt hat vorhin, überlege, ob ich sie frage, aber traue mich nicht mehr, nicht dass sie Ja sagt und nachher Ärger bekommt, es scheint, als müsse man auf der Hut sein hier. Ich fahre mit dem Bus aus der Kleinstadt raus, formuliere innerlich Fragen, die ich dem Techniker per Mail schicken könnte – nicht zu persönlich, und doch so, dass sie einen Eindruck ermöglichen, nicht zu wenige, damit er auswählen kann, frei entscheiden –, sehe gedankenverloren hinaus, und über dem ansteigenden Feld am Straßenrand am Stadtende rüttelt ein Falke seine Flügel, Beute suchend, stehend in der Luft, ein Falke, ehrlich wahr.

*

Sauerland, 8. Oktober 2015
Hallo Frau Müller-Hellmann,
ich muss mir erst das Okay von unserer Firma holen, ob ich die Fragen alle beantworten darf. Da es in einigen Fragen auch um betriebsinterne Angelegenheiten geht.
Schöne Grüße

Sauerland, 12. Oktober 2015
Guten Morgen Frau Müller-Hellmann,
da ich nun die offizielle Anweisung habe, Ihnen aus betrieblichen
Gründen das Interview nicht weiter zu bearbeiten/beantworten,
möchte ich das auch mitteilen. Ich bitte um Verständnis.
Bei dem Schreiben Ihres Buches wünsche ich weiterhin viel Erfolg.
Viele Grüße

Bremen, 12. Oktober 2015
Anruf, Notizen:
Ja, ich verstehe. Ich bin in dem Anliegen nicht drin. Ich weiß das
nicht. Wenn die Herren C. abgesagt haben, dann werden sie ihre
Gründe haben. Ich kann Ihnen da nicht helfen. Wenn die Herren C.
das so entschieden haben … Das tut mir leid. Ich rate Ihnen, diese
Entscheidung zu akzeptieren. Mein letztes Angebot: Nehmen Sie
direkt zur PR-Chefin Kontakt auf. Das ist die letzte Möglichkeit. Ich
spreche sie auch darauf an, dann weiß sie, worum es geht.

Bremen, 15. Oktober 2015
Sehr geehrte Frau F.,
…
Mit freundlichen Grüßen

– Schweigen –

Leinefelde | Baumwollspinnerei

Leinefelde ist eine Kleinstadt im Nordwesten von Thüringen in einer Landschaft, die Eichsfeld genannt wird, zu der auch Teile von Niedersachsen und Hessen gehören. Im Eichsfeld gibt es steile Hänge aus Muschelkalk in den Tälern der Leine und Werra, die Höhenzüge Gobert, Bleicheröder Berge, Dün und Ohmgebirge und die Landschaft Goldene Mark – Felder mit sanften Hügeln. Durch das Eichsfeld verläuft eine Wasserscheide, die den zahlreichen Quellgebieten ihre Fließrichtungen anzeigt: Die Unstrut, die Wipper und die Helme fließen der Elbe zu, die Rhume, die Nisse, die Hahle, die Leine und die Frieda der Weser. Die Leine entspringt im alten Ortskern von Leinefelde. Es sind mehrere Quellen in Gärten von Häusern, die von Göttinger Wissenschaftlern 1734 mit der Zahl zehn beziffert wurden: »Fünf Quellen nördlich und fünf Quellen südlich des gemeinsamen Abflusses«. Die Gelehrten konstatierten, dass alle Quellen mit Brunnenkresse bewachsen waren und eine mit einem Schweinestall überbaut worden war, und beschrieben ihre Lage wie folgt: »Die oberste und die unterste trennten keine 80 Schritt.« In die Leine mündet sehr schnell die Line, sodass bereits am Westende des Dorfes die Wasserkraft zum Betreiben einer Mühle ausgereicht hat. 280 Kilometer fließt das anfängliche Leine-Line-Wasser seiner Mündung entgegen, erhält Zulauf durch 42 weitere Flüsse, transportiert Schiffe auf 91 Kilometern seines Stroms, durchquert die Städte Göttingen und Hannover, und geht dann auf in die Aller bei Eikeloh.

500 Jahre vor den Göttinger Quellforschern wurde Leinefelde zum ersten Mal schriftlich erwähnt und 200 Jahre vor Erscheinen der Gelehrten war die Reformation im Eichsfeld stark. Die jesuitische Gegenreformation 50 Jahre später war jedoch stärker. Der katholische Glaube wurde zurückerzwungen und hat sich bis heute als Insel im protestantischen Thüringen bewahrt. Dass viele der Menschen

im Eichsfeld katholisch verwurzelt waren, Landwirtschaft und Kleinhandwerk betrieben und nach dem Zweiten Weltkrieg lieber die CDU wählen wollten als die SED, soll der Grund gewesen sein für den »Eichsfeldplan«. Zur »Proletarisierung« der Gegend wurde 1959 die Ansiedelung großer Industriebetriebe beschlossen und damit der Zuzug von Menschen aus anderen Regionen der DDR, die »gefestigter« in der »sozialistischen Weltanschauung« waren, zum Beispiel die Sachsen. Leinefelde wurde ein industrielles Zentrum. Am 10. April 1961 erfolgte der erste Spatenstich: Die Baumwollspinnerei und Zwirnerei, »die Spinne«, wurde gebaut. Das 2500 Menschen umfassende Dorf hatte zehn Jahre später 4000 Einwohnerinnen und Einwohner mehr, und war 1989 mit 16 500 Menschen der größte Ort der Region. In der Spinne arbeiteten bis zu 4500 Angestellte, die Wohnungen in neu errichteten Plattenbauten südlich der Altstadt bezogen. Die Baumwolle aus Zentralasien wurde mit Zügen bis zu den Werkshallen gefahren und zu dem Garn versponnen, das den meisten in der DDR verarbeiteten Garnen entsprach. Vor dem politischen Umbruch 1989 waren es 16 000 Tonnen Baumwolle jährlich, 1992 nur noch 6000 Tonnen im Jahr. 380 Mitarbeitende blieben und die Leinefelder Textilwerke kamen 1997 zu einem Strumpfhersteller im Sauerland. Im Jahr 2013 wurde die Insolvenz angemeldet, im Juni 2014 die Spinne geschlossen.

Heute wohnen 9500 Menschen im Ort, an dessen Bahnhof die Regional-Express-Linien 1 und 9 halten, die von Göttingen nach Glauchau und von Kassel nach Halle fahren, und bis 2014 hätten die Leinefelder freitags in den IC, der von Frankfurt nach Leipzig unterwegs war, steigen können und sonntags in den IC die Strecke zurück. Die Plattenbauten der Spinne-Arbeiterinnen sind abgerissen oder auf hohem Niveau modernisiert. Der Teich an der Schnittstelle zwischen Alt- und Südstadt wurde vergrößert und erhielt ein Café. Und das Umfeld der Alten Kirche mit der ehemaligen Musikschule – Fachwerk, gelbe Wände, rote Streben – wurde neu komponiert.

Sigrid Dietrich und Veronika Otto

Sigrid Dietrich ist Spinnerin. Sie hat 45 Jahre lang an den Spinn-maschinen der Leinefelder Textilwerke Garn gesponnen, genauer gesagt, natürliche Fasern und Chemiefasern zu Garn versponnen. Die Faser, die sie am meisten verarbeitete, war Baumwolle, mit einer Faserlänge bis zu maximal 40 Millimetern. Alle längeren Fasern brauchen Maschinen, die nicht Baumwoll-, sondern Kammgarn-spinnereien bereitstellen. Die Länge der Faser bestimmt die Baum-wollqualität. Die besten Baumwollfasern sind über 32 Millimeter lang, ihr Anteil an der weltweiten Produktion liegt bei 8 Prozent. Die Pflanze heißt Gossypium barbadense, ihre Handelsnamen sind Ägyptische Mako-Baumwolle, Peruanische Pima-Baumwolle und Sea-Island. 90 Prozent Anteil hat die Hochland-Baumwolle, deren Fasern eine Länge von 25–30 Millimeter erreichen, Gossypium hirsutum. Versponnen werden die weißen, langen Samenhaare der wolligen Büschel der Früchte der Pflanze, genannt Lint, und der aus Baumwollgarn gewebte, gestrickte oder gewirkte Stoff hat viele nützliche Eigenschaften: Er ist saugfähig und hautfreundlich, ruft kaum Allergien hervor, er ist alkalibeständig, dehnbar und wider-standsfähig gegen Motten und anderes Getier, er kann Hitze und Laugen standhalten, gekocht und sterilisiert, viel benutzt und viel gewaschen und trotzdem durch Veredelungsschritte verfeinert und dadurch sehr anmutig werden. Die ersten Spuren der Verwendung von Baumwolle sind 8000 Jahre alt und stammen aus Indien. Spu-ren aus Peru sind 6200 Jahre alt, aus Mexiko 5400. Vor 4000 Jahren kam die Baumwolle in den Irak, nach Anatolien, Syrien, Ägypten und später dann nach Europa. Baumwolle wurde auf drei Kontinen-ten unabhängig voneinander domestiziert: Afrika, Amerika, Asien.

Sigrid Dietrich hat 45 Jahre lang in Schichtarbeit zwei bis fünf Ringspinnmaschinen bedient, die jeweils 504 oder 1008 Spindeln hatten. Sie hat die 2,5 Kilogramm schweren Spulen über Kopfhöhe in der Maschine aufgesteckt, die später leeren Spulen wieder herausgenommen, sie sagt, wenn man in einer Schicht drei bis vier oder manchmal sechs Aufstecken – ein Aufstecken sind 72 Spulen –, hatte, wusste man nachher, was man getan hat. Sie hat die Maschine angesponnen, das heißt, die alten Maschinen, die sie bis 1989 bediente, manuell nach unten gelassen, um das fertige Garn entnehmen zu können, 504 neue Hülsen aufgesteckt und die Maschine wieder in Position gehoben. Wenn bei der Garnentnahme ein Faden gerissen war, hat sie den Oberfaden der Spule neu mit der Hülse der unten angebrachten Spindel verbunden. Das heißt, sie hat beide Fäden zwischen Daumen und Zeigefinger gedreht, bis sie wieder einen einzigen Faden ergaben. In der Mitte der Maschine lief der Faden durch die Rollen des Streckwerks, wo er von 20 Zentimeter auf drei Meter Länge verzogen wurde. Waren die Maschinen angesponnen, ist Frau Dietrich die langen Gänge abgeschritten, hat kontrolliert, ob alle Fäden mitlaufen, und dort, wo es Fadenbrüche gab, hat sie den Faden wieder aufgenommen und ihn mit dem Oberfaden verdreht. Bei den neuen Maschinen ging das Absinken der Ringbank zur Freigabe der Garnhülsen automatisch. Greifer entnahmen die vollen Hülsen – Kopse genannt – und setzten leere wieder auf, aber manchmal fielen die Greifer daneben, der Ablauf stoppte, per Hand wurde dann korrigiert. Eine gut eingestellte Maschine war ein Sechser im Lotto, erzählt sie, eine schlecht eingestellte ein Unglück, dann sind wir die ganze Schicht nur gerannt. Bei reiner Baumwolle lief es häufig ohne Probleme, bei Mischungen oder schlechtem Klima war es sehr kompliziert. Dann haben wir geflucht, sagt sie, dann verwickelte sich das Garn um die Roller des Streckwerks, sodass wir es aufschneiden mussten. Jedes Material hat bestimmte Temperaturen, erklärt sie, mit denen es reibungslos läuft, die Wärme muss angepasst sein, sonst klebt die Faser an den Rollen fest und wickelt sich ein, unentwirrbar. Trotzdem hat es mich immer gereizt, wenn es um neue Fasern ging, die Herausforderung anzunehmen: Wie kriegen wir die Umsetzung hin? Sie lacht, erzählt von den Glitzerfasern, das winzige Metall, das im Gespinst war und bei der Weiterverarbeitung an der Maschine herausflog. Sie deutet auf ihre Kleidung, wir sahen aus wie die Christbäume. Sie zählt andere Fasern auf, Mischungen mit Seide oder Kaschmir, da haben wir zum Schluss geheult, bis es dann endlich lief.

Veronika Otto ist Garnentwicklerin. Welche Faser welche Eigenschaften besitzt und mit welcher Art der Verarbeitung zu welchem Garn gesponnen werden kann, ist das an der Hochschule und in der Praxis erworbene Wissen, das ihren Beruf ausmacht, über den ich bis zum Besuch im Eichsfeld, trotz 41 Jahren Textiltragens, nie nachgedacht habe. Sie erzählt von der Vielfalt der Fasern, die es gebe, von pflanzlichen, tierischen und chemischen Fasern, von Seide, Viskose, Modal und Kaschmir, Polyamid, Polyacryl und Polypropylen. Seide wird aus den Kokons der Seidenraupe gewonnen, Viskose aus Cellulose, Modal enthält Eukalyptus und Kaschmir wächst am Bauch einer schlappohrigen Ziege. Alle Chemiefasern sind Endlosfasern, Filamente, erklärt sie, aus Emulsionen hergestellt, erst durch feine Düsen gepresst, dann geschnitten. Textilien aus Polyacryl sähen zwar super aus, aber nähmen Bakterien auf, würden schnell stinken. Mischungen mit Polyamid seien erstaunlich gut, Polypropylen könne viel. Acryl in Socken? Finden Sie bei Qualitätsmarken nie. Achten Sie bei T-Shirts und Unterwäsche auf Elasthan. Zwei Prozent Anteil ist gut, gibt dem Kleidungsstück Halt. Fünf Prozent ist zu viel, Sie fühlen sich eingeschnürt. Ich zeige ihr meine Melbu Beanie aus Polyacryl, sie befühlt sie, sie sagt, bei Kopfbedeckungen ist Acryl okay. Ein weiterer Nachteil ist nur das Pilling, sehen Sie? Sie hält mir die Mütze hin. Pilling? Die verknoteten Fasern, die man abzupfen kann, ein typisches Merkmal von Polyacryl. Auch von Wolle übrigens, Wolle pillt. Sie erzählt von Core-Garnen, bei denen ein Filament aus Elasthan von Baumwolle umsponnen wird, von Vicunja-Wolle des Alpaka-ähnlichen Tieres aus Südamerika – der Sack Vicunja in ihrem Büro war schlappe 50 000 Euro wert –, von Milchfasern aus Eiweiß, Brennnesselfasern aus heimischen Nesselstängeln und Smartcel Fasern mit eingebundenem Paraffin. Später zähle ich im Lexikoneintrag 58 Natur- und 42 Chemiefasern, die alle ihre speziellen Eigenschaften besitzen, thermostabil, scheuerfest, hitzebeständig, nassfest, trockenfest, fein, weich, glänzend, leicht. Ich staune. Eine Welt tut sich auf. Für eine Firma im Sauerland haben wir ein eigenes Garn entwickelt, erklärt Frau Otto, das war ein Prozess über Jahre, eine stetige Verfeinerung. Es geht dabei um Nuancen. Das Garn ist gut, und dann, nach vielen Experimenten, ist es perfekt. Produziert haben wir auch für Schiesser, für Boss, für Joop und für andere Marken. Wichtig war mir, erzählt sie, sich mit dem Faserhersteller und dem Garnverbraucher für die Entwicklung zusammenzusetzen. Den Stoff vor Augen zu haben, der aus dem Garn entstehen soll. Zu wissen: Welche Anforderungen sind an das Garn gestellt? Wir haben keine Aufgabe abgelehnt, sagt sie stolz, wir haben uns reingekniet, bis es lief. Garn mit 45 Prozent Seide? Fasern angereichert mit Paraffin? Keine andere Baumwollspinnerei hätte das gemacht. Wir aber waren dabei.

Wir sitzen in einem Restaurant, sehen von unseren Plätzen aus das alte Werksgelände, und als ich nachfrage, was das Wort »Obertrikotagen« bedeutet, sehen sich Frau Otto und Frau Dietrich erstaunt an. Tricoter sei das französische Wort für Stricken, erklären sie mir, man unterscheide zwischen Ober- und Untertrikotagen. Untertrikotage ist Unterwäsche, Obertrikotagen sind Kleidungsstücke darüber. Beide sind gewirkt oder gestrickt, also Maschenware: Eine Fadenschleife wird in eine andere hineingeschlungen. Beim Stricken werden die Maschen nebeneinander gereiht, beim Wirken – nur in der industriellen Herstellung möglich – senkrecht übereinander. Frau Otto sagt, aber diese Themen betreffen das fertige Garn. Warum haben Sie bei der Recherche zur Socke nicht gleich bei der Faser begonnen? Ich zucke mit den Schultern, daran habe ich nicht gedacht. Ob ich denn wisse, wie spinnen gehe, fragt sie weiter, und zieht einen Faden aus den Fransen ihres Schals. Schauen Sie mal, wenn ich diesen Faden aufdrehe, sehen Sie die vielen Fasern? So dünn und kurz sind Fasern eigentlich, manche kann man mit bloßem Auge kaum sehen. Die Fasern werden gereinigt, gemischt und nebeneinandergelegt, parallelisiert – im Normalzustand kräuseln sie sich –, dann doubliert, oft vierfach, und dann verzogen und verdreht. Das ist alles, das ist das ganze Prinzip: Doublieren und verziehen, doublieren und verziehen, immer wieder und zum Schluss den Faden verdrehen. Dadurch wird das Band gestreckt, immer dünner, bis es so dünn ist wie Garn. Als Regel gilt: Je mehr man dreht, desto fester wird es. An dem Garn einer Socke, die sich zu fest anfühlt, kann man experimentieren: Weniger Umdrehungen der Maschine einstellen, von zum Beispiel 400 auf 350 pro Meter. Zu lockeres Garn gibt zu viel Abrieb beim Tragen, zu festes Garn sitzt unangenehm. Wir haben auch Mischungen gemacht, erklärt sie weiter, Grau-Melangen, man kann die Faser, die Flocke, färben oder später das fertige Garn. Färbt man die Flocke, kann man verschieden gefärbte Fasern zusammen verspinnen. Das nennt man Melanieren.

Veronika Otto hat Textilveredelung in der Nähe von Cottbus studiert. 400 Kilometer entfernt, drei Jahre Internat. Sie war bereits für die Leinefelder Spinne tätig, als ihr das Studium vorgeschlagen wurde, ihr Sohn blieb bei ihren Eltern zu Haus – das war hart. Von der Pike auf habe sie den Beruf gelernt, in allen Bereichen Einblick gehabt, ein paar Jahre Färberei, 15 Jahre lang Qualitätssicherung. Dann kam der Wechsel in die Produktentwicklung: Die Entwicklungsgespräche, die Versuchsreihen im Labor, das Abstimmen mit den Spinnerinnen, mit den Maschinenschlossern, die Vorbereitungen der Messen, das Erstellen der Kollektionen. Ich war 45 Jahre im Unternehmen, sagt sie, ich kenne jede Treppenstufe in diesem Haus – sie zeigt auf das Hochhaus in Sichtweite –, den Dachboden, die Flure, ich kenne alles. Sigrid Dietrich nickt. Ich bin auch gleich nach der Schule in die Spinne gegangen. Sie lacht, und ich habe geschworen, danach hörst du sofort wieder auf. In manchen Abteilungen gab es starken Faserflug, wir sahen aus wie die Schneemänner, das war nicht so modern wie heute. Ja, sagt Frau Otto, wenn man in die Halle kam, hat man sich unter der Nase gerieben, so sehr hat das gejuckt. Trotzdem, fügt Frau Dietrich hinzu, habe ich ja weitergemacht. Meine Mutter hat gesagt, jetzt warte doch erstmal und verdiene Geld. Ich habe erwidert, ich kann es ja mal versuchen. Willst du den zweiten Meister nicht machen, hat der Meister gefragt, du weißt die Leute zu nehmen. Ich habe mit den Achseln gezuckt, ich kann es ja mal versuchen. Geheiratet habe ich, bin schwanger geworden mit 19, mein Mann war Schlosser im Betrieb. Seitdem arbeiteten wir in Wechselschicht, einer morgens, einer nachts oder abends, um das Kind zu betreuen. Ich war »auf« den Maschinen, ich war Hilfsmeisterin, ich habe Lehrlinge ausgebildet. 1989 kam der Wechsel in die neue Halle, die neuen Ringspinnmaschinen waren doppelt so lang, 1008 Spulen. Geh du mit rüber, hat der Meister gesagt, du kannst das. Jeden Tag habe ich – nicht an den Maschinen, dafür war ich zu stolz –, aber zu Hause nach der Schicht Rotz und Wasser geheult. Das schaffe ich nicht, habe ich meinem Mann gesagt, die Länge der Maschinen, das viel dünnere Garn, die vielen Fadenbrüche, die schwereren Spulen. Das kannst du mir nicht erzählen, hat der erwidert, dass du das nicht schaffst. Na?, hat er nach vier Wochen gefragt, und ich habe gesagt, ja, ich glaube, ich habe mich gewöhnt. So liefen die Jahre und auf einmal waren 45 voll.

Wir laufen an den alten Werkshallen entlang, es sind Minusgrade, eisiger Wind, ich bin überrascht, wie groß das Gelände ist.

Osthalle, Westhalle, Hochhaus, da war die Küche, dort die eigene Schlachterei – lang ist's her –, gegenüber der Speisesaal. Hier lag die Färberei, der Boden war aus Parkett, damit die Arbeiter nicht auf Beton laufen müssen. Dort drüben der Parkplatz, die Busse fuhren zum Schichtwechsel vor. Nach der Schicht ging es zum Imbiss, da standen die Biere bereit. Man hat geackert, aber es sich auch schön gemacht, das Soziale war wichtig, der Zusammenhalt. Es gab Ferienlager am Meer und Austauschprogramme für Jugendliche in die Sowjetunion und in die Tschechoslowakei. Auch jetzt noch ist der Kontakt zu den alten Kolleginnen gut, sagt Frau Dietrich. Das Thema, wenn wir uns sehen, ist die Spinne, immer ist es die Spinne. Ja, nickt Frau Otto, es ist einfach dein Leben, du hast dein ganzes Leben in ihr verbracht. Wir laufen am Zaun des Geländes zurück, machen ein Foto, ich frage, haben Sie eine Berufskrankheit? Eine deutliche Aussprache, sagt Frau Dietrich, die Maschinen waren sehr laut, wir mussten alle Hörschutz tragen. Nein, Spaß beiseite, winkt sie ab, natürlich hat auch das Gehör gelitten, aber schlimm sind die Rückenschmerzen und ich bekomme schwer Luft. Die Fasern, die ich jahrelang einatmete, die Maschinen und die Spulen, die ich stemmte, das wird nicht mehr gut.

Wir wärmen uns beim Bäcker auf, ich frage, was soll auf jeden Fall in dem Kapitel stehen? Frau Otto zählt auf. Dass die Arbeit eines Spinners nicht einfach ist. Dass sie vielfältig ist und interessant. Dass High-Tech in den Socken steckt, vor allem im Garn einer Wandersocke. Dass Leinefelde viele Qualitäten verarbeitet und sich jeder Aufgabe gestellt hat. Jeder. Dass wir zusammengehalten haben, von ganz oben bis nach unten. Nur so konnten wir das erreichen, wir haben an einem Strang gezogen. Okay, sage ich. Und was ist das Schönste an Ihrem Beruf? Den fertigen Stoff zu sehen, lächelt Frau Dietrich, was aus der Quälerei entstanden ist, zu wissen, dass sich die Mühe lohnt. Die Anerkennung auf der Messe, sagt Frau Otto, welche Rückmeldungen wir bekamen, was wir aufgebaut hatten, wir wurden sehr geschätzt. Und das Schwierigste?, frage ich weiter. Die Insolvenz, sagen beide. Dein ganzes Lebenswerk von jetzt auf gleich null und nichtig. Ich sage, Einspruch. All das geschaffene Garn in all dem getragenen Stoff, das in all den Kleiderschränken hängt und an all den Menschen dieses Landes getragen wird, das ist nicht null und nichtig. Ja, sagt Frau Otto, aber heute den Brief zu bekommen und morgen auf der Straße zu stehen und alle Unterlagen, alle Hinterlegungsmuster, die Ergebnisse von Jahrzehnten Arbeit, in die Container zu werfen, das muss man wegstecken können, das ist schlimm. Wenn heute jemand sagen würde, wir machen morgen die Spinne wieder auf, ich wäre die Erste, die um sechs auf der Matte steht. Frau Dietrich fügt hinzu, glaub mir, ich auch.

Was ist da noch, neben der Spinnerei, frage ich, was machen Sie gerne? Frau Otto lehnt sich zurück. Ich habe sechs Enkelkinder, ich springe bei der Betreuung oft ein. Ich mache Sport, ich treffe mich mit Freundinnen, ich fahre mit meinem Mann in Urlaub. Das ist alles wunderbar, ganz und gar. Aber glauben Sie mir, eine Frau, die ihr Leben lang mit Leib und Seele berufstätig war, füllt das nicht aus. Frau Dietrich stimmt zu, wirklich, so ist das. Ich habe zwei Enkelkinder, eins ist regelmäßig bei mir, und sonst bastele ich gerne. Es gibt nichts, was ich noch nicht gebastelt hätte. Ich schaue im Internet, was es Neues gibt. Zurzeit gieße ich Beton. Zu Weihnachten Schneeflocken, Kerzen und Sterne, im Sommer Pilze und Rosen. Ich habe schon überlegt, mit alten Menschen Bastelstunden zu machen oder mit denen, die eine Ergotherapie durchlaufen. Im Oktober gehe ich in Rente, die Spinne ist seit zweieinhalb Jahren zu. Und mit der Höhe der Rente, frage ich, sind Sie nach 45 Jahren doch sicher zufrieden? Sie sieht mich einen Moment lang an. Die Schichtzuschläge zählten zum Lohn nicht dazu. Ich bin froh, wenn es 900 Euro werden.

Wir verabschieden uns und ich bedanke mich für das Gespräch und für das Garn in meinen Wandersocken. Es ist später Nachmittag,

Sigrid Dietrich und Veronika Otto

es dämmert. Ich laufe durch Leinefelde, ich suche die Quellen. Ich passiere die Einkaufsstraße mit den Kleidungsgeschäften, die Kirche mit dem Staffelgiebel aus Klinker. Ich halte Ausschau nach der ältesten Kirche im Ort, in ihrer Nähe, denke ich, wird der Ursprung der Leine sein. Umgeben von Fachwerkhäusern mit großen Scheunen finde ich sie. Nördlich und südlich eines ungepflasterten, vereisten Weges, der neben dem sehr schmalen Bach verläuft. Die größte Quelle hat die Form eines Rings, sie liegt in einem Garten. In ihrer Mitte ist eine Insel, auf der eine Hecke steht, auf der umliegenden Wiese liegt Schnee. Ich bin allein hier, ich höre das Wasser gluckern, sonst ist es still. Ein Zaunkönig landet im Geäst, ein Rotkehlchen, zwei Amseln.

Die Fleecejacke | Moon River Jacket

Bremen, 5. Februar 2015

Sehr geehrte Damen und Herren,

Anfang Dezember hatte ich mich mit der Bitte an Sie gewandt, mir bei der Realisierung eines Buchprojektes zu helfen, bei dem ich Menschen porträtieren möchte, die die Alltagsgegenstände produzierten, die ich jahrelang verwende.

Darf ich diese Bitte erneut an Sie richten?

Es geht um eine Fleecejacke aus Ihrem Sortiment, die ich 2007 oder 2008 gekauft habe. Diese zeichnet sich durch ein auffälliges Muster auf der Rückenunterseite aus, das drei Tatzen enthält, die von einer Art Baumgeäst umgeben sind. Ich lege Ihnen ein Bild bei. Den Reißverschluss habe ich ausgewechselt. Folgende Angaben stehen auf dem Innenschild: 17574 GT, 07EB002901, Made in Vietnam.

Ich habe auf Ihrer Website gesehen, dass neun Betriebe in Vietnam als mögliche Produktionsorte in Frage kämen.

In welchem dieser neun Betriebe wurde die Fleecejacke hergestellt und an wen müsste ich mich wenden, damit ich eine Person finde, die an der Produktion mitgewirkt hat?

Mit freundlichen Grüßen

Taunus, 23. Februar 2015

Sehr geehrte Frau Müller-Hellmann,

besten Dank für Ihre doch außergewöhnliche Anfrage. Bitte entschuldigen Sie, dass wir Ihnen erst heute darauf antworten. Wir wollten Sie sicher nicht warten lassen.

Bei der Fleecejacke, zu der Sie uns die Bilder und die Artikelnummer haben zukommen lassen, handelt es sich um die Moon River Jacket Woman aus dem Jahr 2007.

Hergestellt wurde Ihre Moon River Jacket Woman bei der G-Company. Diese befindet sich in 61999 Hanoi, Vietnam, im Que Vo District, Industrial Zone. Das Büro finden Sie unter dem Namen G-Team Development in Hongkong. Hier der Link zu deren Webseite.

Wir hoffen, dass Ihnen diese Informationen bei der Verwirklichung Ihres Projektes weiterhelfen.
Wir wünschen Ihnen viel Erfolg
Freundliche Grüße aus dem Taunus

Hongkong, 9. März 2015
Hello Mrs. Mueller-Hellmann
Are you connected to the Hellmann Spedition by any chance?? ;-))
Anyway ... Yes, we produced this garment in our Vietnam factory and yes, I could bring you in contact with our factory director under who's supervision the production was done but maybe I can also answer your questions
Brgds
Manfred H.

Bremen, 9. März 2015
Hello Mr. H.
Unfortunately it is not my company, the Spedition »Hellmann« ...
But nevertheless, it would be interesting, to speak with you about organizing the production. Will you be in Europe this year?

Hongkong, 9. März 2015
Dear Mrs. Mueller-Hellmann
Maybe it's the Hellmann mayonnaise dynasty then ;-))
I have copied in Michael I. (German) who is the big boss of our factory ... so ask him what you want to ask him ...
And yes – I will be in Europe starting from around the sixth of April.
Brgds
Manfred H.

Bremen, 9. März 2015
Dear Mr. H.
Thank you for the contact. When will you be in Düsseldorf, Frankfurt,
Nürnberg?
With kind regards
Imke Müller-Mayonnaise

Hanoi, 16. März 2015
Hallo Frau Müller-Hellmann
Sie sind jederzeit herzlich willkommen, uns hier zu besuchen.
Das können wir sehr kurzfristig (1–2 Tage Vorlauf) organisieren.
Sie können sich gern die gesamten Abläufe anschauen und erklären
lassen.
Schöne Grüße aus Ha Noi
Michael I.

Hanoi, 16. März 2015
Hallo Imke,
ich geh jetzt einfach mal zum »Du«, weil das hier in Asien so üblich
ist.
Wir haben diverse Bandleiterinnen, die vor vielen Jahren Näherinnen
waren, bei denen ich mir am ehesten vorstellen könnte, dass sie am
Nähen Deiner Jacke beteiligt gewesen sind.
Schöne Grüße aus Ha Noi
Michael

Hongkong, 9. April 2015
Okay … jetzt hab ich's.
Wir werden am 16. April im Schlosshotel Kronberg übernachten.
Meine deutsche Telefonnummer haben Sie ja.
Bis dann
Manfred

Kronberg im Taunus

Die S-Bahn von Frankfurt am Main nach Kronberg im Taunus braucht für die 145 Höhenmeter überwindende und 16 Kilometer lange Strecke raus aus der Metropole der hoch aufragenden Bankentürme 22 Minuten. Kronberg ist eine kleine Stadt, die im Norden, im Osten und im Westen an den Taunus grenzt, ein reich bewaldetes Mittelgebirge, dessen höchste Erhebung der Große Feldberg mit 871 Metern ist, von Kronberg aus zu Fuß in – geschätzt – zwei Tagesetappen zu erreichen. In Kronberg leben achtzehntausend Menschen, deren Kaufkraft weit über dem deutschen Durchschnitt liegt, das heißt, viele dieser Menschen sind reich, der Ort gilt als eine der teuersten Gegenden bundesweit. In der Innenstadt gibt es ein Café mit Torten und einem Klavier, einen Tabakladen, der Postkarten mit Frankfurter Bildmotiven verkauft, und einen Obst- und Gemüsehändler, der seine Ware akkurat aufeinanderstapelt. Es gibt den Victoriapark, in dem ein Springbrunnen rauscht, die alte Burg Kronberg, die 500 Jahre lang Sitz eines Adelsgeschlechts war, und einen Schlosspark, in dem das Schloss Friedrichshof steht, das heute ein Hotel ist: Schlosshotel Kronberg.

Ich trinke um 11 Uhr einen Kaffee am Bahnhof Hannover, als mich Herr H. auf dem Handy anruft, um mir mitzuteilen, dass der Mercedesleihwagen nur im ersten Gang fahren würde, sie wären noch nicht weit gekommen, sie seien bei Ulm. Ich trinke um 16 Uhr einen Kaffee in Kronberg, als er mir eine Kurznachricht schickt, dass sie nun weiterfahren würden, ich solle mich auf die Terrasse des Hotels setzen, diese sei sehr zu empfehlen. In diesem Moment weiß ich noch nichts von der Luxuskategorie des Schlosshotels, ich weiß noch nichts vom Golfplatz drum herum und vom 179-prozentigen Kaufkraftindex der Kronberger, ich habe mir zu Hause nur schnell die Adresse des Treffpunkts notiert und trage meine Moon River Jacket von 2007, mit der ich über Schneefelder der italienischen

Alpen gelaufen bin, die mir beim Zelten auf meiner Wanderung quer durch Frankreich jede Nacht zusammengelegt als Kopfkissen diente, und die ich an geschätzten achthundert schnöden Alltagen trug. Auf dem Weg zur empfohlenen Terrasse beginne ich zu verstehen, wo ich verabredet bin. Ich sehe die Golfbälle fliegen und ein immenses Eingangsportal, vor dem ein Mann in einem roten Anzug mit Goldknöpfen, roter Mütze und weißen Handschuhen wacht, und auf dem Parkplatz zähle ich acht verschiedene Porsche, drei Oldtimer und eine zweistellige Zahl anderer Autos aus ähnlichen Preisklassen. Ich trage meinen Schlafsack in der Hand – ich werde auf dem Sofa einer Bekannten übernachten – und überlege, wohin nun mit dem nächtlichen Zubehör. Ich überfliege, um Zeit zu gewinnen, die in Stein gemeißelte Inschrift an der Außenwand, die besagt, dass das Schloss Ende des 19. Jahrhunderts als Witwensitz für die ehemalige deutsche Kaiserin Victoria errichtet wurde, die es zu Ehren ihres verstorbenen Gemahls Friedrich III., »Friedrichshof« nannte. Heute ist das Schloss ein Hotel, das zu den »Leading Hotels Of The World« gehört, fünf Sterne und so weiter. Ich drehe mich um und schlendere zum Golfplatz, dessen Zutrittsverbotsschilder ich ignoriere und der neben seinen grünen Freiflächen viele alte Bäume und dichte Rhododendronbüsche hat, in denen ich meinen Schlafsack verstecke, um mich dann neben Hole 2 auf eine weiß gestrichene Parkbank zu setzen. Ich habe Zeit, ein oder zwei oder drei Stunden, ich zähle die Vogelstimmen, ich warte. Alle 20 Minuten werden Caddys an der Bank vorbeigezogen und ich nicke den Golf spielenden Menschen vor ihren Abschlägen aufmunternd zu.

Herr H. textet gegen halb acht, dass er angekommen sei, dass ich ihn, einen weißhaarigen Mann neben einer »hübschen Chinesin« auf der Terrasse finden werde. Ich verlasse meinen in der Dämmerung gelegenen Platz, gehe am höflich grüßenden Portier und an den Vitrinen, in denen nicht eben preisgünstige Füllfederhalter und Uhren ausgestellt sind, vorbei, meine Schritte sinken im Teppich ein. Menschen in Dienstuniformen helfen mir, den Weg zur Terrasse zu finden, und im Esssaal knarren die Dielen vor der weit aufgeschobenen Terrassentür, die mir den Blick auf die Paare freigibt, die mit dem Rücken zu mir, den Ausblick genießend, an den Tischen sitzen. Ich erkenne Herrn und Frau H. sofort, begrüße sie und setze mich dazu. Herr H. wirkt auf mich wie der Gitarrist einer seit Langem existierenden erfolgreichen Rockband – Jeans, offenes Hemd, Stiefel, Zigarre –, und seine Frau ist eine jüngere, elegante Chinesin, die den ganzen Abend über kein Wort sagen wird und sich manchmal ein Lächeln abringt, wenn ich sie lang genug freundlich ansehe. Ob sie Deutsch spräche oder verstünde, frage ich sie auf Englisch, und Herr H. knurrt – seine Zigarre wippt dabei im Mund –, dass sie viel zu viel Deutsch verstehe, sie spreche es aber nicht. Das Paar blickt sich herausfordernd an, ich tue so, als würde ich ihre Blicke nicht sehen. Einer der Uniformierten kommt, Essen wird bestellt, die Suppe, 12 Euro, für mich. Ich klappe mein Notizbuch auf und frage, was ihre Arbeit ist. Ich frage ein paar Mal gezielt nach. Ich verberge nicht, dass ich von der Branche Textil und von der Arbeit eines Geschäftsführers in Asien keine Ahnung habe. Frau H. sieht mich manches Mal an, und ich hoffe, ich verderbe ihr nicht den Abend, der letzte einer Europareise, am nächsten Morgen der Flieger, um acht. Ihr Mann nimmt sich für das Gespräch knapp drei Stunden Zeit.

Manfred H. ist seit 30 Jahren in Asien. Als gelernter Spediteur hat er dort »Luftfracht gemacht«, er nennt große Textilnamen, für die er die Ware nach Europa schaffte. Dann stieg er selber ein. Er hat eine Firma mit 100 Leuten in Hongkong, fasst er zusammen, es gehe um Verkauf und um Handel. Jede Abteilung habe ihre Kunden, zum Beispiel die Marke meiner Fleecejacke. In Vietnam produzieren 700 bis 750 Leute für ihn. Was heißt das genau, frage ich, Verkauf und Handel, was machen Sie jeden Tag? Eigentlich machen

wir alles, sagt er, wir kümmern uns um das »Handling«, meine
Frau in China und ich in Vietnam. Er erzählt von falsch bestellten
oder falsch gelieferten oder von minderwertigen gelieferten Stoffen.
Von Produktionsentscheidungen. Die Produktion müsse aufrecht-
erhalten werden, damit die Arbeiterinnen beschäftigt seien, dafür
akzeptiere er auch mal schlechte Preise. Er erzählt von Strafgeldern
bei zu später Lieferung – fünf Tage zu spät werde teuer –, von Zoll-
kontrollen und der Suche nach Reedereien. Von gestiegenen oder
gesunkenen Ölpreisen und langen Umwegen der Schiffe, um die
Suez-Kanal-Gebühr zu vermeiden. Von einer »gewissen Flexibili-
tät«, die man brauche, vor allem in Asien, ob ich das verstünde?
Er lehnt sich zurück und sieht mich prüfend an, sagt, schlussend-
lich muss der Kunde die gelieferten Stoffe akzeptieren: schlechte
Stoffe – schlechte Ware, keine Stoffe – keine Ware. Auch deren
Strafen bei zu später Lieferung an ihre Kunden seien enorm. Er
habe klein angefangen, erzählt er, am Anfang doppelt gearbeitet,
morgens die Spedition, abends die Kleidung, und nichts habe er
gewusst, er kannte nur »den Unterschied zwischen BH und Hös-
chen«. Ich notiere, blicke kurz auf, auf seine Frau, die keine Regung
zeigt. Man baue sich ein Netzwerk auf, sagt er, zweitausend Deutsche in Hongkong, da kenne jeder jeden. Für die Fleecejackenmarke
haben sie anfangs nur Hemden gemacht, heute sei es viel mehr. Die
Marke arbeite mit spezialisierten Betrieben zusammen und seine
Spezialität sei es, der Problemlöser am Ende des Tages zu sein: Herstellen können sie alles, die Dinge geklärt kriegen auch. Verstehen
Sie das?, fragt er wieder. Man könne in Vietnam niemals Polizist
werden, der Posten werde vererbt, und wenn Fleisch auf den Teller
soll, werde ein Strafticket mehr verhängt, so liefe das, man müsse
flexibel sein, sich kümmern um das Öl in der Maschine. Aha, sage
ich, und auf der Europatour, was haben Sie da gemacht? Kontakte, sagt er, Gespräche, Verhandlungen, Verträge. Man braucht
heute mehr Papier als Stoffe für die Produktion, ein Auswuchs der

Bürokratie. Ich könne mir nicht ausmalen, um wie viel Papier es da gehe. Die Marken ließen sich alles Mögliche einfallen, 64-seitige Strafkataloge, alles sei reglementiert. Jeder versuche, an das Geld des anderen zu gelangen, Geiz gegen Habsucht. Und wie machen Sie das?, frage ich, Herr H. winkt ab. Ich unterschreibe alles, was sonst? Ich habe keine andere Wahl. Ich bekomme den Auftrag sonst nicht. Papier ist geduldig.

Das Essen wird gebracht, der Kellner witzelt, dass der Stramme Max sicherlich für den Herrn sei, das könne man sehen. Dann erschrickt er und entschuldigt sich, stottert herum. Herr H. lächelt und sagt, schon gut. Ja aber, frage ich, kontrollieren die nicht?, und Frau H. sieht mich so an, dass ich wünsche, auch sie hätte etwas von diesem Abend. Er zuckt mit den Achseln. Ich solle einmal Stift und Notizbuch weglegen. Er erzählt Beispiele von Vorgaben, die er ignoriert habe, weil sie »nicht zu Ende gedacht« seien. Unrealistische Zollinspektionszeitvorgaben und Regelungen, die die Arbeitsbedingungen beträfen. Die Marken würden in die Verträge alles Mögliche reinschreiben: Gewerkschaftsgründung und Schulungen, Living Wage und Chemikalien. Ob ich wüsste, was ein Living Wage sei? Ich solle nicht lachen: Ein Gehalt für eine vierköpfige Familie, von der Wohnung, Essen und Schule bezahlt werden und zehn Prozent gespart werden könne. Gefragt habe er den Kunden, wer denn in Deutschland zehn Prozent sparen könne? Niemand! Man habe herzlich gelacht. Die meinen es ja gut, ergänzt er, aber die übertreiben, die wollen die Welt verbessern. Wenn er alles einhalten würde, was sich die Social-Standard-Abteilung ausdenkt, würde die Einkaufsabteilung desselben Kunden nichts mehr kaufen von ihm, er wäre zu teuer. Herr H. lehnt sich zurück und zündet sich eine Zigarre an. Nehmen Sie zum Beispiel die Fair Wear Foundation, Ihre Fleecejackenmarke hat sich der angeschlossen, eine reine Feel-Good-Strategie für die Medien. Die Leute habe ich letztens nicht in meinen Betrieb gelassen. Die wollen meine Näherinnen schulen, wie sie sich besser beschweren können! Die wollen meinen vietnamesischen Managern erzählen, wie sie mit den Arbeiterinnen umzugehen haben! Oder Greenpeace. Von denen werden wir gerade »beschossen«. Eine Studie zur Chemie in Outdoorkleidung. Alle Mängel groß aufgeführt und in einem kleinen Kasten der Hinweis, dass sich die Produkte innerhalb der Limits befänden, nur Greenpeace findet diese Werte zu hoch. Wissen Sie, ich müsste nach deren Meinung längst tot sein, aber auch ich habe die Chemikalien doch überlebt. Er spricht von anderen Organisationen, nennt viele Namen, hebt die BSCI hervor, die Business Social Compliance Initiative, eine Selbstverpflichtung der Industrie. Ein Zertifikat von denen sehe gut aus, aber sie seien zu restriktiv. Sein Zertifikat sei nicht mehr gültig gewesen, eine Änderung der Bedingungen. Er habe mit denen in Brüssel versucht zu reden, nichts zu machen, alles »Paragraphenreiter«. Ich nicke und notiere, später lese ich im Netz, was es mit der BSCI auf sich hat. Eine Initiative der Wirtschaft, die ein »Überwachungs- und Qualifikationssystem« anbietet, um die Arbeitsbedingungen zu verbessern. Von kritischen Organisationen wie dem Südwind-Institut und der Kampagne für Saubere Kleidung wird sie hart angegangen: Ihre Kontrolle sei zu schwach und nicht transparent genug, Besuche seien angekündigt gewesen, es gäbe keine unabhängige Verifizierung. Eine Selbstverpflichtung der Betriebe reiche nicht aus, so ihre Forderung, es müsse bindende Regeln geben. Herr H. sagt, es gibt zu viele Zertifizierungen – Fair Wear, BSCI, SA 8000 –, wer soll die alle einhalten? Ein Kampf um Mitgliedschaften. Warum nicht ein einziges Zertifizierungslabel, und alle schließen sich an? Wir haben ein Selbstverpflichtungs-Label gemacht, die Initiative »social-fair« beim Verband der Fertigwarenimporteure. Wir wollen der BSCI-Sache etwas entgegensetzen, das Ganze – er sagt erst »aushebeln, unterbinden«, verbessert sich dann – »logisch machen, nachvollziehbar«. Wir bemühen uns aktuell darum, dass die Kunden unsere Zertifizierung akzeptieren.

Die Terrasse des Schlosshotels, mit Blick auf einen Teil des Golfplatzparks, leert sich mit der zunehmenden Dunkelheit. Der Abend ist lau, es gibt doppelte Espressi. Wie kann man es denn gut machen?, frage ich. Herr H. sieht mich an. Viel sprechen, Toleranz und Ethik. Sich richtig verhalten, den Menschen und dem Land gegenüber, wir sind dort zu Gast. Aha, sage ich. Was heißt das? Wie wird sich dadurch etwas ändern? Es wird sich nichts ändern, sagt er, die Eckpreislagen bleiben dieselben. 29, 49, 99 Euro, da kommt man nicht drüber. Die Menschen haben kein Geld in den Taschen, sie zahlen zu viele Steuern, viel zu viele, das ist das Problem. Die Vorgaben aus Brüssel und die Parteien in Deutschland, die einem vorschreiben wollen, einmal die Woche kein Fleisch zu essen. Und die Ökonomie. Billig und gut geht halt nicht. Wenn der Endkonsument wüsste, was in seinem Kleidungsstück steckt ..., aber das kann der ja nicht unterscheiden. Frau H. klappt ihr Smartphone zu, steht auf und gibt mir freundlich die Hand. Dann ist sie weg. Ich frage, was wäre denn, wenn der Endkonsument wüsste, was in seinem Kleidungsstück steckt?

Herr H. bestellt einen weiteren Espresso. Er erzählt von immens hohen Margen, die in den alten Tagen erzielbar waren, von einem Freund, der zu sozial war und kein Geld mit seiner Fabrik verdiente, von der »stupitity of people in groups«, die man »never underestimaten« sollte, wie gerade in den Studentenprotesten in Hongkong gesehen: Die wollen Demokratie? Wo, bitte, gäbe es denn Demokratie? Was wisse ein Studentenanführer mit Mitte 20 von Demokratie? Der habe noch in die Windeln gemacht, als die Engländer sich aus Hongkong zurückzogen. Er erzählt von den schönen Seiten seines Jobs: den Kontakten, den Besuchen, dem freundlichen Miteinander. Dass er es wichtig findet, dass die Arbeit Spaß macht, gute Leute gerne bei ihm arbeiten. Er erzählt von der Schwierigkeit, neue Plätze zu finden, an denen man noch billig produzieren könne. »Afrika« könne man vergessen. Er habe den gesamten

Containerinhalt in den Hafen kippen müssen, nur Schrott hätten die zusammengenäht, nie wieder. »Afrika« sei von Hongkong aus nicht kontrollierbar. Ich schreibe mit, ich sage, krass. In allen 54 Ländern eines Kontinents schlechte Erfahrungen zu machen. Er sieht mich kurz an, fährt dann fort. Nach Myanmar gehe ich nicht. Die Investitionen kosten Millionen und es dauert, bis der Standard erreicht sei. Nicht nur die Kosten müsse man sehen, auch die Produktivität eines Landes. China habe sehr gute Näherinnen, aber werde langsam zu teuer, zu »aufmüpfig«. Große Designerlabels produzieren inzwischen in China: Moncler und Prada. Vietnam ist noch nicht so lange dabei. Zuerst gehe immer das T-Shirt in ein neues Land, das einfachste Produkt, und mit der Entwicklung kämen die Schwierigeren. Wo ist denn das T-Shirt gerade?, frage ich. Er sagt, Bangladesch. Er blickt auf die Uhr und erschrickt, es ist spät geworden, er müsse noch E-Mails bearbeiten. Wir verabschieden uns, jetzt geht alles sehr schnell. Ihm schreiben soll ich, bei weiteren Fragen. Ich bedanke mich und nicke beim Rausgehen dem Portier freundlich zu.

Ich laufe über einen dunklen Golfplatz in Hessen, sehe die Hand vor Augen nicht, Sterne weit über mir. Ich hoffe, dass es am Ort keinen Nachtwächter gibt, und wenn ja, dass wir nicht aufeinandertreffen, klettere tastend in Rhododendronbüsche, einen Schlafsack hervorziehend, der dort einige Stunden gelegen hat. Ich durchquere einen dunklen Schlosspark, an dessen schmiedeeiserner Eingangspforte ich zu laufen beginne, runter, in den Ort, um die S-Bahn nach Frankfurt um elf noch zu kriegen, und erreiche den letzten Waggon des wartenden Zuges, mit Gesprächsnotizen in meiner Tasche, sprach- und atemlos.

Hanoi | Vietnam

Am 16. Dezember 2015 steige ich in Bremen in ein Flugzeug und
fliege in den folgenden 30 Stunden 10 483 Kilometer über den
europäischen Kontinent hinweg zum Südosten des asiatischen,
und starte und lande dabei in verschieden großen Flugzeugtypen
drei Mal. Ich lasse ausrechnen, dass ich damit 2960 Kilogramm
CO_2 produziere, womit ich das klimaverträgliche Jahresbudget
einer Erdenbürgerin von 2300 Kilogramm um 660 Kilogramm
überschreite, und das, ohne ein Jahr lang Auto gefahren zu sein –
2000 Kilogramm – oder ein Jahr lang einen Kühlschrank benutzt
zu haben – 100 Kilogramm – und ohne aus Asien zurück nach
Hause gekehrt zu sein; der Rückflug mit Stopp in Bangladesch
verursacht weitere 3623 Kilogramm Kohlenstoffdioxid. Auch, weil
ich einen Umweg über Singapur fliege und damit 1788 für meine
Strecke unnötige, aber für die Logik der Betriebsabläufe der Airline
anscheinend nötige Extrakilometer zurücklege, die der Entfernung
einer Autofahrt von Bremen nach Calafat, Motorsportmekka in der
katalanischen Provinz Tarragona in Spanien, entspräche oder einer
Fahrt nach Misso, einer Landgemeinde in Estland mit 810 Einwohnerinnen und Einwohnern und einer Apotheke, oder einer Fahrt
nach Neum in Bosnien-Herzegowina, mit einzigem Zugang des
Landes zum Meer – sechs Hotels und viel Streit um eine unterbro-
chene kroatische Landes- und damit EU-Außengrenze. Ich mache
mir bewusst, dass fast alle meine Textilien weite Strecken mit oder
ohne Umwege zurücklegen, bis sie zu mir gelangen, zumeist per
Schiff und, bei Zeitdruck, geflogen, und zahle für meine Asien-
reise 157 Euro für sogenannte ausgleichende Klimaprojekte, erhalte
dafür ein Zertifikat und recherchiere, wann endlich das Öl dieser
Erde aufgebraucht sein wird. Ich erfahre, dass es keine verlässlichen
Daten gibt: Neue Vorkommen werden gefunden und die Abbau-
technologien verfeinert.

Ich lande in Hanoi, ziehe Jacke und Pulswärmer an, es ist bewölkt und frisch, 14 Grad. Vor dem Flughafeneingang treffe ich auf zwei junge Frauen, Phil und Vân, die aus Dörfern in Zentralvietnam stammen, seit Kurzem in der Stadt studieren, und nun den Bus ins Zentrum suchen. Ich schließe mich ihnen an. Wir irren durch das Flughafenaußengelände und sitzen eine halbe Stunde später in einem Bus, in dem anfangs nur wenige Menschen sind, später ist er sehr voll, ich drücke mich und meinen Rucksack an eine der Fensterscheiben. Die Fahrt dauert knapp zwei Stunden und kostet 7000 Dong, 30 Cent, und ich brauche etwas, bis ich die Nullen auf den fremden Geldscheinen gezählt, und die richtigen Scheine dem Ticketkassierer, der im schwankenden Bus vor mir steht, in die Hand gedrückt habe. Wir fahren eine breite, geradeaus verlaufende Straße entlang, die von sehr vielen Motorrollern genutzt wird, und es ist das erste Mal, dass ich über die Vielzahl der Roller staune und das, obwohl sie hier auf der Landstraße im Vergleich zur Stadt nur eine kleine Menge darstellen, was ich in diesem Moment noch nicht weiß, sondern erst, als die motorbetriebenen Zweiräder später wie Schwärme an mir vorbei oder auf mich zu und um mich herum, über Straßen, Plätze, Gehwege und nachts über mein Kopfkissen fahren, da sie jeden Meter des Straßenasphalts dieser Stadt beherrschen. Ebenso wird alles, was transportiert werden muss, auf ihnen transportiert – hinter dem Fahrzeugsitz oder vor dem Lenker oder zwischen den Füßen oder seitlich der Fußstützen –, Säcke mit Reis oder Eiswürfeln, Käfige mit Hühnern oder mit Vögeln, Türme aus Pappen mit Eiern, oder andere Menschen, einer bis vier. Ein Großteil der Fahrer trägt einen Mundschutz, und viele Fahrerinnen haben Stoffärmel über die Arme gezogen und Handschuhe an, später erst verstehe ich, warum: Die Verpestung der Luft ist hoch und das Schönheitsideal sieht Haut vor, die hell ist, sodass die Menschen, die den Zwängen von Schönheitsimperativen mehr unterworfen wurden – Frauen –, sich vor der Sonne schützen. Nur dann, sagt mir später eine Straßenhändlerin, habe sie Chancen auf einen guten Ehemann. Der Bus hält und lässt Trauben von Schulkindern herein, die Schuluniformen tragen, weiße Hemden, blaue Röcke und Hosen. Wir passieren Felder mit Mais und brachliegendes überschwemmtes Land. Wo keine Felder sind, stehen Bäume, schmal oder mit ausladenden Kronen, mit handtellergroßen oder Palmwedeln ähnelnden Blättern. Der Bus fährt auf eine Brücke – hier haben die Zweiräder eine eigene Fahrspur –, und wir überqueren einen sehr breiten Fluss, den Roten Fluss, der aber braun ist, träges Wasser, Containerschiffe, verwildertes Ufergelände. Hinter der Brücke werden die Straßen schmaler und voller. In den Erdgeschossen der Häuser sind Läden mit aufgestapelten Verkaufsgegenständen, oder Suppenküchen und Cafés, Plastikstühle, leere Wände. Darüber hängen große Ladenschilder und noch größere Werbung – bunte Schriftzüge, überlebensgroße Gesichter, asiatische und europäische. Ich notiere, europäische. Helle Haut, große Augen. Über den Läden befinden sich Wohnbereiche, hölzerne Fensterläden, grün oder blau, und Balkone. Die Etagen sind hoch und auffallend schmal gebaut, die Steuern wurden zur Bauzeit nach der Breite ihrer Fassadenfront kassiert. Die Franzosen waren 85 Jahre lang Kolonialmacht und viele Häuser erinnern an Frankreich, ebenso die breiten Alleen mit mächtigen Bäumen und die Prachtbauten: Villen, die alte Oper, die Kathedrale Sankt Joseph, ähnlich der Kathedrale von Notre-Dame, und die Long-Biên-Brücke über dem Roten Fluss, Eisenkonstruktionen, wie man sie kennt vom Eiffelturm. Der Bus taucht ein in eine Stadt, in der offiziell sieben Millionen Menschen wohnen, die geschätzte vier Millionen Motorroller fahren. Der Verkehr ist ein immerwährendes Gewimmel begleitet von immerwährendem Gehupe. Ich bin angekommen in Hanoi. Ich fühle mich wohl.

Die letzten Straßen nehmen wir zu Fuß. Wir laufen am Straßenrand, da auf den Gehwegen kein Platz ist. Dort parken Motorroller oder werden Motorroller repariert, schwarz sind die Steinplatten vom Öl. Es wird gekocht auf glühenden Kohlen oder offenem Feuer. Kleine Plastikstühle, wie Kinderstühle, stehen überall. Ebenso kleine Tische, an denen gegessen wird, manchmal einzelne, manchmal Trauben von Menschen vor Schüsseln mit Stäbchen. Ein großer Topf kochendes Suppenwasser steht bereit für die aufgestapelten Hühner oder Hühnerbeine oder -köpfe oder -krallen, für die Fische, die in Wannen herumschwimmen, die Krabben, die Muscheln und die Krebse, deren Zangen mit Plastiktüten festgebunden wurden, für die Reisnudelbänder, lang und weiß, zu einem Klumpen zusammengelegt neben den Büscheln von Kräutern, Bergen von Knoblauch und den Ballen aus weißem Teig, in denen Fleisch und Gemüse eingerollt sind. Maiskolben, roh oder geröstet, liegen neben Gedärmen unter aufgehängten Lappen aus Fleisch. Gespült wird in Plastikschüsseln voll Wasser auf dem Gehweg, auf dem auch Waren angeboten werden. Obst und Gemüse in Körben, Schuhe und Kleidung auf Plastikplanen und in fahrbaren Vitrinen zu belegende Baguettebrötchen, Süßigkeiten, Lotterielose und Zigaretten, auf deren Verpackungen Bilder vergammelter Lungen und verfaulter Zähne zu sehen sind. Dazwischen werden Haare geschnitten – die Spiegel hängen im Baum –, und Fußnägel. Ist keine Kundschaft da, tippen die Verkäufer, die Köchinnen, die Friseure und die Fußpflegerinnen auf Smartphones herum oder lesen auf ihren Tablets. Hinzu kommen die Schuhputzerinnen und die Ohrensäuberer, die, eine Taschenlampe an der Stirn befestigt, mit langen Gestängen im Ohrinneren von dabei erstaunlich entspannt aussehenden Menschen hantieren. Wir bewegen uns am Fahrbahnrand entlang, ich trage meinen Rucksack und habe seit vielen Stunden nicht mehr geschlafen. Die Motorroller umfahren uns hupend, erst schrecke ich noch auf, dann nicht mehr. Alle Roller, Autos und Busse hupen, sie zeigen damit, dass sie da sind, sie ersparen den anderen Verkehrsteilnehmern den Schulterblick. Phil, Vân und ich laufen von Baum zu Baum, große Kronen über den Köpfen, steigen über Unebenheiten des Rinnsalpflasters hinweg und über die bis auf die Straße gewachsenen Baumwurzeln und weichen Frauen aus, die Waren in zwei Körben tragen, die mit einer Stange über ihre Schultern gelegt sind. Wir sind Teil der ineinander- und wieder auseinanderfließenden Menge in den belebten Straßen-zügen eines südlich der Altstadt gelegenen Viertels in Hanoi und Vân bittet mich, Phil ein paar Fragen zu stellen, sie sei schüchtern, aber wolle Englisch üben mit mir. Was ihre Pläne für die Zukunft seien, frage ich sie über das Geknatter und Gehupe hinweg und Phil lächelt verlegen. In der Stadt will sie leben, nicht auf dem Land, am liebsten hier in Hanoi. Ob ihr das Studium Spaß mache, frage ich weiter, und sie sagt, ja, vor allem Mathematik. Ob ich schon viele Länder gesehen habe, fragt Vân, und ich sage ausweichend, naja, es gebe viele Länder in Europa und ich zähle ihr die Nach-barn von Germany auf. Auch China?, unterbricht sie mich. Nein, sage ich, in China war ich noch nie. Hier ist es, sagt Phil und zeigt auf ein gelbes Hochhaus. Wir verabschieden uns, und bevor ich in den neunzehnten Stock hochfahre und meine Gastgeberinnen kennenlerne, gehe ich zum nächsten Straßenimbiss, setze mich auf einen kleinen Plastikstuhl in einem Meer von zerknüllten Servietten und zeige auf den Topf, unter dem ein Feuer brennt. Ich esse, was mir gebracht wird: Eine Hühnersuppe mit Nudeln, begraben unter einem Berg aus Kräutern, 40 000 Dong, 1,60 Euro, zwei Tage Durchfall. Fremdsein, denke ich, während ich die Kräuter auf der Suppe beiseiteschiebe, heißt, nicht zu verschwinden im Bild, durch das man läuft. Und ankommen, denke ich, heißt verschwinden, darin aufgehen, ein unauffälliger Bestandteil der Szene werden dürfen. Ich schlürfe, wie alle anderen, die Nudeln aus dem Suppen-rest, tief über den Teller gebeugt, wische mir den Mund mit einer Serviette ab, zögere und werfe sie dann doch in das den Boden bedeckende, weiße Papiertüchermeer.

Eine Woche lang wohne ich im neunzehnten Stock des blass-
gelben Hochhauses bei Lan, Mitte 20, und ihrer Mutter Thin. Lan
und Thin bieten eines ihrer beiden Zimmer Reisenden auf einer
Plattform im Internet an. Es ist Lans Zimmer, das ich beziehe, und
der Ausblick aus den Schiebefenstern ist gigantisch. Rechts der Fluss
in der Ferne, überspannt von zwei Brücken, und sonst unzählige
Häuser, verschachtelt, mit roten und grünen Dächern. Dazu hohe
Wohnblocks mit bepflanzten Balkonen und mit Feuertreppen, die
sich an den Schmalseiten der Außenwände herunterdrehen. Eine
wuchtige gelbe Schule – die überdachten Außenflure mit schmu-
cken Steinbrüstungen versehen – und weiter entfernt Bankentürme
mit spiegelnden Fensterfassaden. Direkt unter mir ein Hotel mit
einem Swimmingpool auf dem Dach, in dem niemand schwimmt,
es ist Winter. Ich sehe mich an diesem Anblick nicht satt: Tagsüber
die Baumwipfel der Straßen wie grüne Schneisen zwischen den
Häuserminiaturen und nachts das unter einem diesigen Himmel
liegende, in Verkehrsrauschen und Hupen getauchte großstädtische
Lichtermeer.

Lan hat in den USA, in den Niederlanden, in Kirgistan und
Hongkong studiert und bald wird sie für die UN in Bangkok tätig
sein. Thin arbeitet freiberuflich, sie musste als Frau mit 55 in Rente
gehen. Sie war im Marketingbereich einer Kleidungsfabrik, die der
Regierung gehört. Sie ist ein Phänomen, sagt Lan und meint damit
die Offenheit, mit der sie auf ihre Gäste zugeht. Sie macht Hula-
Hoop-Fitnessübungen, während ich koche, sie betrachtet meine
Magen stabilisierende Schonkost, während sie einen Hühnerkopf
in einem Topf einweicht, sie probiert meine Weihnachtskekse,
»sehr süß«, und reicht mir getrocknete Tintenfischstücke, sehr sal-
zig, eine beliebte Knabberei zu Bier. Ein oder beide Fernseher sind
eingeschaltet, während Lan und Thin vor aufgeklappten Notebooks
sitzen und auf Facebook herumchatten. Hinter dem größeren der
beiden Fernseher steht der Ahnenaltar, darüber hängt ein Bild von

Ho Chi Minh, genannt Uncle Ho. Jede Familie und jeder Laden in der Stadt hat einen Altar, auf dem Räucherwerk brennt oder bereitgestellt ist und auf dem alltägliche Gaben liegen, Obst und Schnaps, Geld oder Kekse. Die Ahnen gehören zum Leben dazu, erklärt Lan, und Uncle Ho sei Teil der Ahnenreihe, für den beten wir auch.

An diesen Satz denke ich, als ich das Ho-Chi-Minh-Mausoleum besuche und die Schlange sehr lang ist und die Eingangskontrolle strikt. Es ist ein fensterloser Granitbau am Rande eines riesigen, leeren, flughafenrollfeldähnlichen Platzes. Die weiß gekleideten Soldaten am Eingang beäugen uns stumm, sortieren uns in Zweierreihen und fordern mit knappen Handbewegungen auf, Hüte und Tücher vom Kopf zu nehmen. Es ist kühl in dem Gebäude. Wir steigen schweigend auf einem roten Plastikteppich die Treppen hinauf, und beim Eintritt in die umlaufende Galerie werde ich von einem Soldaten am Arm gezogen, damit ich schneller gehe. Kein Zögern ist erlaubt, Fotografieren streng verboten. Wir umrunden zügig den gelb beleuchteten, gläsernen Sarg, an jeder Ecke ein versteinert wirkender Soldat. Das Licht ist schummrig, die Stimmung ernst, und der Tote wird an diesem Morgen von einigen hundert Augenpaaren im Vorbeigehen betrachtet, auch von meinen. Wie viele haben ihn schon gesehen? Die Falten an seiner Stirn, die zusammengelegten Hände, die Falten seitlich vom Kinn, es sieht aus, als könnte er jeden Moment die Augen aufschlagen und weiterleben, Uncle Ho. Jeder kennt dieses Gesicht, es ist abgebildet auf den Geldscheinen und auf Fotos in jedem Gebäude der Stadt und im Land, diesem kleinen Land, das tatsächlich die Amis besiegt hat und dennoch im einundvierzigsten Jahr nach Ende des Krieges überwiegend nach den Gesetzen wirtschaftet, denen man sich unter hohem Einsatz widersetzte, und die einen weltweiten Siegeszug antreten und sich bis heute halten konnten. Derart eingesperrt und bewacht kann der Tote sich ob dieser Entwicklung nicht einmal im Grab umdrehen und auch nicht verschwinden im Bild. Jedes Jahr wird er nach Russland geflogen und neu konserviert.

Lan sagt, sie habe bei ihrem Mausoleumsbesuch vor einigen Jahren nicht begriffen, was das Gelbe in der Mitte war, und nun sei sie schon lange nicht mehr dort gewesen. Sie will wissen, was das für ein Buchprojekt ist, für das ich die Reise mache, und sie erzählt von den »Factory Girls«, ein Buch über nähende Wanderarbeiterinnen in China. Europa kritisiere ja die Zustände in den Fabriken, aber für diese Frauen hieße die Arbeit, eine Chance zu erhalten, rauszukommen, nicht den Dorftrottel heiraten zu müssen, wer will das schon. Sie habe auch keine Lust mehr, vietnamesische Jungs zu daten, die checken dich ab, ob du die Richtige bist, fürs Familie gründen, Kinder kriegen, Eltern versorgen. In Vietnam gehen der Tradition nach die Frauen nach der Hochzeit in die Familien der Männer. Einen Sohn zu gebären heißt Altersvorsorge, eine Tochter zu gebären heißt, sie zu verlieren. Keine Kinder zu bekommen ist ein Affront gegen die Eltern, die Ahnen, gegen das Land. Weibliche Föten werden oft abgetrieben, auf 100 Mädchen kommen 112 Jungen, in manchen Gebieten auf vier Mädchen fünf Jungs. Eine sehr große Menge nicht gelebtes, weil weibliches Leben. Lan sagt, sie habe nicht vor, als Hausfrau und Pflegerin zu enden, die vietnamesische Tradition wisse nichts von Gender-Equality. Und Thin, auf der Suche nach einem neuen Lebensgefährten, eine starke Frau mit eigener Wohnung und knappen, aber ausreichenden 200 Euro Rente, müsse nun Schwäche vortäuschen, um für Männer in Frage zu kommen. In Germany sei das doch anders, oder? Ich hole tief Luft, ich sage, naja.

Später üben wir Vietnamesisch, eine tonale Sprache. Viele Wörter bestehen aus nur einer Silbe, die sich durch sechs mögliche Tonhöhen und Tonverläufe unterscheiden. Deutsch ist keine tonale Sprache. Ich höre in den verschiedenen Wörtern, die Lan mir vorspricht, oft den Unterschied nicht.

Michael I., der deutsche Chef von G-Team, lädt mich per SMS in ein japanisches Restaurant ein und ich mache mich auf in die Altstadt. Ich nehme die erste und dann die zweite Abzweigung, die ich mir in den letzten Tagen für den Weg gut eingeprägt habe: am Imbiss mit den grünen Stühlen die zweite links, am Laden mit den Möbeln rechts. Ich gelange auf den Boulevard, der zum Hoan-Kiem-See führt, den See des zurückgegebenen Schwertes. Das übergab einst die goldene Schildkröte dem armen Fischer Le Loi, der damit die chinesischen Besatzer schlug, und das die Schildkröte zurückforderte, woraufhin es in Form eines großen jadefarbenen Drachens in die Tiefe des Sees hinabstürzte. Heute flanieren hier Einheimische und Touristinnen, es gibt Snacks und Süßes, Luftballons und Musik. Auf den Stufen des schicken Kaufhauses gegenüber lichten Fotografen Hochzeitspaare ab, die sich vor den Auslagenfenstern der Luxushandtaschen aufstellen. Ihre Posen ähneln sich bis ins Detail.

Das japanische Restaurant liegt in einer der 36 Altstadtgassen. Es ist klein und hell, Michael und ich erkennen uns sofort. Fester Händedruck, erster Gedanke: Wir sind uns nicht unsympathisch. Wir essen und reden, zwischendurch gehen wir – Raucherpause – auf die belebte Straße hinaus. Michael ist 50, freundlich-entspannt und nikotinabhängig. Er ist über den Betrieb seines Vaters in den Textilbereich gekommen und hat in vielen asiatischen Ländern gearbeitet. Er sagt, in Vietnam ist es am schönsten: gebildete Menschen – da habe der Kommunismus Gutes getan –, funktionierende Familien und ein spezieller Sinn für Humor. In Deutschland sei die Stimmung oft negativ, eine Neidgesellschaft, und die NGOs hätten den Kopf voll mit Unglücken und schwarzen Schafen. Für die seien alle Produzenten im Ausland gleich. Es fallen Sätze, die mich an eine Terrasse im Taunus erinnern: NGOs müssten sich profilieren, ihre Daseinsberechtigung beweisen. NGOs bestünden aus Kindern von Lehrern, die noch nie in der Wirtschaft gearbeitet haben. Die meinen, sie hätten das Recht, alles zu kritisieren. Die überzeugt sind, nur sie könnten die Welt verbessern. Er und Manfred hätten einen Konflikt mit der Fair Wear Foundation gehabt und ihr widersprochen, dies sei aufrichtig gewesen. Andere würden schweigen und die Regeln hintergehen. Wie ein Kollege, der heute von Fair Wear zertifiziert sei. Wie das geht? Er sagt, leg mal den Stift weg und hör gut zu ... Überdies würde die Fair Wear Foundation Streiks positiv auf ihrer Homepage erwähnen, »wildcat strikes«. Diese Streiks hätten sie auch schon gehabt. Da kämen drei Mafiosi, hinderten alle an der Arbeit, versprächen höhere Gehälter und zocken von den Arbeiterinnen Geld ab. Drei, frage ich, legen den ganzen Betrieb lahm? Drei, nickt er und zieht an der Zigarette. Woher solle er also wissen, wie die Fair Wear Foundation seine Leute schule? Ihr Generalverdacht ärgere ihn. Er täte, was er könne, er täte viel, sie machen die Sache gut. Er will nicht gelobt werden – dass sie das täten sei selbstverständlich –, aber auch nicht angegriffen. Schließlich hätten sie »german roots« und kämen nicht auf die Idee, Kinder arbeiten zu lassen oder Sozialversicherungsbeiträge nicht zu zahlen. Kinderarbeit sei ein Problem der Locals, der nicht internationalen Betriebe. Schwierig werde es bei Subverträgen. Einmal, in Bangladesch, sei er unangemeldet zum Produzenten gefahren, alles okay, aber wo er denn die Knopflöcher stanze? Die Maschine war kaputt, Ersatzteile fehlten, ein Subunternehmen wurde beauftragt. Er fuhr hin und Kinder öffneten die Tür. Innerhalb von drei Stunden habe er mit fünfzehn Leuten alles von seiner Firma aus den Hallen geholt. Wo liegt der Knackpunkt bei all dem?, frage ich. Er sagt, Berechnungen wie Living Wage verfälschen die Realität. 340 Dollar Grundeinkommen für Bangladesch wurden errechnet, das ist zu viel. Da sind Rechenfehler drin. Und die Rechnerei gehe von falschen Voraussetzungen aus: dass alle das Gleiche brauchten. Die Länder aber sind verschieden. In Deutschland gibt es Autobahnen und man braucht Doppelglasfenster, hier aber nicht. Ein Bedarf wird kreiert. Du hast ein Privatflugzeug, dann will ich auch eins haben. Den Betrieb zu verklagen, weil der Lohn nicht ausreicht, ist so, als würde man Sony verklagen, weil Michael Jackson pleite war. Wie viel einer hat, hängt davon ab, was er ausgibt und ob er über seine Verhältnisse lebt. So denke er, anders als der Mainstream in Deutschland, und das gebe Ärger. Wir stehen auf der belebten Straße vor dem Restaurant und er erzählt, wann er wo mit der Wahrheit angeeckt sei. Dann bückt er sich und drückt die Zigarette am Bordstein aus, er hält den Zigarettenstummel in der Hand. Man müsse auch wissen, sagt er, wie das Leben in anderen Ländern ist. Wie soll er jemandem in Deutschland erklären, dass die Arbeiterinnen hier zwölf Stunden arbeiten wollen? Überstunden vergüte die Firma anderthalbfach, das lohne sich. Bei G-Team seien es acht Stunden am Tag, plus eine. 300 Überstunden im Jahr seien erlaubt. Sie arbeiten sechs Tage die Woche. Auch er. Natürlich. Vorneweg. Ja, könne man jetzt sagen, das sei ja die Ausbeutung, dass sie mehr arbeiten wollen: weil sie das müssen. Aber – er sieht mich über den Rand seiner Brille hinweg an – diese Argumentation hake an allen Ecken und Enden. Das sei wie mit den Linken, die Weihnachtsgeld fordern, egal wo dieses Geld herkommen soll.

Michael verabschiedet sich vom Restaurantteam und wir schlendern durch die belebten Gassen zur Ausgehmeile. Überall Gruppen von Menschen, Alkohol, Gelächter, Musik. Es ist warm. Wir schieben uns durch die Menge und ergattern einen Platz vor einer Kneipe, in der eine Band spielt. Ich frage nach seinen Auslandserfahrungen. Bangladesch sei nicht der schönste Ort, ein sehr armes Land, aber mit wissbegierigen Menschen. Einen Betrieb auf die grüne Wiese haben sie gebaut, 2000 Arbeitsplätze, das sei irre gewesen. Und das Unglück von Rana Plaza, so tragisch das war, da können die ausländischen Firmen nichts für. Da haben sich Ingenieure und Architekten aus Bangladesch bestechen lassen und auf ein dreistöckiges Haus noch zehn Stockwerke drauf gebaut. Wie willst du das überprüfen? Der Kellner kommt mit den Getränken, die Bässe vibrieren aus den Boxen, wir stoßen an. Und Hongkong?, frage ich. In Hongkong kann man feiern, sagt er, das Leben genießen. Da gibt es alles vom Feinsten, das Essen, schickes Interieur. Dagegen ist Vietnam basic. Nie werde er einen Abend vergessen, ein paar Flaschen Wein und Gänseleberpastete, unglaublich lecker. Auch happig, dreieinhalbtausend Dollar, aber das hat sich gelohnt. Er sieht auf die Uhr, er müsse los, er muss ja morgen früh raus. Er schicke mir den Firmenwagen auf neun, ganz gemütlich, da sei er schon zwei Stunden da.

Ich sitze zwischen jungen Vietnamesen in den Polstern eines niedrigen Sitzes vor einer Kneipe und stochere in den Eiswürfeln in meinem Glas. Ich trinke es leer und gehe schwankenden Schrittes nach Haus. Die Straßen außerhalb der Altstadt sind beinahe leer. Am Möbelgeschäft links, am Imbiss, die zweite rechts. Es sind Frauen in Overalls, die die Straßen fegen, und die Müllsäcke, die an die Bäume gestellt wurden, in große Rollwagen werfen. In meinem Zimmer recherchiere ich mit Blick auf die nächtliche Stadt, wie hoch der monatliche Mindestlohn 2015 ist: In Hanoi 125 Euro, in den Außenbezirken von Hanoi 110, in Bangladesch 59. Ich mache das Gerät aus und lösche das Licht. Ich habe ein Privatflugzeug, du willst auch eins haben.

Bac Ninh | G-Team

Das Auto hat ein cremefarbiges Interieur mit Fernseher am Rücksitz und Holzimitat an den Seiten. Ich sage zum Fahrer, danke, dass Sie mich abholen, er sagt, it's my job. Er lenkt den Wagen langsam durch das Gewimmel der Straßen, wie ein U-Boot, das lautlos durch Fischschwärme gleitet, über die Brücke, über den majestätischen Fluss, auf die Autobahn. Er fährt 60, 70, wenn es hoch kommt 80, er überholt die Motorroller mal rechts und mal links, je nachdem. Nach 45 Minuten biegen wir ab, ein kleiner Fluss, eine lange Straße mit Händlern auf einem staubigen Mittelstreifen. Wir erreichen das Industriegebiet in Bac Ninh, ich sehe die Firmennamen Nanotec, Canon, Foxconn und zähle drei Karaoke-Bars. Wir biegen ab und links am Ende der Straße ist eins der Gebäude von G-Team, die Absperrung gleitet beiseite. Michael sitzt mitten drin. Eingang, großes Büro, viele Schreibtische. Seiner an den Türen zur Produktionshalle. Der Konferenzraum liegt oben. Eine breite Fensterwand mit Blick auf die in der Halle parallel verlaufenden Produktionslinien: Lange schmale Tische, an denen die Näherinnen vor ihren Maschinen sitzen. Über ihnen Neonröhren und Ventilatoren, hinter ihnen Berge von zu nähenden Kleidungsstücken. Wir reden über gestern, über die NGOs, die Knackpunkte, was die Fair Wear Foundation noch geschrieben habe, wie Manfred darauf zu antworten gedenke. Natürlich hätten die NGOs auch ihre Berechtigung, sagt Michael, das sei wie mit den Grünen: damals eine Provokation, aber gäbe es sie nicht, wäre die Verschmutzung heute noch schlimmer und viele Ressourcen wären verschwendet worden. Die NGOs dürften nur nicht alle Produzenten über einen Kamm scheren, fügt er hinzu. Ich frage, wie viel Spielraum hat ein Hersteller, es anders zu machen? Michael überlegt. Es brauche Marktanteile, aber es gebe einzelne, die Standards setzen. Der Chef von Patagonia zum Beispiel. Mit der Ökobaumwolle habe der angefangen und alle seien mit aufgesprungen. Der Markt von Organic Cotton habe das gar nicht hergegeben und alle hätten das gewusst, aber kein Labor der Welt sei in der Lage gewesen, dies zu überprüfen. Michael steht auf, komm, ich zeig dir die Produktion.

Wir gehen zum Arbeitsplatz der Schnittmusterdesigner, fünf junge Menschen, die an Computerzeichnungen herumklicken, ein sofagroßer Drucker, der Schnittmuster auf festem Karton abbildet. Michael sagt, bis du deine Moon River Jacket kaufen kannst, ist das so: Die Marke schickt die Skizze und wir übertragen sie auf die Grundschnitte. Jeder Hersteller hat seine Grundschnitte. Eine Mac-Jeans hat Schnitte für neun verschiedene Damenpos. Otto-Versand braucht Grundschnitte, die das Zurückschicken der Ware unwahrscheinlich machen, also: Gummizug hinten rein. Und Abercrombie & Fitch – schon mal gehört? – machen nur Grundschnitte für Menschen mit Normmaßen. Das ist denen vorgeworfen worden, Diskriminierung, die aber sagen, Blödsinn, das ist unsere Kundenstruktur. Dann wird ein Erstmuster genäht, Stoff und Farbe sind am Anfang egal, das geht hin und her. Im Taunus wird anprobiert, hier geändert, das letzte Muster ist im Originalstoff mit den Original-Accessoires. Dann kommt die schlechte Saison, Februar, März, in der alle Verkaufsmuster genäht werden müssen, zwischen 30 bis 180 Teile pro Modell in zwei bis fünf Farben. Das macht siebentausend bis zwölftausend Muster pro Saison, das heißt: sehr viele Überstunden. Die Modelle legt die Marke ihren Kunden vor, es folgen Einkaufsentscheidungen und die ersten Aufträge an uns, manches fliegt auch raus. Vom ersten Prototyp bis zum Okay für die Produktion vergehen drei bis fünf Monate. Die Stoffe und Accessoires werden bestellt, zwei bis vier Monate Lieferzeit, inzwischen die Größensätze genäht, nach Deutschland geschickt, anprobiert, wieder verändert. Im August oder September startet die Produktion. Im Oktober Export Seefracht, vierzig Container, viereinhalb Wochen übers Meer nach Hamburg, fünf bis sechs Wochen von Tür zu Tür. Mitte November ist alles in Deutschland im Lager, bereit für das Weihnachtsgeschäft. Liefertermine verpassen ist schlecht, dann muss man fliegen, sehr teuer. Andere, Zara – schon mal gehört? – liefert alles per Luftfracht, darauf sei Zara spezialisiert, schneller Wechsel, neue Modetrends. Wenn die was auf einer Modenschau sehen, hängt das drei Wochen später im Laden.

Wir gehen ins Lager. Ein Mann rollt einen Stoffballen ab, der auf Kopfhöhe aufgehängt ist, und sieht sich den Stoff genau an, streift mit der Hand langsam darüber. Michael zeigt in die Halle, verschränkt die Arme. Hier wird die eingehende Ware geprüft. Früher hatten wir neun bis zehn Beschwerden im Jahr an den Hersteller, nun sind wir bei 50, die Qualität sinkt, das macht der Preisdruck. Der Stoff wird von Hongkong aus in Taiwan, Korea, Japan, China, Thailand und auch Europa gekauft, runtergeschickt, hier zusammengenäht und direkt exportiert. Er zeigt auf die überall liegenden Stoffballen: Meterware muss »relaxen«, erst wenn sie entspannt ist, kann man sie verwenden, zuspannen. Wir durchqueren die Halle des Zuschnitts, hier gibt es Stoß- und Bandmesser, lange Tische, einige Zuschneider. Einer hockt oben auf dem Tisch, barfuß, vertieft in die Präzision. Die zugeschnittenen Teile kommen in die Stickerei und in die Druckerei, dort werden die Stoffstücke an den Stellen markiert, wo etwas angenäht oder aufgestickt wird. Zehn Frauen stehen an Tischen mit Schablonen. Es sieht nicht gehetzt aus, sondern langsam und konzentriert, sauber und zugleich chaotisch, was Michael ebenso auffällt, die Kisten seien unterschiedlich voll, das mache den wilden Eindruck hier. Er zeigt auf das Lesegerät, zehn Teile machen ein Bündel, das wird gescannt, für die Buchhaltung, für den Lohn, Akkordarbeit. Es gebe ein garantiertes Basisgehalt, 130 Euro, darin enthalten seien die Zulagen: Living, Petrol, Medical, Family. Der Rest käme drauf, nach Schnelligkeit, 15 bis 50 Euro Piece Rate Bonus, mache 145 bis 180 Euro gesamt. Wir schlendern weiter und er zeigt mir die betriebseigene Motorrollerwerkstatt. Die Angestellten würden die Ersatzteile bringen, die Firma repariere, es stehen gut 500 Motorroller geparkt auf dem Hof. Dann ertönt Musik, es ist Mittagspause. In der Kantine gibt es Fleisch, Tofu, Suppe, Spinat und Reis. Viele Menschen an langen Tischen. Wir setzen uns dazu. Stäbchen, Stimmengewirr. Schnell leert sich der Raum wieder, sie wollen noch schlafen, sagt Michael, sie legen sich auf den Werkbänken hin. Wir setzen den Rundgang fort, früher sei die Arbeit an Bändern gewesen, heute ist sie in Gruppen organisiert, die Gruppe

Reißverschlüsse, die Taschengruppe, die Gruppe Knopflöcher und Ösen. Wir beide, sagt er, würden in den Gruppen nichts verdienen, wir wären zu langsam dafür, die Näherinnen hier, die können viel. Wie das ist, den ganzen Tag das Gleiche zu tun, frage ich, und er sagt, das wollen sie so, dann kann man das Gehirn ausschalten, dann kann man entspannen. Die Arbeit sei nicht kompliziert, aber wegen der Schnelligkeit und des notwendigen Geschicks schwerer als die Arbeit bei Daimler am Band. Wir stehen in der Gruppe, die die Markierungen entfernt, und mir fällt das Etikett meiner Moon River Jacket ein. Ich halte es Michael hin, frage, was die Zahlen bedeuten. Die erste Zahl ist die des Jahres, 2007, die zweite die Artikelnummer, die dritte die Ordernummer, dann die Abkürzung für G-Team, GT. Von 2007 seien noch 25 bis 30 Leute hier, sagt er, warte, wir rufen eine von ihnen aus, Popeye hilft dir, sie wird übersetzen. Popeye eilt auf uns zu, klein und strahlend, sie hat ihren Schreibtisch im Raum mit den anderen vielen Schreibtischen stehen, sie heißt eigentlich Cam Vu Van, was ich viel später – auf Nachfrage hin – erfahre. Sie ist die Dolmetscherin für alle Angelegenheiten. Ich sage, Ihr Name ist Popeye? Sie sagt ja und lacht, mein Spitzname hier, hallo, schön, Sie zu sehen. Sie nimmt ein Mikrofon und ruft Luu aus, alle sehen hoch und schauen uns an.

Duong Thi Luu

Luus ganzer Name ist Duong Thi Luu. Der Nachname wird im Vietnamesischen zuerst genannt und das »D« spricht man aus wie ein »S«. Luu ist schüchtern. Popeye erklärt ihr, wer ich bin und was die Frage ist, Luu nickt, und wir gehen die Treppe hinauf, Konferenzraum. Wir setzen uns, Verlegenheit. Ich klappe das Notizbuch auf, ich räuspere mich. Ich will den Menschen in Deutschland erzählen, wer meine Fleecejacke genäht hat. Was kann ich ihnen sagen,

wer ist Luu? Popeye kichert und übersetzt, Luu sieht mich ernst an.
Popeye sagt, Luu versteht die Frage nicht. Ich schwitze. Ich schwöre,
mich nächstes Mal besser vorzubereiten. Ich sage schnell, Entschul-
digung, wo sind Sie geboren? War Ihre Familie groß? Luu erzählt.
Ich bin 35 Jahre alt, 1981 in Bac Ninh geboren, hier in der Nähe, man
kann die Stadt fast aus dem Fenster sehen. Sie zeigt mit der Hand die
Industriegebietsstraße hinunter. Meine Familie war klein. Ich sage,
klein? Waren Sie Einzelkind? Sie schüttelt den Kopf und lächelt, nein,
wir waren mit den Eltern allein. Ich habe drei Schwestern und zwei
Brüder, ich war nicht die Älteste und nicht die Jüngste. Wir hatten
einen großen Raum für die Schwestern, mit ihnen habe ich das Zimmer geteilt. Von 1987 bis 1999 bin ich zur Schule gegangen, von der
Primary School bis zur Highschool. Ich frage, wie ist das in Vietnam,
wie lang geht die Schulpflicht? Gehen alle gleich lang zur Schule?
Muss Schuldgeld bezahlt werden? Nicht alle Kinder, erklärt Popeye,
gingen so lang zur Schule. In den armen Familien sei es normal, acht
oder neun Klassen zu besuchen. Dann wird die Schule häufig verlassen, um arbeiten zu gehen. Man müsse einen kleinen Betrag bezahlen, früher war es weniger, heute mehr. Wie ging es weiter?, frage ich.
Luu sagt, ich träumte davon, Lehrerin zu werden. Ich habe meinen
Abschluss gemacht, aber bin durch die Aufnahmeprüfung für das
Lehramtsstudium gefallen. Ein Jahr lang ging ich auf die Berufs-
schule Textil, danach wollte ich es noch mal versuchen. Aber das
Jahr war sehr teuer. Ich habe alles, was ich verdient hatte, ausgegeben
und konnte mir die erneute Aufnahmeprüfung nicht leisten. Ich ging
nach Hanoi auf die Schule für Bekleidung. Ich wurde von Grund auf
ausgebildet, habe alles im Bereich Textil gelernt. Ich wurde Schneide-
rin und ich mochte es sehr. Wir waren 26 Studierende in der Klasse,
16 Frauen und zehn Männer, und wir kamen aus verschiedenen Pro-
vinzen. Die Schule war in der ländlichen Umgebung von Hanoi, in
Le Chi, Gia Lam. Wir hatten eine lustige Zeit, haben viel miteinander rumgehangen. Aber noch lustiger war es zu Hause, wenn Ferien

waren, mit den langjährigen Freundinnen. Popeye kichert und sagt, und dann hast du deine Liebe getroffen? Luu sagt, ja. Nach der Schule habe ich den Abschluss gemacht und bei der Duc Giang Garment Company angefangen. Ich wurde Näherin. Wir haben von acht Uhr morgens bis neun Uhr abends gearbeitet, von montags bis samstags, am Samstag hatten wir um 17 Uhr frei. Einige Jungs haben mir den Hof gemacht, aber ich konnte darauf nicht eingehen. Ich wollte zurück in meine Heimatstadt und dort den Rest meines Lebens verbringen. Ich war fünfeinhalb Jahre in Hanoi. Für welche Marken haben Sie damals produziert?, frage ich. Luu sagt, das weiß ich nicht. Und was haben Sie verdient? Luu spricht lang mit Popeye, es geht hin und her, ich weiß nicht, ob es ein Tabuthema ist oder ob sie sich nicht mehr erinnert. Sie sagt, eine Million war damals das Grundgehalt, 40 Euro, nein, 550 000, dazu die Bezahlung »Piece by Piece«, die Akkordprämie. Ich denke, 40 oder 22 Euro Grundgehalt? Ich traue mich nicht, noch einmal nachzufragen, Michael gibt mir später die Zahlen: 2006 lag das monatliche Mindestgehalt bei den staatlichen Betrieben bei 18 Euro, nun liegt es bei 45. Bei den Privatfirmen waren es 40 Euro, nun sind es 120, ab 2016 140. Die Website der Duc Giang Garment Company präsentiert sich mit den Bildern von elf Direktoren – elf ernste Gesichter, elf Schlipse – und den Zahlen: 9900 Arbeiterinnen, 24 Fabriken und 158 Produktionslinien. Die bekanntesten Marken, für die sie produzieren, sind Boss, The North Face, Zara, Abercrombie & Fitch, Calvin Klein. In der Zeit, sagt Luu, habe ich meinen Mann getroffen, Nguyen Van Son. Er war ein Nachbar, er war auch Näher. Wir haben geheiratet und sind zurück nach Bac Ninh gegangen, 2007. Ich habe mich hier beworben und bin genommen worden, dann habe ich zwei Kinder bekommen. Luu schweigt und ich sage plaudernd, die Stille überbrückend, mit denen Sie happy sind? Sie sagt: Ja, happy und headache – Popeye lacht –, mit Kindern gehört das zusammen. Und wo sind die Kinder jetzt?, frage ich. Bei meinen

Schwiegereltern, mit denen wir wohnen. Der Junge ist neun Jahre alt, Nguyen Huy Hoang, die Kleine vier, Nguyen Hoang Mai. Und der husband? Mein Mann ist Taxifahrer geworden, er hat ein Auto gekauft, eine Taxifirma gegründet. Er kommt abends um 22 Uhr nach Hause. Ich habe ab 18 Uhr die Kinder, und wenn Sonntag ist oder in den Ferien fahre ich mit ihnen auf einen Spielplatz oder wir fahren zu meiner Mutter. Ansonsten kann ich nichts Besonderes über mich sagen. Popeye redet auf Vietnamesisch auf Luu ein. Luu zuckt mit den Schultern. Dann sagt sie, ich habe eine offene, freie Art und mag es, Menschen kennenzulernen und mich anzufreunden. Ich gehe gerne auf den Markt, kaufe ein und koche für alle. Im Winter, wenn es dunkel ist, kocht meine Schwiegermutter, weil ich zu spät nach Hause komme. Hier auf dem Land essen wir früh, abends um halb sieben, im Sommer später. Ich sage, und wenn Sie Zeit haben? Zeit für sich, was tun Sie dann? Luu sagt, ich habe keine Zeit für mich. Ich sage, oh, ja, klar. Ich blättere die letzten Seiten zurück, Luu und Popeye sehen mich an, ich sage, gibt es etwas, das auf jeden Fall im Buch stehen soll? Sie sagt, ja. Dass ich meine Arbeit mag. Ich mache sie sorgfältig und ich bin stolz auf die Produkte, die ich herstelle. Okay, sage ich, danke. Dürfte ich noch ein Foto machen? Oder gibt es etwas, was Sie mich fragen möchten? Egal was, ich habe ja auch viel gefragt. Luu schüttelt den Kopf. Es entsteht eine Pause. Ich sage, also mit Foto oder ohne? Popeye hebt die Hand, dass ich warten soll. Luu redet leise. Früher mochte ich die traditionelle Musik unserer Gegend, Quan ho Bac Ninh, vietnamesische Volksmusik. Alte Gesänge über Liebe und Romantik, die im Wechsel von Frauen und Männern vorgetragen werden. Sie sind Weltkulturerbe. Luu sagt, zu Hause haben wir jetzt Karaoke, mein Mann liebt Karaoke. Ich nicht so sehr. Aber er singt immerzu und ich muss ihm dann applaudieren, damit er sich interessanter fühlt. Sie lächelt. Ich sage, wie überall auf der Welt, die Frau applaudiert dem Mann. Sie sagt, aber wenn wir das tun, singt er noch mehr.

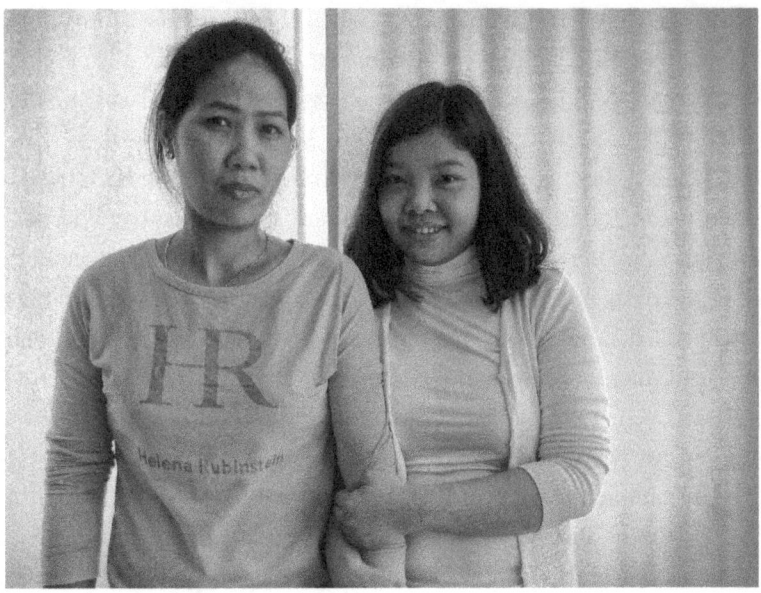

Duong Thi Luu und Cam Vu Van

Ich bedanke mich für die Arbeit an der Moon River Jacket und für das Gespräch. Ich mache Fotos, dann ist Luu weg. Popeye und ich gehen plaudernd die Treppe hinunter. Michael zitiert aus der Antwortmail von Manfred an die Fair Wear Foundation, dass diese selber eine Schulung brauche. Ich packe mein Notizbuch ein, gehe raus und setze mich auf den Hof. Die Sonne verschwindet diesig als roter Ball über dem Fabrikgebäude. Ein Mann, der halbseitig gelähmt ist, reinigt die Steine. Dann ist Feierabend, die Näherinnen und Näher strömen hinaus, die Motorroller fahren vom Hof. Ich verabschiede mich dankend von Michael, werde im Zwölf-Sitzer mitgenommen, 90 Minuten Autobahn, Feierabendverkehr. Der Stau beginnt schon am Anfang, im Industriegebiet. Lachend überholen uns Leute, die zu fünft unterwegs sind, das ist Rekord, fünf Erwachsene auf einem Mofa.

Die Jeans | Straight 3301

Düsseldorf, 3. Dezember 2014

Sehr geehrte Frau Müller-Hellmann,

vielen Dank für Ihr Interesse an unserer Firma. Sie finden zu jedem unserer Artikel auf unserer Internetseite alle Informationen zu den jeweiligen Produktionsorten.

Wir wünschen Ihnen alles Gute und viel Erfolg.

Mit freundlichen Grüßen

Bremen, 5. Dezember 2014

Sehr geehrte Damen und Herren,

ich schließe aus der Lektüre Ihrer Internetseite, dass sechs der acht Firmen in Indien als mögliche Produktionsstätten meiner Jeans in Frage kommen: Die Betriebe in Doddaballapur und Yeshwantpur sowie die vier Betriebe in Bangalore.

In welchem dieser Betriebe wurde meine Jeans produziert?

Mit freundlichen Grüßen

Bremen, 14. Mai 2015

Sehr geehrte Damen und Herren,

im Dezember 2014 und im Februar 2015 bat ich Sie, mir bei der Realisierung eines Buchprojektes zu helfen. Darf ich diese Bitte erneut an Sie richten?

Mit freundlichen Grüßen

Die Jeans

Bremen, 11. Juni 2015
Anruf bei der Kundenservicenummer, Notizen:
Tonbandstimme, rheinischer Dialekt: Bitte bleiben Sie in der Warteschleife, einer unserer Kundenserviceberater ist so schnell wie möglich für Sie da. Mandy geht dran. Niederländischer Akzent.
Sie könne mir die Nummer der Hauptzentrale in Düsseldorf geben. Wenn sie den Nachnamen und die E-Mail-Adresse aufschreibe. Sie gehe mich »kurz nachschauen«. Sie sei gleich wieder da. Mich kurz nachschauen? Die Nummer, die sie mir gibt, kenne ich.
Sie funktioniert nicht.

(Ich probiere Durchwahlen aus: Die -01, die -1 und die -12 gehen nicht. Die -37 geht. Frau J. meldet sich.)

Notizen:
Ja, ich habe Ihre Anfrage mitgekriegt, meine Kollegin am Schreibtisch nebenan hat die bearbeitet. Wir haben keine weiteren Informationen. Das war doch die Hose vom Flohmarkt? (Sie lacht.) Die ist zu alt. Sie müssen sich eine neue Hose kaufen!

Bremen, 12. Juni 2015
Sehr geehrte Frau J.,
ich habe mir eine neue Hose gekauft.
Auf der Internetseite finde ich folgende Angaben
zum Hersteller:
Saitex International, Bien Hoa 2, Industrial Zone, Dong Nai, Vietnam.
Wen könnte ich in dieser Firma kontaktieren?
Mit freundlichen Grüßen

Die Jeans

Düsseldorf, 18. Juni 2015
Telefonat, Notizen:
Sie könne keine weiteren Angaben zur Firma machen. Auch keine
Kontaktperson nennen. Ich möge es direkt versuchen.

(Ich schreibe Saitex im Juni, im Juli und im August eine E-Mail.
Keine Antwort. Ich recherchiere den Namen des Geschäftsführers
im Netz, er heißt Sanjeev Bahl. Ich denke mir aus, wie seine E-Mail-
Adresse lauten könnte. Ich schicke die Anfrage an die ausgedachten
Adressen los.)

Amsterdam, 21. September 2015
Dear Ms. Imke Muller-Hellmann,
Mr. Bahl has informed me about your request.
We are happy to provide you any information you would need about
the G-Star jeans. Could you provide more details about the outline of
the book?
Kind regards

Bremen, 1. Oktober 2015
Anruf, Notizen:
You wrote already other books. What do you want to write about
G-Star? You want to see how it works? You want to find out, if it is
good or bad? I will speak with Mr. Bahl and come back to you.

Amsterdam, 12. Oktober 2015
Dear Ms. Muller,
Last week I was in Vietnam to visit Saitex and spoke to
Mr. Sanjeev Bahl.
We would like to propose to set up a video conference call towards
the end of October.
Best

Amsterdam, 18. November 2015

Dear Ms. Muller,

K. is travelling at the moment and that is why I contact you (quite short notice, sorry for that) to schedule a call with Mr. Bahl tomorrow. Preferably between 10 and 12 am, would that suit you?

Kind regards

Amsterdam und Bremen, 19. November 2015

Videokonferenz. Die Technik funktioniert nicht. Ich sehe die beiden, sie sehen mich nicht. Wir lassen die Videokonferenz bestehen und reden übers Telefon. Ich schaue sie beim Reden an, sie schauen ins Leere. Notizen:

Was ich für ein Buchprojekt plane. Was ich damit in die Welt bringen möchte. Mr. Bahl: Was für eine schöne Idee! Ob er mein Partner sein dürfe für das Projekt? Ob ich ihn interviewen könne? Er wohnt in New York und sei nicht immer in Vietnam. Ob ich die Reise so einrichten könne, dass wir uns sehen? Frau L. will wissen, was ich von G-Star wissen möchte. Mr. Bahl sagt, ich heiße Sanjeev, nicht Mr. Bahl, good bye.

New York, 21. November 2015

Dear Imke,

Thanks for your time, it was good to understand your passion.

Yes, the schedule for December seems to be too tight.

So January seems to be the best. Enjoy your travels!

Best Regards

Sanjeev

Die Jeans

Ho-Chi-Minh-Stadt, 11. Dezember 2015
Dear Imke,
Great to hear from you. Hope all is well.
Gayathri and Thao will assist you.
All the best.
Sanjeev

Ho-Chi-Minh-Stadt | Vietnam

Ho-Chi-Minh-Stadt ist die größte der vietnamesischen Städte. Sie liegt im Süden des langgezogenen Landes, das sich mit 3000 Kilometer Küste in Form eines »S« an die Wasser des Golfes von Tonking, des Südchinesischen Meeres und des Pazifiks schmiegt. Von Hanoi bis Ho-Chi-Minh-Stadt sind es 1700 Kilometer in einem Zug, der 31 oder 40 Stunden lang fährt, die man hart oder weich sitzend oder hart oder weich schlafend verbringen kann, um einen Bahnhof zu erreichen, über dessen Ausgang in großen Lettern der alte Name der Stadt geschrieben steht: Saigon. 2015 wurden hier acht Millionen Menschen gezählt, 1973 waren es 825000, 1936 110000. Als die Stadt noch der größte Hafen Kambodschas war, wurde sie Prei Nokor genannt, Dorf im Wald. Die Vietnamesen eroberten den Ort im 17. Jahrhundert; die Franzosen ihn knapp 200 Jahre später. Der Indochinakrieg 1946 bis 1954 brachte die Dekolonialisierung und die Unabhängigkeit, nachdem auch China und die USA sich eingemischt hatten und der Krieg zu einem der Stellvertreterkriege zwischen Kommunismus und Kapitalismus geworden war. 1954 wurde das Land in einen kommunistischen Norden und einen kapitalistischen Süden geteilt. Es folgten zwanzig weitere Jahre Krieg, bei dem 543 400 US-amerikanische, 50 003 südkoreanische, und 21 853 weitere verbündete Soldaten aus Thailand, Australien, Neuseeland, den Philippinen und Taiwan die 1 048 000 südvietnamesischen Uniformierten gegen 300 000 nordvietnamesische, 170 000 chinesische und 3000 sowjetische Soldaten unterstützten. Das waren 2 136 256 bewaffnete Männer, die durch den Dschungel, die Dörfer und die Städte des Landes liefen und die Geräte, die sie bei sich trugen, nicht als Pflugscharen einsetzten. Nicht wenige von ihnen und von der Zivilbevölkerung verloren ihr Leben, und ein Großteil derer, die es behalten konnten, verloren ihre körperliche Unversehrtheit und seelische Integrität. Am 30. April 1975 hissten die nordvietnamesischen Kommunisten ihre Flagge auf dem Präsidentenpalast in Saigon. Saigon wurde zu Ho-Chi-Minh-Stadt und diese zur Hauptstadt eines wiedervereinigten bis heute »kommunistischen« Vietnams. Aus der zentral verwalteten Planwirtschaft wurde in den 80er Jahren eine »Sozialistische Marktwirtschaft«, aus der 1993 das Ende des Embargos der USA hervorging und 2007 die 150. Mitgliedschaft in der World Trade Organization, WTO.

Ho-Chi-Minh-Stadt wirkt großstädtisch-globalisierter als Hanoi. Auffallend die hohe Anzahl an Hochhäusern, Shoppingmalls und internationalen Marken und die sehr breiten, mehrspurigen Straßen. Die in die Innenstadt strömenden Mopedschwärme passieren das Opera House und berühmte Hotels – zwischen Luxusboutiquen und Souvenirshops gelegen –, bevor sie am ehemaligen Rathaus vorbeifahren: ein prächtiger Kolonialbau mit Säulen, Balustraden und Stuck, vor dem sich der Verkehr verknäuelt und auf dessen vom Sommertag aufgeheizten, gelben Fassaden unzählige Geckos hocken. Hier sitzt und tagt das Volkskomitee, rund um die Uhr bewacht von Uniformierten, die mit ausdruckslosen Gesichtern auf die Ladenfensterfront der Handtaschen von Ralph Lauren und auf die Rückseite der Statue von Ho Chi Minh schauen. Ho Chi Minh steht silbern, in Uniform, mit Ziegenbart, lächelnd grüßend am Anfang einer Flaniermeile, die sich einen Kilometer bis zum Fluss hinabzieht und voller Menschen ist. Auf dem Sockel sind seine Lebensdaten eingraviert, 1890–1969; Ho Chi Minh hat das Ende des Vietnamkriegs nicht mehr erlebt. Die Menge auf dem Boulevard, auf die er blickt, lichtet ihn unermüdlich ab und schlendert an diesem ersten Abend des Jahres 2016 an prächtigem Lichterschmuck vorbei – menschengroße Blüten in Grün und Weiß, aus denen rote und gelbe Schmetterlinge leuchten. Baldachine sind aufgespannt, die den Umriss von Asien in Hunderten knallgrünen Glühbirnen darstellen, aus denen Vietnam rot herausragt und weiß das

Südchinesische Meer. Aus Lautsprechern dringen Arbeiterlieder, Volksmusik und seichte Popstücke, und die Menschen fotografieren sich unablässig vor beleuchteten Springbrunnen, fallenden Lichtertropfen oder blinkenden Farbbändern an den Fassaden der hohen und niedrigen Häuser. Ein warmer Wind weht vom Fluss her, in den angrenzenden Cafés stehen die Fenster sperrangelweit offen und an den Decken der Räume rotieren auf höchster Stufe die Ventilatoren. Es ist der Abend der Blinkspielzeugverkäufer: Sie tragen Körbe vor dem Bauch, randvoll mit pulsierenden Plastikherzen, phosphoreszierenden Sternen, Seifenblasen spuckenden Fischmäulern und blauen Leuchtpfeilen, die hoch in die Luft katapultiert werden, wo sie einen Schirm entspannen, der sie langsam zur Erde zurücktrudeln lässt. Über den Köpfen der Menge segeln die Blauleuchtpfeile, und zwischen den Erwachsenenbeinen rennen kreischend Kinder herum, die mit Seifenblasenfischmäulern bewaffnet sind. Die Blinkspielzeugverkäufer sind allgegenwärtig, aber unauffällig: Sie sind sofort verschwunden, sobald eine Trillerpfeife ertönt und Uniformierte schlendernd in ihr Verkaufsreich eindringen.

Verlässt man den Boulevard der Flanierenden, stößt man auf das alte Postamt von Gustave Eiffel, auf Propagandaplakate mit salutierenden Kindern und winkenden Arbeiterinnen und auf konfuzianische, taoistische und buddhistische Tempel, in denen Altäre mit Bier-, Keks- und Obstgaben stehen, die umgeben sind von Lotusblüten, Schildkröten und Kranichen, über denen spiralförmiges, tagelang brennendes Räucherwerk von der Decke hängt. Ebenso stößt man in der Stadt auf labyrinthische, mehrstöckige Märkte mit Gängen voller Waren und auf Hochhäuser, deren Dächer mit einer gläsernen Brücke verbunden sind, auf deren Terrassen Menschen auf Barhockern Cocktails trinken und in einem Pool schwimmen, der bis an den Rand des Daches reicht. Der Blick von dort oben zeigt eine Stadt, in der in allen Himmelsrichtungen Hochhäusertürme bis zum Horizont stehen.

Bien Hoa | Saitex

Es ist 9 Uhr am Morgen, 30 Grad, und der Wagen der Beerdigungs-
firma, der auf mich wartet, ist keiner, sondern der Firmenwagen
von Saitex, schwarz, breit und hoch. Jatek? Jatek?, fragt mich der
Fahrer, mit Handschlag grüßend, und ich sage: Jeanette? No, Imke
Christina. Jatek? Jatek?, sagt er lauter, und ich sage: No Jeanette!
Imke Christina! Er schaut verzweifelt, dann verstehe ich: Jatek Saitex? Er nickt – Jatek, Jatek! –, strahlt und öffnet die Schiebetür. Ich
setze mich auf einen der vier Autosessel gegenüber dem Bildschirm
und schließe das Gebläse über meinem Kopf, um nicht tiefgefro-
ren zu werden. Die Straße ist erst sechs, dann zehn Spuren breit,
die Brücke riesig, der Saigon-Fluss glitzert in der Morgensonne.
Ich sehe die Deutsche Schule in einem ruhigen, das Straßenleben
entbehrenden Stadtteil, die ich gestern vom Balkon eines Apart-
menthauses betrachten konnte. Die Personalerin einer großen
deutschen Maschinenbaumarke, die dort wohnt, wusste, warum
heute fast niemand mehr von 2007 bei G-Team, der Firma, die ich
in Hanoi besuchte, arbeitet. Schnelle Wechsel der Arbeitgeber seien
in Vietnam normal, ein kürzerer Weg, ein wenig mehr Lohn. In
Deutschland gebe es Urkunden für die Betriebszugehörigkeit nach
20 Jahren, in Vietnam schon nach fünf.

Die Stadt Bien Hoa liegt 30 Kilometer östlich von Ho-Chi-Minh-
Stadt und hat eine halbe Million Einwohnerinnen und Einwohner.
Auf unserem Weg passieren wir einen Vergnügungspark mit künst-
lichem Berg und einem Riesenrad, einen Steinmetz, auf dessen
Gelände Buddhastatuen sitzend, stehend und liegend den Verkehr
anlächeln, und einen sehr großen Fluss, auf dem Containerschiffe
beladen werden – mehrspurig stauen sich auf den Zufahrten die
Lkws. Wir erreichen das Industriegebiet, es folgen kilometerlang
Betriebe, DHL, Wirtgen, Microsoft ..., das Herzhotel heißt Suse
und das Einkaufszentrum Lotte Mart. Der Zebrastreifen wird

mit dem Schild eines deutschen Wanderparkplatzes bewarnt: Der Umriss eines Pärchens, schwarz auf weißem Grund, blau umrandet, die Person vorne mit Rucksack, Stock und Hut, die dahinter mit Kleid und wehendem Haar. Wandern ist das Letzte, was man hier tun möchte, und so eilig über die Straße gehen, dass die Haare wehen, sollte man vermeiden. Der Trick, in Vietnam über die Straße zu kommen, geht so: Langsam und ohne zu stocken gehen, dann fahren sie um einen herum. Stehenbleiben oder zu hektisch gehen birgt Lebensgefahr. Warten, bis eine Lücke entsteht, kann man als Variante streichen: Es entsteht keine. Hinter dem Einkaufszentrum biegen wir ab und die Straße wird grün, viele Bäume, ein Mittelstreifen mit Blumen und Gebüsch. An den Seiten kleine freistehende Häuser mit Wassertanks auf dem Dach. Wir biegen erneut ab, weitere Betriebe, Massen an Mopeds davor, dann auf der linken Seite Jatek-Saitex. Wasser rinnt über das Firmenzeichen, ein grüner Innenhof, ein Springbrunnen, wir sind da. Im Netz konnte ich mir einen Vortrag des Geschäftsführers zu grüner Technologie anhören, den langen Artikel eines US-amerikanischen Ökonetzwerkes über die Errungenschaften des Betriebes lesen und den Film des Firmenauftritts ansehen. Ich bin voreingestellt. Ich erwarte Gutes.

Meine Ansprechpartnerin heißt Gayathri. Sie stellt sich mit Vornamen vor, sie sagt, ich komme aus Indien und bin seit 13 Jahren in Vietnam, sieben davon bei Saitex. Sie spricht fließend Vietnamesisch, merkt Thai Son anerkennend an, der ebenso meinen Besuch begleitet. Er ist unser Policeman hier, erklärt sie: Legal, Compliance, Security, alles seine Bereiche. Sie stehen auf und übergeben mir ihre Visitenkarten, hintereinander, mit beiden Händen, ein Gesetz der Höflichkeit. Ich nehme sie dankend beidhändig entgegen und habe keine Visitenkarte zu überreichen. Ich bitte sie, dies zu entschuldigen – ein Zögern in der Gesprächseröffnung, Irritation. Saitex produziere zu 60–70 Prozent für G-Star, 340 000 Jeans im Monat, 11 000 Jeans am Tag, eine davon habe ich an. Cutting, Washing, Finishing fassen sie die Arbeit zusammen und nach dem Rundgang weiß ich, dass sich dahinter viele Schritte verbergen: Abtafeln, Nähen, Schmirgeln, Bleichen, Anrauen, Einbrennen, Lasern, Trocknen, Labeln, Testen, Packen und mehr.

Die Jeansproduktion ist eine der dreckigsten, lese ich im US-Öko-Artikel, ein hoher Verbrauch von Wasser und Chemikalien. 450 Millionen Jeanshosen für die USA im Jahr, fünf Milliarden Meter jährliche Jeansstoffproduktion weltweit. Ich tippe die Zahl fünf und neun Nullen in meinen Taschenrechner und komme auf die Länge von fast sieben Kletterrutschreisen von der Erde zum Mond und zurück auf dem ausgespannten Jeansstoff der Welt. Für die Herstellung würden 64,43 Milliarden Liter Wasser und 225 000 Tonnen Chemikalien verbraucht. Ich tippe »Wie viel Wasser hat der Rhein« in den Computer und erhalte die Antwort, dass 9,6 Milliarden Liter stündlich durch Köln fließen würden. Knapp sieben Mal die stündliche Rheinwasserdurchkölnfließmenge entspräche der jährlichen Jeansproduktionswassermenge. Aufgerundet wären das 322 Millionen Badewannen – wo stellt man die hin? – und abgerundet zwei Millionen Tanklastwagen, die einen Stau von vier Mal Köln bis Karatschi, Pakistan, also zwei Mal hin und zurück und die halbe Strecke wieder hin, bis in die Türkei, verursachen würden.

Wir sind eine Denim-Manufaktur, sagt Gayathri, Denim ist das englische Wort für Jeansstoff, in dem die Herkunft des Stoffes noch steckt: Serge de Nîmes, Gewebe aus der Stadt Nîmes. Wir wollen die Dinge besser machen, wir wollen Jeans ohne Umweltverschmutzung produzieren. »Nachhaltigkeit« ist das, was uns am Herzen liegt: sustainability. Wir haben die sauberste Wäscherei, die du je gesehen hast, wir sind die beste Denim-Manufaktur der Welt. Ich schreibe mit, ich sage, aha. Sie sagt, 2003 waren wir zu fünft, heute sind wir zu 4300. Arbeit in drei Schichten, die Wäscherei läuft rund um die Uhr. Okay, sage ich, fünf Leute 2003. Wie kommen die fünf an G-Star? Und wie an 4295 Kolleginnen und Kollegen? Gayathri lehnt sich zurück. Wenn du das Richtige tust zur richtigen Zeit, musst du nicht suchen, dann suchen die Menschen dich. G-Star und wir teilen die gleiche Vision, wir setzen den Meilenstein. Was ist die Vision, frage ich, was ist der Meilenstein? Ein grüner Betrieb. Ein guter. Für die Arbeiter, für die Umwelt und für die Marke. Wir recyceln das Wasser, wir heizen mit Biomasse, wir nutzen Solarenergie, aus Jeansresten nähen wir Schuhe. Wir haben lange gesucht. Jetzt sind wir hier. Ein grüner Ort, nicht zu weit weg. Nah an Flug- und Seehafen, in 21 Tagen per Schiff nach Amsterdam.

Eine ältere Frau erscheint und hält mir freundlich auffordernd eine Kaffeekarte unter die Nase. Ich zeige auf meinen Wunsch, sie kneift die Augen zusammen, nickt und geht. Links von der kleinen Küche, in der sie verschwindet, liegen die Showräume für die anreisenden Kunden, in denen 300 verschiedene Jeans ausgestellt sind – Glasfronten, schicker dunkler Boden, Jeans auf Bügeln, an Wänden, auf Tischen. Wir machen es so, sagt Gayathri, wir zeigen dir den Betrieb, dann machst du das Interview und dann bekommst du ein Geschenk. Welche Maße hast du? Magst du skinny or loose? Or boyfriend? Ich sage, bitte, kein Geschenk, nein danke. Sie sieht mich irritiert an. Ich sage schnell, ja, okay, bootcut, I know, out of fashion. Sie sagt, keine Angst, bootcut kommt wieder, das nämlich ist mein Job: Fashion Trends sichten. Sie ergänzt, ich recherchiere viel, alles hat eineinhalb Jahre Vorlauf. Sie steht auf und holt ein Maßband, ich möge mich erheben. Sie ist hochschwanger und ihr Bauch berührt beinahe meinen, als sie mir das Band um die Hüfte legt.

Wir durchqueren einen Raum mit vielen Schreibtischen, neben dem auch die Einzelbüros liegen. Die Wände bestehen aus Glas,

durch die man hinunter in die Wäscherei blicken kann. Eine
Gittertreppe führt hinab, nein, hier keine Fotos bitte. Eine große
Halle, viele Waschmaschinen, überall Berge von Jeans und unter
der Decke Hunderte der blauen Hosen, zum Trocknen aufgehängt.
So macht man es auch zu Hause, sagt Gayathri, warum nicht hier,
wir sparen 60 Prozent Energie. Sie reicht mir einen Mundschutz,
den tragen alle hier, hunderte Menschen in Polo-Shirts, der Auf-
druck »Saitex« in Orange, es wuselt, es ist laut. Gayathri zeigt auf
sieben große Maschinen, sagt, um Jeans heller zu machen, haben
wir Laser-Technologie, eigentlich mache man das manuell, aber das
ist nicht so gesund. Die Tür der Apparatur schließt sich, der Laserstrahl brennt Löcher und Flecken im Bereich der Oberschenkel in
die Jeanshosen ein, Rauch steigt auf. Ich sage, der macht ja die Hose
kaputt. Sie sagt, that's the fashion. Wir gehen an drei Meter hohen
Waschmaschinen vorbei, 600 Liter Wasser seien normal, sie benutzen nur sechs. Wie geht das denn?, frage ich, und sie sagt, schwierig
zu erklären und beginnt mit technischen Begriffen, ich schreibe
mit, ich runzele die Stirn. Die nächsten Polo-Hemd-Arbeiterinnen
stehen an vorbeifahrenden Metallbeinen, denen sie Jeans überstrei-
fen und eine Flüssigkeit aufsprühen. Die Jeans fahren durch die
Anlage, und dort, wo gesprüht wurde, wird der blaue Stoff hell. Das
neue Kleidungsstück sieht dann getragen aus. Diese Arbeit wird
nach und nach von Robotern ersetzt, sagt Gayathri, die Chemie ist
für die Menschen nicht gut. An Tischen nebenan sitzen und stehen
Frauen mit hoch sirrenden Zahnarztbohrschleifern, die den Jeans
Löcher und angeraute Stellen zufügen, der Bereits-getragen-Look
in Handarbeit. Wechseln die Arbeiterinnen häufig den Job?, frage
ich. Gayathri sagt, da haben wir Glück, viele bleiben drei bis vier
Jahre, häufig auch sieben bis neun oder länger. Hier haben sie die
neueste Technologie. 20 bis 25 Prozent kann man nicht halten, die
ziehen weiter. Aber auch ich bin schon sieben Jahre hier. Sie lacht.
Und was verdienen die Arbeiter? Gayathri rattert die Zahlen runter.

Basisgehalt 150 Dollar, 250 mit Zuschlägen, fünf Millionen vietnamesische Dong. Ich rechne nach, fünf Millionen sind 220 Dollar, 200 Euro. In welcher Arbeitszeit? Drei Schichten, neun Stunden, eine Stunde Pause.

Wir erreichen das Ende der Halle und betreten einen Raum voller Farbeimer und Haufen von Stoffresten. Ein Arbeiter hockt auf dem Boden und sortiert in ihnen herum. Wir produzieren auch Schuhe, erklärt Gayathri, aus Stücken von Jeansstoff, die beim Zuschnitt übrigblieben, we don't waste the waste. Der Erlös geht an ein Waisenhaus für 350 Kinder. Ich nicke und sehe mich um, in einem abgeschlossenen Glasfensterraum nebenan stehen Männer mit Farbsprühdosen und Stoffstücken in den Händen. Sie sprühen die Stoffreste rot ein, für die Schuhe »Chucks« von der Marke Converse. Die Arbeiter tragen Mundschutz. Es sieht improvisiert aus, nicht sehr gesund, viele schauen neugierig rüber. Neben dem Fenster steht ein Tisch mit drei Gläsern unterschiedlich sauberem Wasser. Hier werden offensichtlich alle Besucherinnen und Besucher vorbeigeführt, eine Wasserrecyclingperformance. Gayathri zeigt auf das erste Glas, so käme das Wasser nach dem Waschen wieder heraus. Dann zeigt sie auf die vielen Rohre an den Wänden und auf das Glas in der Mitte, das nur noch wenig eingetrübt ist. Dann auf das saubere Wasser rechts, 95 Prozent sei recycelt. Ich sehe ratlos auf die Verrohrungen an der Wand, die Schuhsprüher winken fröhlich herüber. Gayathri erklärt den Wasser-Recycling-Plan. Wörter, die fallen, sind Elektrocoagulation, Nanofiltration, Osmose. Wir gehen in die Lagerhalle mit riesigen Tanks, der zuständige Ingenieur begrüßt uns mit Handschlag. Wir klettern auf Gitterstegen zwischen immensen Behältern herum, kleine Rinnsale dreckiger Brühe unter uns, Gayathri spricht von unterschiedlichen Filtern, durch die das Wasser laufe. Später, zurück in Deutschland, frage ich einen Experten, was es damit auf sich haben könne. Er schreibt mir, es gäbe in der Tat sehr wirkungsvolle Klär- und Wasserrecyclinganlagen. Die

Investitionskosten seien enorm und der Unterhalt kostenintensiv. Dann aber seien sie möglich, die 95 Prozent. Auch das mit der Wassereinsparung ginge, mit den allerneuesten Maschinen; es sehe so aus, als sei Saitex auf einem sehr guten Weg.

Thai Son hält mir die Pellets hin, mit denen sie Wärme erzeugen, aus Holz und Reiskörnerschalen gepresst. Im Testlabor sitzen Menschen in weißen Kitteln vor Computerbildschirmen, hier werden die Einsätze der Chemikalien überwacht. Gayathri sagt, die Wäscherei sei mit dem Label Bluesign zertifiziert, und die Gebäude haben LEED Platinum, die höchste US-Klassifizierung für ökologisches Bauen.

In einer Halle wird genäht. 17 Reihen nebeneinander, Nähmaschinen, Kleiderberge, Leuchtröhren, Belüftungsanlagen. Die Maschinen sirren, die Näherinnen und Näher arbeiten schnell: Leg zurecht, sirr. Zieh durch, sirr. Dreh 45 Grad, sirr. Schneid ab. Wirf auf den Haufen. Greif ein neues Stück Stoff. Leg zurecht, sirr ... Ich fotografiere, ich filme, Hände, die schnell und präzise sind, fast niemand sieht auf. Ein großer Bildschirm zeigt die »Employee Performance«, Zahlen wie 11, 14 und 24 Prozent stehen darauf. Hier sehen sie, wie viel sie verdienen, sagt Tai Son. Es gibt Zuschläge, nachdem das Soll erfüllt worden ist. Ob es schwer sei, immer dasselbe zu tun? No, sagt Gayathri, they love it. Das Anlernen geht fix, hier gibt es nur eine Schicht, 7.30 Uhr bis 16.30 Uhr, der Bereich ist beliebt. Ich frage, fordern sie Überstunden? No, Gayathri schüttelt den Kopf. Sie sind erschöpft, du hast gesehen, wie schnell sie arbeiten, aber manchmal machen wir Überstunden. Sie sind wirklich sehr schnell, sage ich, und Gayathri bleibt stehen: Vietnamese, they never go tired, if you let them work, they work.

Im Eingangsbereich hängen Helme von vietnamesischen und US-amerikanischen Soldaten an der Wand, auch Uniformen hinter Glas im Treppenhaus. Das ganze Gebäude ist denen gewidmet, wird mir erklärt, die »ihr Leben gaben für ihr Land«. Hier dominieren die Farben Schwarz und Weiß für die Vergangenheit. Das andere Gebäude ist bunt, für die Gegenwart. Das hat uns beeindruckt, als wir herkamen, erklärt Gayathri, die Geschichte: Was hier war, der hohe Einsatz, die Spuren der Kämpfe. Thai Son fügt hinzu, Vietnam ist ein armes Land und ein freundliches. Niemand zeigt alten Hass, alle sind willkommen. Wir arbeiten zusammen daran, dass es bergauf geht. Hier tun wir das mit Kleidung: Made in Vietnam. Der Besprechungsraum ist tatsächlich schwarz-weiß. Der Boden ein Schachbrett, die 100 Fotos an den Wänden in Tönen aus Grau. Auf ihnen sind Gruppen abgebildet, die auf Wiesen stehen oder knien, in ihrer Mitte jeweils ein kleiner Baum. Gayathri dreht sich zu mir, 750 Bäume haben wir schon gepflanzt, unser Ziel ist ein Baum für zwei Mitarbeiter, der Ausgleich der Carbon Pollution. Ich sage, Carbon Pollution? Die Verschmutzung der Produktion? Nein, der menschlichen Atmung. Jeder stoße CO_2 dabei aus. Ich sage, ach so. Wir gehen die Fotowand entlang. Das ist Sanjeev, sagt sie und zeigt mit dem Finger auf ihn, ich kenne ihn noch aus Indien, er ist Inder, so wie ich. Ein wenig weiter das Foto vom G-Star Team, vom Tommy-Hilfiger-Team und von Saitex-Mitarbeiter-Teams, die ihren frisch gepflanzten Baum präsentieren: in die Luft gereckte Schaufeln, Gesichter, die lächeln.

In der Stickerei liegen die Arbeiterinnen auf ihren Sitzbänken und schlafen. Im Schneidebereich dösen sie eingerollt neben den Arbeitstischen. Im Bereich Printing werden die Wörter »G-Star Originals« auf Gesäßtaschen gedruckt. Das Finishing-Gebäude ist bunt und die Farben sind warm. 15 Menschen haben ein Meeting, hinter einer Glaswand. Einige sitzen, einige stehen, sie haben die Arme vor der Brust gekreuzt. Wir passieren ein oranges Sofa und einen Billardtisch. In einer großen Halle werden Nieten in Jeans gestanzt, Fäden abgeschnitten, Falten mit Maschinenhilfe eingebrannt, die Hosen überprüft und in Kartons gepackt. Vier Jungs ziehen einen Rollcontainer hinter sich her. Draußen essen einige unter Bananenpalmen, es ist Mittag.

Bui Thi Hong Nhung

Bui Thi Hong Nhung setzt sich lächelnd an den schwarzen Besprechungstisch. Nguyen Thao lächelnd daneben, sie wird übersetzen. Ich erkläre, was für ein Buch das werden soll und zeige auf meine Jeans. Nhung nickt. Sie ist vorbereitet. Sie erzählt. Ich leite die Musterabteilung, ich bin verantwortlich für die Umsetzung der Design-Zeichnungen, für Technik, Qualität und Styling, für alles, was es braucht, to start a new jeans. Das Nähen, Ausstatten und Anpassen habe ich in der Schule gelernt, für Oberteile und für Hosen. Ich komme vom Land, aus der Provinz Ha Thin. Das ist da, wo Vietnam am schmalsten ist, nur 50 Kilometer breit, im Westen Laos, im Osten das Meer. Zwölf Jahre lang ging ich zur Schule, ich bin die Älteste von vier Geschwistern, dann ging ich nach Ho-Chi-Minh-Stadt auf die Hochschule für Bekleidung, 1200 Kilometer entfernt. Ich frage, machen das viele? So weit weg zu gehen? War das nicht schwer? Sie sagt, Vietnam ist ein kleines Land, I came here very happy, es ist laut in der Stadt, ich kann eine Menge lernen. Vor allem die Muster eines Kleidungsstücks zu zeichnen und zu nähen. Es hinzubekommen, dass es dann an einen Körper passt – umnähen, abändern, anprobieren. Das Nähen liegt in meiner Familie. Meine Schwester arbeitet als Designerin in Russland, meine andere Schwester hier vor Ort. Mein Bruder ist nicht im Bereich Textil, er studiert Umweltschutz an der Uni Hanoi. Während sie Vietnamesisch spricht, sehe ich sie an. Sie wirkt sehr jung, sie hat zwei Ringe an den Fingern, gestylte Nägel. Ich frage, was kann ich den Menschen in Deutschland von Ihnen,

Nhung, erzählen? Sie sagt, ich liebe Design. Spezielle Kleidungsstücke. Einzigartige, schöne Formen. Ich bin vernarrt in schöne Kleidung. In jeder freien Minute verfolge ich Fashion Shows im Fernsehen. Ich entwerfe auch selbst. Ich komme leider so selten dazu. Ich mache die Muster hier. In der Zukunft würde ich gerne für die Firma designen. Ich bin 36 Jahre alt und lebe mit meinem Mann, Nguyen Xuan Thanh, einem Schnittmusterdesigner, und meinen zwei Töchtern in der Provinz Binh Duong, 45 Minuten entfernt. Meine ältere Tochter ist 13, sie heißt Nguyen Bui Xuan Anh, meine jüngere Tochter ist drei, Nguyen Bui Xuan Hong. Wo sind die Kinder jetzt, bei den Schwiegereltern? Nein, in der Schule, von sieben bis fünf, meine Familie lebt getrennt. Getrennt? Ja, wir leben nicht mit den Eltern. Ich frage, wie ist Ihr Tagesablauf, wann geht es morgens los? Ich stehe um fünf Uhr auf, erledige meine persönlichen Dinge, mache dann Frühstück für meine Familie, wir essen Pho und Banh Mi. Banh Mi ist das vietnamesische Baguette, luftig, dünne Kruste, und Pho die traditionelle Suppe, klare Brühe, Reisnudeln, Fleisch, Koriander und Minze. Um sechs Uhr bringe ich meine Kinder zur Schule. Dann frühstücke ich und fahre um sieben mit dem Roller los. Um Viertel vor acht bin ich hier. Als Erstes organisiere ich die Arbeit des Tages. Wir machen ein Treffen, wir überlegen, wie die Muster genäht werden können. Ich berate die Näherinnen, ich helfe ihnen bei der Umsetzung. Wenn es zu schwer wird, übernehme ich. Thao nickt, Nhung kann wirklich alles nähen, sie macht das richtig gut. Von zwölf bis eins ist Mittagspause, ich esse etwas. Und mache ein Schläfchen? Nein, dafür habe ich keine Zeit. Ich organisiere die Arbeit des Nachmittags, die geht von eins bis um fünf. Manchmal gibt es noch Meetings, manchmal machen wir Überstunden. Eine bis zwei, um Lieferfristen einzuhalten. Dann fahre ich heim. Ich koche das Abendessen, verbringe Zeit mit meinen Kindern, wir essen um acht. Dann räume ich auf, mache die Küche, fertig bin ich um neun.

Von neun bis zehn sehe ich mir Modenschauen im Fernsehen an, um zehn Uhr gehe ich ins Bett. Und Sie wohnen in einer gemieteten Wohnung?, traue ich mich zu fragen, ist es teuer in Vietnam, zur Miete zu wohnen? Ich rechne ihr vor, dass ich in Deutschland ein Drittel meines Einkommens für Miete ausgebe. Sie sagt, ja, es ist teuer. Es kostet, auch sie rechnet, im Monat ein Drittel vom Gehalt. Und das ist höher als das der Näherinnen?, frage ich Thao. Of course, sagt sie, she is the manager. Und wie sieht der Tagesablauf an einem Samstag aus? Samstags ist es genauso. Und sonntags? Sonntags sind wir zu Hause. Ich koche für meine Kinder, wir gehen aus. Wohin?, frage ich. In den Supermarkt, das Essen für die nächste Woche kaufen. Und was machen Sie im Urlaub? Wenn es ein kurzer Urlaub ist, ein bis drei Tage, fahren wir in den Zoo oder zu einem Spielplatz. Wenn es der lange Urlaub ist, am Chinesischen Neujahr, zehn Tage am Stück, besuchen wir die Familie. Wir fahren in die Heimatstadt meines Mannes, ins Mekong Delta. Mit allen zusammen sind wir zu zehnt. Und fahren Sie auch zu Ihren Eltern? Alle drei Jahre. Alle drei Jahre? Ja, ansonsten sprechen wir am Telefon. Ich notiere die Antworten schnell, Nhung schaut auf ihr Handy, es ist ihre Arbeitszeit. Ich sage, gibt es noch etwas, was ich im Buch erwähnen soll? Ja. Bitte erwähnen Sie, dass ich noch lange für diese Firma arbeiten möchte. Dass ich den Betrieb liebe, die schönen Produkte, die neuen Designs. Ich bin seit zwölf Jahren dabei, ich war eine der fünf, die 2003 begonnen haben. Saitex ist meine zweite Familie. Sanjeev ist wie ein Vater zu mir. Ich liebe die Arbeit, die ich tue. That's it. Vielen Dank, sage ich, auch für die Jeans. Haben Sie noch Fragen an mich? Sie lächelt. Ich hätte sehr gerne das Buch, wäre das möglich? Ich sage, Ehrensache, na klar. Gayathri kommt in den Raum, so, you guys have fun? Nhung steht auf, ich bitte sie noch um ein Foto. Thao übersetzt, ja, aber sie schickt dir auch ein Lieblingsbild. Gayathri fragt, ob ich Lunch haben möchte, Nhung hebt grüßend die Hand, dann sind alle weg.

Die ältere Frau kommt herein, während ich esse, und hält mir die Kaffeekarte hin. Sie kneift die Augen zusammen, sagt, ah, same same this morning, ich sage dankbar, ja. Später frage ich sie nach der Toilette und sie schickt mich zu einer unbeschrifteten, schwarzen Tür, hinter der ich das Herrenklo vorfinde. Es ist schwarz gestrichen und über den Pissoirs hängt das Foto von drei US-Soldaten, die in eine Wochenzeitschrift der Army schauen. Auf der Rückseite ist ein Pin-Up zu sehen und da, wo sie das Heft aufgeschlagen halten, auch. Ich entscheide mich gegen die Pissoirs und gegen den Gesichtsausdruck der Uniformierten, ich suche mir einen anderen Ort. Dann gehe ich zurück zu meinen Notizen, dem schwarzen Buch auf dem schwarzen Tisch, neben der leer getrunkenen Tasse des schwarzen Kaffees, unter dem sich die sehr süße Kondensmilch als Bodensatz versteckte. Eine der beiden Arten, in Vietnam Kaffee zu trinken. Lecker. Same same this morning.

Gayathri holt mich ab, und ich frage sie, ob es insgesamt besser werde mit der Textilindustrie, mit den Arbeitsbedingungen, dem Umweltschutz. Sie sagt, auf jeden Fall. Jede Marke sucht nach guten Betrieben, nach umweltfreundlichen. Die Nachfrage gibt es seit Jahren, heute ist sie sehr stark. Ich erzähle ihr von der Flohmarktjeans. Dass die aus Indien war, wahrscheinlich aus Bangalore, ihrer Heimatstadt, ich frage, wie es dort ist im Bereich Textil. Sie redet ein wenig herum. Die Handcrafts aus Indien seien einmalig. Indien führe aber eher in der Computertechnologie. Auch sie sei examiniert in Computer Applications. Indien habe große Unterschiede zwischen Arm und Reich, in beide Richtungen Extreme, das spüre auch die Bekleidungsindustrie. Ich hebe fragend die Augenbrauen. Sie sagt, die Vietnamesen sind handsome, nice and clean, but the Indians … Ich nicke zögerlich, ich frage nicht weiter. Ich sage, morgen fliege ich nach Bangladesch. Gayathri sagt, Dhaka oder Chittagong? Dhaka. Egal wo, winkt sie ab, die Bangladeschis haben keine Wahl. Sie arbeiten um zu leben, sie nehmen jede Arbeit, es geht ums

Bui Thi Hong Nhung

Geld. In Vietnam geht es um Leidenschaft. Das, was sie tun, tun sie mit Leidenschaft. Sie lehnt sich zurück. Vietnam und Bangladesch sind Nord- und Südpol der Bekleidungsindustrie. Just be careful, find it out.

Nguyen Bui Xuan Hong, Nguyen Bui Xuan Anh, Nguyen Xuan Thanh und Bui Thi Hong Nhung

14 Uhr, Schichtwechsel. Im Eingangsbereich der Firma steht der Beerdigungswagen, der keiner ist, im Mopedameisenhaufen. Das Geschenk kommt nach, sagt Gayathri, heute Abend oder morgen früh. Wir verabschieden uns herzlich. Die Fahrt in die Stadt dauert lang. Wir stehen zwischen Lkws im Stau, eine Anzeige blinkt, rot die Ziffern, 14.59 Uhr, 35 Grad. Am Straßenrand steht das freistehende Holzgerippe für eine Werbetafel, 20 Meter hoch. Arbeiter klettern darin herum, verbinden die Gestänge, werfen sich Werkzeuge zu. Sie balancieren in schwindelnder Höhe, unangeseilt.

Das Unterhemd | Laurel

Hamburg, 20. März 2015
Hallo Frau Müller-Hellmann,
vielen Dank für Ihren interessanten Brief.
Nach langem Weg durch die Bürokratie hat er mich erreicht,
ich bin der verantwortliche Einkäufer für diesen Artikel.
Gerne können wir uns treffen und ich erzähle Ihnen mehr zu
diesem Produkt und der Produktion.
Mit freundlichen Grüßen

Bremen, 27. April 2015
Sehr geehrter Herr M.,
ich komme zurück auf Ihr freundliches Angebot.
Hätten Sie Zeit am 29. Mai oder am 4. Juni?
Mit freundlichen Grüßen

Hamburg, 27. April 2015
Automatische Antwort
Hi All,
I'm travelling.
Mail account will be checked.

Hamburg, 11. Mai 2015
Hallo Frau Müller-Hellmann,
die weitere Kommunikation wird unsere PR-Abteilung übernehmen.
Mit freundlichen Grüßen

Hamburg, 11. Mai 2015

Sehr geehrte Frau Müller-Hellmann,

vielen Dank für Ihre Anfrage, eine Kurzgeschichte über eins unserer Produkte zu schreiben – gern würde ich mehr über Ihr Vorhaben erfahren.

Wo und wann soll die Geschichte publiziert werden? Welche Rolle spielt unser Artikel darin? Welche Aspekte werden Sie aufgreifen? Bekommen wir die Geschichte vor Veröffentlichung zur Freigabe zugeschickt?

Mit freundlichen Grüßen

Bremen, 4. Juni 2015

Telefonat, Notizen:

Tut mir leid, ich hatte sehr viel Arbeit. – Der Produktionsort der Unterhemden wäre Asien. – Das sind Zuliefererbetriebe, wir unterhalten keine eigenen Fabriken. – Eingekauft wird der Artikel über eine Einkaufsgesellschaft. Die sitzt in Hongkong, sie steuert die Kontakte zu den Betrieben. – Bei uns inhouse, in Hamburg, findet das Produktionsdesign statt. – Sie wollen den Fertigungsbetrieb besuchen? – Es ist grundsätzlich so, dass wir Sie begleiten und das werden wir nicht hinkriegen, dahin zu fliegen. – Sie könnten den Produktmanager interviewen. – Sie wollen vor Ort mit jemandem sprechen? – Wann planen Sie die Reise nach Vietnam? Ach so, Bangladesch. Dort ist das größte Büro von uns. – Das ist machbar, wie lauten die Eckdaten der Reise?

Bremen, 4. September 2015
Telefonat, Notizen:
Ja, die E-Mail, was stand da drin? – Was machen Sie denn da in
Bangladesch? Ach so, interviewen. – Ich habe mich noch nicht darum
kümmern können. – Ich komme Ende September auf Sie zurück. – Ich
weiß noch nicht, ob das geht mit Anfang Januar. – Anderer Termin?
Weiß ich auch nicht, das ist alles offen. – Nein, ich kann Ihnen keine
Hoffnung machen.

Hamburg, 13. Oktober 2015
Sehr geehrte Frau Müller,
vielen Dank für Ihre E-Mail – ich befinde mich derzeit in der letzten
Abstimmungsphase. Ich komme Anfang kommender Woche mit einer
finalen Rückmeldung auf Sie zu.
Bis dahin beste Grüße

Hamburg, 20. Oktober 2015
Sehr geehrte Frau Müller,
grundsätzlich können wir dieser Art von Anfragen nicht nachkom-
men. Es wäre aber ggf. denkbar, dass Sie meine Kollegin vor Ort
treffen. Sie ist verantwortlich für den Bereich Corporate Social Responsibility (CSR). Im Hinblick auf die Koordination eines Interviews
mit einer Näherin können wir Sie leider nicht unterstützen, da es sich
um ein privates Projekt handelt.
Mit freundlichen Grüßen

Hamburg, 5. November 2015
Liebe Frau Müller,
gern möchte ich Sie wissen lassen, dass meine Kollegin im Januar
2016 nicht nach Asien reisen wird.
Ich hätte Ihnen gern eine positive Nachricht zukommen lassen.
Viele Grüße

Dhaka | Bangladesch

Dhaka ist die größte Stadt des Landes Bangladesch, man schätzt die Menge der in ihr und um sie herum wohnenden Menschen auf 12 bis 17 Millionen. Die Stadt liegt nur einige Meter über dem Meeresspiegel, der weiter südlich zum Golf von Bengalen gehört, ein Meer am Rande des Indischen Ozeans, 2600 Meter tief. Die Küste ist 580 Kilometer lang, ein Überschwemmungsgebiet, bewachsen von Mangrovenwäldern, durch die sich unzählige Flussarme schlängeln und hunderte bengalische Tiger streifen. Bangladesch ist – bis auf seine Berge im Osten – flach und durchzogen von 230 Flüssen, die im Frühjahr über die Ufer treten, wenn der Ganges und der Brahmaputra das Schmelzwasser aus dem Himalaja zum Meer hin tragen und im Mai der Monsun einsetzt, mal mehr und mal weniger stark, häufig verheerend. Dhaka war einmal die Hauptstadt der Region Bengalen, die vor 1500 Jahren buddhistisch beherrscht wurde, vor 1000 Jahren hinduistisch und vor 700 Jahren muslimisch. Vor 250 Jahren geriet sie ins Visier englischer Ausbeutungsbestrebung – die die Entwicklung des Landes erst ruinierte und dann unterband – und vor 150 Jahren unter die Gewalt der britischen Krone als Teil der Kolonie »Britisch-Indien«. Die Unabhängigkeitsbewegung von Gandhi erkämpfte gewaltfrei und zivil ungehorsam das Ende der britischen Kolonialherrschaft 1947. Gandhi jedoch konnte das Aufteilen des Landes in einen hinduistischen und einen muslimischen Staat, Indien und Pakistan, nicht verhindern. Der von oben angeordneten Menschensortierung in Territorien- und Staatengruppen folgte prompt die Gewalt: Sie nahm bis zu einer Million Fliehenden das Leben und Hunderttausenden von Frauen das bis dahin erreichte Maß an Selbstbestimmung und Unversehrtheit. Pakistan bekam zwei Länderteile zugewiesen, einer westlich, einer östlich von Indien, 1500 Kilometer voneinander entfernt. Doch Ostpakistan, nur halb so groß wie

Italien, wurde von Westpakistan dominiert. Acht Jahre lang musste es um die Sprache Bengalisch – eine der zehn meistgesprochenen Sprachen der Welt – als ebenbürtige Amtssprache Pakistans (neben Urdu) kämpfen, und als 1970 der Wirbelsturm Bhola das halbe Land verwüstete und die Unterstützung der zentralen Regierung, die im Westen saß, ausblieb, kam es zu Unruhen und dann zum Krieg. Am 16. Dezember 1971 erklärte Ostpakistan seine Unabhängigkeit und nannte sich fortan »bengalisches Land«: Bangladesch. Heute leben 160 Millionen Menschen in Bangladesch, von denen vier Millionen in der Textilindustrie arbeiten, vor allem Frauen. Mit 80 Prozent aller Landesexporte ist Textil die mit Abstand wichtigste Branche. In und um Dhaka gibt es 3000 bis 4000 Fabriken, andere Quellen sprechen von 5700. Das Erstarken der Textilindustrie Bangladeschs ist die Rückkehr textiler Produktion in eine ihrer Ursprungsregionen mit einer jahrtausendlangen Tradition von Baumwollanbau und Verarbeitung auf höchstem Niveau. Es war die Industrielle Revolution, die den Exporteur Indien zum Rohstofflieferanten des erstarkenden Monopols Großbritanniens degradierte, eine Entwicklung, die ohne Staatsgewalt, Kriegskapitalismus und Sklaverei nicht möglich gewesen wäre.[*]

Es ist bereits dunkel, als ich in Dhaka lande und am Immigration Desk des Flughafens von Männergruppen unterschiedlicher Nationalitäten mit Turbanen, Bärten, Wickelröcken, Käppis, Schlappen und wenig Gepäck umgeben bin: Besucher des anstehenden zweitgrößten Muslimtreffens der Welt. Am Ausgang wartet Joy, er trägt ein Schild in der Hand mit meinem Namen und lächelt. Joy ist in einem Waisenhaus nördlich von Dhaka aufgewachsen, das von Joanna, einer Niederländerin, gegründet wurde, die die Hälfte des

---

[*] Siehe Sven Beckert: King Cotton. Eine Geschichte des globalen Kapitalismus. München (C.H. Beck) 2014

Jahres in Bangladesch lebt und ein Hostel führt. Das Hostel ist eine Wohnung in einem Stadtteil in Flughafennähe, die aufsteigenden Maschinen am Himmel geben mir später Orientierung im Gassengewirr. Der Vorplatz des Flughafens ist nur spärlich erhellt. Männer, die sich wegen der Temperaturen von »nur« 20 Grad Tücher um die Köpfe gebunden haben, sammeln sich in einer Traube um uns und starren mich an, während der schmächtige, bebrillte Joy um den Fahrpreis verhandelt, es klingt hartnäckig, aggressiv. Ich betrachte die Szene, als stünde ich außen, sie ist unheimlich eigentlich, aber von den Menschen, mit denen ich die Dunkelheit und die von Feuerrauch gefüllte Abendluft teile – der Rauch der Kochfeuer, Müllverbrennungsfeuer und Wärmefeuer an den Rändern von Straßen und Wegen – geht keine Gefahr aus, ich habe keine Angst. Joy und ein halb Vermummter werden sich einig, wir steigen ein, ein altes Auto, die Straße Richtung Zentrum ist voll. Das Lenkrad ist rechts, der Verkehr fährt links, vor uns die Autokennzeichen in bengalischer Schrift, sie erinnert mich an Sanskrit, Balken über den Buchstaben. Motorisierte Rikschas bestimmen das Straßenbild, Dreiradmofas mit grün überdachten Beförderungskäfigen, die wie der Kraftstoff heißen, mit dem sie angetrieben werden, CNG, Compressed Natural Gas. Busse mit röhrenden Auspuffen überholen uns, von allen Seiten ertönt Gehupe. Wir biegen ab, kaum noch Straßenbeleuchtung, ein holpriger Weg, Feuer auf müllstaubigen Brachflächen neben hell erleuchtete Buden und kleinen, glühlampengrellen Läden. Hier dominieren die Fahrradrikschas den Verkehr, sie klingeln sich den Weg in der Menge der Fußgänger frei, das Auto schiebt sich langsam voran. Eine Abzweigung, eine zweite, eine dritte, dann sind wir da, ein Wohnhaus, fünf Stockwerke, das Hostel liegt im vierten. Joanna begrüßt mich herzlich und fragt, was ich vorhabe in Dhaka, ich erzähle es ihr und sie hat gleich Ideen: Als guide nimmst du Joy, als Fahrer für die Betriebe Mansir, morgen besuchst du die Stadt. Aber warte, da sind Streiks wegen Gerichtsverfahren von Kriegsverbrechen von 1971, bei den Ausschreitungen gibt es oft Tote, was morgen möglich ist, sehen wir dann. Ich beziehe mein Zimmer und schlafe unterm Moskitonetz, das Fahrradklingeln der durch die Nacht fahrenden Rikschas habe ich noch lange im Ohr.

Am Morgen weckt mich der Ruf des Muezzins, Flugzeuge starten mit röhrendem Lärm, und das Fahrradklingelkonzert übertönt den Gesang eines einzigen Vogels. Ich trete auf den Balkon und sehe auf den gegenüberliegenden Rikschaparkplatz, dort stehen hundert wartende Fahrräder. Die Sitzbänke und Regenschutzplanen sind auf der Rückseite kunstvoll bemalt, Landschaften, Schauspielerinnen, Tiere. Unter einem Wellblechdach, auf dem sich kaputte Fahrradmäntel stapeln, kommen Männer hervor, die sich den Wickelrock binden und die Zähne putzen. Beim Frühstück sagt Joanna, dass alles ruhig sei in der Stadt, wir könnten los. Die Straße ins Zentrum hat einen Mittelstreifen und in beide Richtungen theoretisch zwei oder drei Spuren, praktisch fünf oder sechs. Die CNGs preschen in jede sich auftuende Lücke vor und ich höre nicht auf, mich zu wundern, wie gut die Fahrer mit den Lenkradherumreißbewegungen bis auf den Millimeter genau zu manövrieren verstehen. Der Verkehr ist die Hölle. Ungehindertes Fahren ist selten, Stehen häufiger, stundenlang geht es nur Stop-and-go, ein aufdringliches Erkämpfen von Metern in einer zum Durchschneiden dicken, Abgase tragenden Luft. Ich sehe die Welt durch grüne Metallkaros hindurch, Gitter zu den Seiten, Gitter zum Fahrer, und drum herum steil aufragende Blechwände von Bussen, die beim ruckenden Beschleunigen graue Auspuffwolken in das Innere des CNG-Käfigs blasen. Wir knattern über Hochstraßen hinweg, Betonhäuser zu beiden Seiten, mehrstöckig, viele unfertig, einige abbruchreif, andere neu und mit Farbe, Schiebefenster in den Außenwänden, schöne Dachterrassen. Zwischen den Häusern stehen mächtige Bäume mit ausladenden

Kronen und handgroßen Blättern, über die sich der Staub gelegt hat. Der Himmel ist diesig, es sind 25 Grad. Ich denke, Joy zeigt mir Sehenswürdigkeiten. Joy denkt, ich zeige ihr Kleidungsläden, sie macht ein Buch über Textil. Erst im zweiten Laden, nach einigen Stunden Verkehr, begreife ich. Ich sage: Joy, show me old Dhaka! Wir fahren zum Haus des Nationalparlaments. Das futuristische Spannbetongebäude eines US-amerikanischen Architekten hat weite Treppenanlagen, die niemand betreten darf. Der Park, der es umgibt, ist menschenleer. Schwer bewaffnete Soldaten grüßen und fangen Gespräche an, where are you from, Germany, very good country. Joy dirigiert den Fahrer zum Militärmuseum, Uniformen und Kanonen, ein Geschenk Indiens im 71er Krieg, Fotos von verstümmelten Leichen in Gräben. Ich sage, Joy, show me old Dhaka! Joy sagt, wir müssen zurück. In einer Stunde fängt der Feierabendverkehr an. Dann geht hier gar nichts mehr.

Die Nachbarschaft des Hostels ist ein Gassengewirr unbefestigter Wege. Der Staub der Erde liegt in der Luft und bedeckt Häuser und Bäume. Die Gewänder der Frauen bilden dazu einen starken Kontrast. Sie sind bunt, haben satte, leuchtende Farben. Einige Frauen tragen Kopftuch, viele tragen keins, aber alle haben ein zweites Tuch um die Schultern gelegt, das die Brüste noch einmal bedeckt. Im Stadtteil gibt es Wohnhäuser und Wellblechhütten, Plastikplanenbehausungen und zu Wohnraum umfunktionierte Schuppen. Es gibt eine Schule, einige Textilfabriken, Teestuben, Frisöre und Matratzenhersteller, die die Fasern von Kokosnuss als Füllung in den Matratzenstoff einnähen. Die Läden der Gassen sind gefüllt bis unters Dach – Lebensmittel, Medikamente, Eisenwaren – oder fast leer, bis auf das eine Produkt, das es zu kaufen gibt: aufgetürmte Bananen, aufgehängte Stücke Fleisch. Der Markt ist ein unter Plastikdachkonstruktionen verstecktes Labyrinth. Obst und Gemüse sind kunstvoll aufgeschichtet, die Fische auf den Boden und in Körben drapiert, die Gänge sind eng. Ich sehe die Menschen an und die Menschen betrachten mich. So wie für mich vieles ungewohnt ist, so bin ich es für sie. Es gibt kaum Tourismus im Land. Kinder winken mir zu oder hören nicht auf, mich tief erschreckt anzuschauen. Babys werden mir entgegengehalten, damit ich ein Foto mache. Erwachsene sprechen mich an, hilfsbereit, neugierig, freundlich. How are you, thank you, I am fine.

National Garment Workers Federation

Joy und ich suchen das Büro der Gewerkschaft im Zentrum der Stadt. Wir haben die Visitenkarte von Amirul Haque Amin, dem Gewerkschaftspräsidenten der National Garment Workers Federation, NGWF, den ich in Nürnberg traf, wo er einen Preis entgegennahm und ich ihn um Unterstützung bat. Bangladesch ist einer der am dichtesten besiedelten Staaten der Welt und je näher man der Altstadt und dem Fluss Buriganga kommt, desto mehr bestätigt sich dies im eigenen Erleben – wir sind nicht die Einzigen hier, und niemand ist hier jemals einzig, im Sinne von allein. Es ist Freitag, der Feiertag der muslimischen Woche, aber keine Anzeichen eines verschlafenen Sonntags in Sicht, wir laufen in einem Strom von Menschen, neben einem Strom von Verkehr und erreichen eine schmale Sackgasse zwischen Hochhäusern – Stromkabelgewirr, offene Abflussrinne –, am Ende steht ein sechs oder sieben Stockwerke hohes Haus. Gitter verschließen die Flurgänge der leer stehenden Etagen, die Außenwände sind dunkel angelaufen und mit Plakaten beklebt, ein großer Wassertank thront auf dem Dach. Das Büro der Gewerkschaft liegt im Erdgeschoss und ist klein. Ein Plastiktisch, ein paar Stühle, grüne und pinke Wände mit Fotos, sehr bunt. Menschen sitzen beisammen, eine wühlt in Ordnern, einer liest Zeitung, andere trinken Tee aus kleinen Gläsern. Ich schüttele Hände, Stühle werden gerückt, ein Glas geholt, Bruder Amin käme gleich. Neue Leute treten ein und ziehen sich am Eingang die Schuhe aus, ich mache es ihnen schnell nach. Mitgliedsausweise werden ausgestellt und Probleme vorgetragen. Für das Jahr 2015 hängen über 500 Fälle aufgelistet an der Wand. Später lese ich von 429 unterstützten Näherinnen im ersten Halbjahr, 81 Klagen beim Arbeitsgericht und 143 Beschwerdebriefen an die Fabrikbesitzer. Ich nippe am Tee und betrachte die Fotos: Fahnen schwingende und Banner tragende Menschen, another world is necessary and possible. Versammlungen, Sitzstreiks. Das eingestürzte Gebäude Rana Plaza, bei dem 2013 1127 Textilarbeiterinnen und -arbeiter ums Leben kamen. Benetton, C&A, KiK und viele andere ließen dort produzieren. Kinder, die Fotos ihrer verstorbenen Eltern zeigen, beinamputierte Menschen auf Krankenhausbetten. Dazwischen Fotos von Martin Luther King, lachenden Gewerkschaftsaktivisten und Amirul Haque Amin, in Mikro- oder Megaphone sprechend, Hilfsgüter verteilend. In einer Ecke des Raumes stehen die Fahnen, rotgrün, eingerollt, auf ihren nächsten Einsatz wartend. In einem Archiv im Netz las ich die Aufrufe der NGWF vor 15 Jahren. Im Jahr 2000 der Kampf um einen freien Tag in der Woche und um Sicherheit. Feuer brachen in Fabriken aus, im August 2000 starben zwölf Arbeiterinnen, im November 45. Das Feuer in der Tazreen-Bekleidungsfabrik 2012 mit 117 Toten, das es in die deutschen Medien schaffte, war also »nur« eines von mehreren, C&A hatte dort produziert. Auf den Transparenten der Demos konnte ich die Forderungen lesen: Save the garment workers from the fire! Don't kill us! Für die Unantastbarkeit des freien Wochentages! Für die Erhöhung des Mindestlohns auf 3000 Taka! 30 Euro, im Jahr 2010. Ich komme ins Gespräch mit Jessmin Begum, die ihre Kollegin Safia Parvin als Generalsekretärin und sich als Sekretärin für die Belange der Frauen vorstellt. Ich frage, wie viel eine Textilarbeiterin zurzeit verdient, 5300 Taka, den gesetzlichen Mindestlohn, 59 Euro im Monat, erstreikt nach dem Unglück von Rana Plaza. Mit Überstunden käme etwas dazu. Ich frage, und was wäre das Living Wage? Ich habe die Forderung der Asia Floor Wage Alliance für Bangladesch im Kopf, bei der auch die NGWF Mitglied ist. Ein gutes Leben, sagt diese, sei in Bangladesch für knapp 30 000 Taka zu haben, 330 Euro. Die Meinungen am Tisch gehen auseinander, alle diskutieren mit, Sätze fliegen hin und her. 10 000 ist unsere Forderung, sagt Jessmin Begum, 110 Euro. Alles unter diesem Betrag sei very difficult zum Leben. Was die Lebensmittel und was eine Wohnung kosten, frage ich. 50 Taka ein Kilo Reis, 5000 Taka die Miete, not high society, einfache Wohngegend, ein Raum. Sie selber zahle dies für die Eltern und 1200 für sich, shared room for workers. Das sei aber nur ihre Meinung, das mit den 10 000, sagt sie schnell, dann wechselt das Thema abrupt. Der Mann mit der Zeitung sieht mich durchdringend an und beginnt bengalische Wörter zu sagen, die ich wiederholen soll. Es gelingt mir nicht gleich, jedes Mal sagt er sie lauter: Thank you – DONDEBAR! Water – BAHMI! How are you – GAMONATSCHO!* Als es anscheinend aus meinem Mund ähnlich klingt, springt er auf und klatscht. Joy unterhält sich mit Jessmin, mein Tee ist kalt, ein Mann räkelt sich an der Wand. Die Frau neben ihm, Saidi, fragt, ob ich einen Bruder hätte, wir könnten Schwägerinnen werden, alle lachen. Ich sage, ich habe zwei, und sie lädt mich zum Essen ein. Der Mann mit der Zeitung setzt sich zu mir, ob ich Steffi Graf kennen würde, sie sei ein Genie. Er verehre sie. Sie habe sich ja von Agassi getrennt, der käme aus dem Iran. Wo Steffi Graf denn nun sei? Ich zucke mit den Achseln, keine Ahnung, es täte mir leid. Ein Schleier legt sich über seinen Blick, er sieht enttäuscht zu Boden. Dann kommt Bruder Amin und winkt mich heran, ich folge ihm

---

* dhan'yabāda, pāni, āpani kēmana āchēna?

durch einen langen, dunklen Gang, am Ende liegt sein Büro. Ein fensterloser Raum, ein Computer, Arbeiterkampfplakate aus der ganzen Welt an der Wand. Auch die Karikatur von 1911, die Pyramide des kapitalistischen Systems, oben wenige Reiche, unten viele Arme. Ich schüttele die Hände aller Mitarbeiterinnen, ich bitte ihn um ein Foto, dann ist er weg. Ich setze mich zurück ins Empfangsbüro, es herrscht ein Kommen und Gehen. Jessmin ist fort, Saidi auch, ich trinke Tee, ich warte. Nach einiger Zeit holt Safia Parvin Mappen aus dem Schrank und gibt mir ein Zeichen. Es sind die Etiketten der Kleidungsstücke, die die Arbeiterinnen aus den Fabriken mitgenommen und der Gewerkschaft gegeben haben. Safia nimmt sich die Fragebögen der Mappen vor, hunderte, die von Gewerkschaftsmitgliedern ausgefüllt wurden. Ich gehe die Etiketten durch, Tchibo, KiK, H&M, Ernsting's Family, Mango, C&A, LEE und sehr viele andere Namen, die Marke meiner Unterhemden ist nicht dabei. Safia wird auch nicht fündig, die Suche zieht sich hin. Komm, sagt sie, auch die letzte Mappe noch. Sie zieht lesend Blatt für Blatt vom schwindenden Stapel, dann reißt sie eins der letzten Blätter in die Luft: Da ist er! Der Name meiner Unterhemdenmarke in Bengali-Schrift. Wir jubeln. Safia murmelt den Namen der Fabrik und wir schlagen in einem telefonbuchartigen Katalog voller Firmennamen nach – in und um Dhaka gibt es Tausende von Kleidungsfabriken. Die Firma, die für meine Unterhemdenmarke herstellt, heißt Abanti Colour Textile. 3810 Arbeiter, 2400 Arbeiterinnen, 2 500 000 Kleidungsstücke im Monat, 30 000 000 Kleidungsstücke im Jahr. Im Netz stellt sich die Firma ausführlich vor. 20 Prozent der Produktion ist für Tom Tailor, 12 Prozent für H&M. Auch Rewe und Aldi werden erwähnt, zusammen mit französischen Marken, 10 Prozent. Ebenso aufgelistet sind Galeria Kaufhof, Kiabi, Promod und Pimkie und die Zertifizierungen BSCI, OEKO-TEX und GOTS. T-Shirts produzieren sie am meisten, 50 Prozent, Polo Shirts 25 Prozent und der Anteil an Unterhemden liegt bei zehn. Das macht drei Millionen Unterhemden im Jahr, drei davon bei mir im Kleiderschrank, 7373 Kilometer Luftlinie entfernt, in Seemeilen 3978. Sie listen die maschinelle Ausrüstung auf – 1600 Nähmaschinen-Sets der Marken Brother und Pegasus –, und unter der Überschrift »Human Rights« werden die Arbeitsbedingungen erwähnt: Gezahlt werde der Mindestlohn, gearbeitet würden maximal zwei Überstunden am Tag, es gebe einen Tag Urlaub in der Woche und zehn Tage Urlaub im Jahr. Dazu käme Festival-Urlaub, gemeint ist das wichtigste Fest, nämlich »Eid« am Ende des Fastenmonats Ramadan. 14 Tage Lohnfortzahlung bei Krankheit, 112 Tage Mutterschutz. Kinder- und Zwangsarbeit – führen sie extra auf – seien strengstens verboten, die Sicherheits- und Hygienebestimmungen werden genauestens dokumentiert: drei Hauptausgänge, 256 Toiletten, 50 Erste-Hilfe-Kästen. Safia sagt, wir kontaktieren unsere Mitglieder im Betrieb und vereinbaren einen Termin mit dir, Robi ruft dich bald an. Ich trinke einen letzten Tee mit Bruder Amin, wir sitzen auf Stühlen vor dem Eingang, wir sprechen nicht viel. Er wirkt müde, er sieht mich nie direkt an. Eine Frau kommt hinzu, sehr fein gekleidet, stark geschminkt. Sie stellt sich an seine Seite und redet weinerlich auf ihn ein. Später frage ich Joy, was sie wollte. Joy sagt, einen Job von ihm.

Joanna stellt mir ihren bengalischen Business-Partner vor, Mahadi. Er drückt mir die Hand und sagt stolz, du bist mein Gast, vergiss die Gewerkschaft. Ich habe zwei Tage lang telefoniert, jetzt weiß ich, wo Tommy N. produziert. Tom N., verbessert Joanna. Ja, ja, sagt Mahadi und strahlt, für meine Gäste tue ich alles, morgen fahren wir hin.

Joanna und ich sitzen in Mahadis Auto mit einem von Mahadis Business-Partnern, der sagt, wir müssen raus aus der Stadt, gen Norden. Gen Norden?, sagt Mahadi, das ist nicht gut. Da ist heute das zweitgrößte Muslimtreffen der Welt, Bishwa Ijtema. Das

Treffen »für die Erleuchtung der Muslime und zur Verbreitung der Nachricht vom Frieden« wird von fünf Millionen Menschen besucht, die in einfachen Holzhütten und unter kilometerweit gespannten Stoffdächern unterkommen und am Fluss Turag ihre Gebete abhalten – politische Diskussionen sind nicht erlaubt. Das Auto schiebt sich über eine Piste, die es sich mit Tausenden von weiß gekleideten Männern und einigen Frauen teilt, dazu mit Kindern, Hunden, Ziegen, Rikschas, CNGs, Unterständen, Marktständen und Straßenhändlern. Es ist ein einziger gigantischer Ameisenhaufen, durch den nun vorsichtig – von weit oben, aus der Luft betrachtet – ein sehr kleines Auto, sagen wir ein Spielzeugauto, fährt. Bangladesch grüßt die Muslime aus aller Welt, lese ich auf einem Banner durch eine sich kurz auftuende Lücke hindurch, Menschen aus 150 Ländern sind hier. Wir fahren im Schritttempo, wir sehen aus den Autofenstern, wir staunen. Die Durchquerung des Stadtteils dauert. Dann sind wir raus aus dem Gewühl, raus aus der Stadt, das Auto gewinnt an Geschwindigkeit, das ist selten. Die Straße ist erhöht und links und rechts liegen Reis- und Gemüsefelder. Im Sommer sind sie überschwemmt, sagt Mahadi, und das sieht schön aus, ergänzt Joanna, Wasser so weit das Auge reicht. Am Horizont tauchen Schornsteine auf, die rauchen, der Himmel ist diesig, Brikettfabriken. Ein Fluss, Müll, Silberfolien zu einem großen Haufen aufeinander geworfen. Wir erreichen einen Ort, eine lange Straße, an der Kleidungsfabriken nebeneinander liegen, hunderte, hinter Mauern und Toren, Zutrittsverbotsschildern. Wir sind in Sabhar, wo auch das Gebäude Rana Plaza stand. Wir fahren die Straße kilometerweit hoch, dann wieder hinunter, fragen nach Continental Clothing, entdecken endlich das Firmenschild mit der Aufforderung, sich an der Rezeption zu melden und mit dem Sicherheitspersonal zusammenzuarbeiten. Hier, sagt Mahadi stolz und lenkt den Wagen auf das Firmengelände, hier produziert Tommy N. Tommy Hilfiger, raunt ihm der Business-Partner von der Seite zu. Wir suchen nicht Tommy Hilfiger, sagt Joanna, wir suchen Tom N.! Nein, sagt Mahadi, und dreht sich nach hinten, Tommy Hilfiger habt ihr gesagt. Joanna schimpft. Nichts haben wir gesagt, wie kommst du auf Tommy N.? Es gibt gar kein Tommy N.! Mahadi wird laut. Ihr habt Tommy N. gesagt und Tommy N. ist fast Tommy Hilfiger! Ich sage: Ja, genau. Und Tommy Hilfiger ist sehr interessant. Los jetzt, raus aus dem Auto! Ich kneife Joanna ins Bein. Wir stolzieren in das Gebäude, vorneweg Mahadi, dann der Business-Partner, dann Joanna in bengalischer Kleidung und ich. Mahadi baut sich an der Rezeption auf, I have guests ..., I want to show them ..., we have to do it. Erst auf Englisch, dann in der Muttersprache. Der Rezeptionist weist auf das Sofa und greift zum Telefon. Wir setzen uns, wir sitzen dort eine Stunde. In Abständen von zehn Minuten geht Mahadi an die Rezeption und redet auf den Mann ein. Dem stehen Schweißperlen auf der Stirn. Beim dritten Versuch kommt er mit Besucherausweisen zurück, die wir uns über die Köpfe ziehen. Das Rezeptionstelefon klingelt. Leider sei kein Besuch möglich. Wir zerren uns die Ausweise wieder vom Hals. Mahadi steigt als Letzter in den Wagen und knallt die Autotür zu. Sein Telefon geht, kurze Sätze, er nickt. Er dreht sich um. Wir dürfen doch. Der hochgewachsene indische Manager tritt aus der Tür und heißt uns freundlich willkommen. Er entschuldigt sich, er wusste ja nicht, wer wir seien. Er weist mit dem Arm auf den Eingang zur Produktion. Überall stehen Feuerlöscher, überall hängen große Evakuierungspläne. Der Cutting Room im Erdgeschoss sieht aus wie alle anderen Schneideräume, die ich bisher gesehen habe. In Vietnam gab es schon viel Personal, hier gibt es noch mehr. Es wuselt. Stoffballen werden abgerollt, Kettenhandschuhe für den Zuschnitt verwendet, viele schauen uns an, eine Cutterin winkt mir zu. Ich denke, Millionen von Kleidungsstücken, getragen in Deutschland, von zigtausend Händen zurechtgeschnitten in Asien. Dass ich nie darüber nachgedacht habe, wie viele Cutter und Zuschneiderinnen es gibt. Wir laufen die Treppen hinauf, drei Etagen, in einem großen Raum sind acht Produktionslinien nebeneinander. Die Näherinnen und Näher arbeiten schnell, immer ein Handgriff, nur einer. An ihrem Arbeitsplatz hängt ein Blatt, DIN A4, auf der die Fehler notiert sind, wenn es Rückläufe gibt. Eine Kontrolleurin sitzt am Ende der Handgriffsabfolgen. Der Manager zeigt stolz das herablaufende Wasser an der Wand, ein besonderes Kühlsystem, und ich stelle ihm Fragen. 30 Tage brauche das Schiff von hier bis Europa, sie produzieren vor allem für Tommy Hilfiger, nein, keine Fotos bitte, Überstunden? Mit einer Näherin sprechen? Mahadi sieht mich streng an. Er raunt mir zu, ich sei als sein Gast hier, ich möge mich benehmen. Er reicht dem Manager seine Visitenkarte, lädt ihn auf ein Getränk im Golf Club ein, man könne doch Business-Partner werden. Ich denke, ach so. Der Abschied ist freundlich, wir gehen zum Auto. Auf der Fahrt wird gelacht. Dass wir doch noch hineindurften! Was sie in der Stunde wohl umgeräumt oder angebracht haben? Ob da immer so viele Feuerlöscher herumstehen? Dass sie wohl dachten, Besuch aus Germany, eine Kontrolle im Haus, ohne Ankündigung. Mahadi sagt, warum willst du überhaupt die Arbeiter sprechen? Ich weiß alles, ich kann dir alles erzählen. Mafia und Armut. Zwangsarbeit, uneheliche Kinder, Romanzen. Er sieht mich über den Rückspiegel an und lehnt seinen Ellenbogen aus dem Fenster. Er sagt, ich schreibe selber ein Buch, ich habe alles erlebt.

Ein Spielzeugauto fährt zurück durch einen weißen Ameisenhaufen, es tastet sich langsam voran. Darin sitzen drei immer müder werdende Menschen und einer, der erzählt und erzählt, und schmückt aus und erfindet und beschreibt und übertreibt – wilde Lebensgeschichten.

Hasina Begum

Hasina Begum ist Gebäudereinigerin bei Abanti Colour, der Firma, die für die Marke meiner Unterhemden produziert. Hasina ist eine von neun Gewerkschaftsmitgliedern der National Garment Workers Federation (NGWF) in diesem Betrieb mit 6210 Beschäftigten und eine von dreien, die das Handy nicht ausstellt, als der Gewerkschaftssekretär Robi sie anruft. Sie haben Angst, sagt Robi, ihren Job zu verlieren, ich hoffe, sie kommen gleich. Wir sitzen in einem fünf Quadratmeter großen, provisorischen Büro der Sozialistischen Partei, eine Holzbank, ein Tisch, drei Plastikstühle. Die Wände sind türkis und mit Plakaten beklebt, Lenin schaut streng von der Wand. Auf dem Tisch liegen die Biographien von Mao, Stalin und von Pritilata Wadeddar, eine Kämpferin für die Unabhängigkeit. 1932 zündete sie, 21-jährig, den Europäischen Club Pahartali in Chittagong an, auf dessen Eingangsschild stand: Für Hunde und Inder verboten. Festgenommen von der britischen Polizei nahm sie sich mit Zyanid das Leben. Robi schaut auf sein Handy, immer wieder, es ist Mittagspause. Er sagt, wenn sie nicht gleich da sind, rennt uns die Zeit davon. Ich sitze auf der Holzbank, der Eingangsbereich ist voller Menschen. Sie haben die Arme vor der Brust gekreuzt und sehen mich an. Nur Männer. Junge oder alte, Wickelröcke oder Jeans, glatt rasiert oder Bärte. Eine Schar Kinder drängelt sich vor, um etwas – also um uns – zu sehen. Wir sind in der Industriezone von Narayangonj, wir sind umgeben von 400 Kleidungsfabriken. Drei Autostunden liegen hinter mir, für 25 Kilometer, Stop-and-go. Der Fahrer des schicken Wagens ist mit viel Lenkradgekurbel in den nur wenig breiteren, unbefestigten Weg eingebogen, dieses Manöver allein hat die ersten Menschen angelockt. Er steht vor seinem Auto und pustet Staub vom Dach. Drei Stunden Auto statt drei Stunden CNG hieß weniger Abgase einatmen für mich, aber mehr Fragen beantworten: Beruf des Ehemanns, Anzahl der Kinder,

Höhe des Einkommens. Robi sagt, es gibt hier viele Probleme. Sie kriegen keinen Lohn oder werden über Nacht rausgeschmissen. Ich schlage mein Notizbuch auf, überfliege meine Vorbereitungen, was ich heute unbedingt fragen will. Die Menge kommt in Bewegung, öffnet sich und lässt drei Menschen durch, Anamul, Obadur und Hasina Begum. Schnell, sagt Robi, schnell, stell deine Fragen! Frau Begum, sage ich, ich mache ein Buch. Das habe ich ihr schon erklärt, sagt Robi, weiter! Ich sage, okay. Was ist Ihre Aufgabe bei Abanti? Sie putzt, schreit Robi, weiter! Hasina, wie sieht Ihr normaler Tagesablauf aus? Robi sieht mich an. Mit dieser Frage hat er nicht gerechnet. Der Fahrer des Autos drängt sich durch die Menge und setzt sich dazu. Er beginnt zu übersetzen. Robi und er fallen sich ins Wort. Hasina Begum schaut irritiert. Ich sage, langsam bitte. Robi sagt, sie arbeitet jeden Tag von acht bis fünf, oder sechs oder sieben. Ich blicke auf, sie hat doch noch gar nichts gesagt! Ich weiß es aber, sagt Robi. Der Fahrer übersetzt die Frage noch einmal, Hasina beginnt zu reden. Morgens früh um sechs koche ich Reis, Gemüse und Dal. Um sieben gibt es Frühstück. Danach gehe ich los zur Fabrik. Um ein Uhr habe ich lunchtime, eine Stunde, ich esse zu Haus. Robi sieht auf die Uhr. Anamul drückt mir die Hand, er müsse gehen, alles Gute. Ja, Ihnen auch, danke, alles Gute. Ich frage, mit wem essen Sie, Frau Begum? Mit meinen Kindern, ich habe zwei Söhne und eine Tochter. Und an Ihrem freien Tag, was machen Sie da? Robi sagt wütend, was ist das für eine Frage? Was soll sie schon tun? Sie tut, was alle Frauen tun, wenn sie frei haben: Haushalt und Kinder. Weiter! Hasina sieht mich an. Ich überfliege meine Notizen. Und wenn Sie Urlaub haben? Diesmal ist der Fahrer schneller. Er sagt, Urlaub haben sie zu Eid, dem Fest am Ende des Fastenmonats Ramadan. Robi ruft dazwischen, aber einige Fabriken geben diese Tage nicht frei! Und was macht sie an diesen Tagen?, frage ich Robi. Obadur hebt seine Hand zum Gruß. Er geht, schiebt sich durch die Menge. Sie fährt zu ihren Eltern aufs Dorf,

Jasmalpur, sagt der Fahrer. Und, ich stottere, und … Hasina steht auf. Ich sage schnell, was sind Ihre Zukunftswünsche? Zukunfts-wünsche?, sagt Robi. Er wiederholt es auf Bengali. Sie sagt etwas, sehr leise. Ich würde gerne das homeland kaufen, das ich bewohne. Aber das wird nicht gehen. Das ist halt ein Traum. Das war doch die Frage, oder? Sie mieten es?, frage ich. Ja, sagt sie, für 3500 Taka, und jetzt muss ich gehen. Sie reicht mir die Hand. Ich sage, ein Foto noch, ja? Sie stellt sich auf, sieht ernst in die Kamera, dann ist sie fort. Der Fahrer geht zu seinem Auto. Die Menschenmenge wird kleiner. Robi sagt, schreib auf: Wenn sie krank sind, bekommen sie kein Geld. Wenn sie ins Hospital müssen, hilft ein guter Betrieb bei den Kosten, ein schlechter hilft nicht. Sie haben immer Stress, sie müssen schnell arbeiten. Wenn sie zu spät kommen, werden sie bestraft. Dann müssen sie länger arbeiten oder bekommen den Tageslohn abgezogen. Die Fabriken geben den Freitag nur zwei Mal im Monat frei. Die Näherinnen bekommen oft keinen Lohn. Oder viel später. Sie produzieren für den internationalen Markt. Alle Betriebe hier. Einige sind besser als andere. Am schlimmsten sind die kleinen Betriebe. Du warst schon in Betrieben? Die Mana-ger erzählen dir was anderes. Aber die Arbeiter weinen. Sie sagen dir acht Stunden. Aber sie arbeiten zwölf. An manchen Tagen bis 22 Uhr. Ich sage matt, okay, und was können die Menschen in Ger-many tun? Die Gewerkschaft unterstützen, sagt er. Das Organisie-ren ist schwer. Du hast gesehen, aus Angst stellen sie ihre Handys aus. Sie müssen es wissen und spüren: Wenn sie kämpfen, sind sie nicht allein. Wir sind an ihrer Seite. Wir müssen sie stark machen von außen. Germany muss Druck auf Bangladesch ausüben. Die Menschenmenge verläuft sich. Ich sage, zeig mir Abanti Colour. Wir verlassen das kleine, provisorische Büro. Robi gibt einem jun-gen Mann Geld in die Hand. Der zieht hinter uns das Rollladentor runter. Wir laufen auf dem schmalen Weg, biegen ab und gehen die Straße entlang. Sehr viele Betriebe, kleine Läden, Kinder laufen

Hasina Begum

neben uns her. Dann stehen wir vor dem großen, gelben Gebäude, zehn oder zwölf Stockwerke hoch. Ich blicke durch das Gitter hindurch. Ich sage, Robi, ich geh da jetzt rein. Ich möchte eine Person näher kennenlernen, ich bin dafür weit gereist. Robi sagt, nein, das geht nicht! Du warst mit der Gewerkschaft hier. Ich schreibe dir alle Namen und Nummern auf, du kannst sie später noch kontaktieren. Komm! Er zieht mich in Richtung Auto.

Ich sitze hinter getönten Scheiben. Sie schützen mich vor den Blicken der anderen, aber sie nicht vor meinen. Ich sehe Männer, die sich im Arm halten, aus Freundschaft, und Männer in Uniformen. Ich sehe vermummte Frauen, die die Straßen entlangeilen, und Frauen, die in Mikrophone singen – Karaoke bei einem Fest. Fahrräder mit Ladeflächen vorne. Meterhohe Stoffballentransporte.

Luftballon- und Rosa-Zuckerwatte-Verkäufer, Alte, die ihren Bart mit Henna orange gefärbt haben, Männer mit Bauchläden, Zigaretten einzeln anbietend. Hühner zusammengestopft in Käfigen, unentwirrbare Kabelsalate, quer über Straßen gespannt. Bettenbauer, Bambusstangentransporte, Reifenreparaturen. Gräben, Flussarme und Kanäle voller Müll. Ein kleines Kind, das Steine mit einem Hammer klein schlägt. Eine Frau, die das auch tut. Einen Ambulanzwagen, den niemand durchlässt. So ist er auch nicht schneller. Das Heulen der Sirene begleitet mich bis nach Haus.

Das Top | Stella Dreams

Bremen, 9. November 2015
Telefonat, Notizen:
Oh, you wrote already an email, right? I forwarded it to the responsible person. You will get an answer soon. Good luck with your project. Bye-bye!

Bremen, 3. Dezember 2015
Telefonat, Notizen:
Ich gebe Ihnen mal die Handynummer des Verkaufsleiters in Deutschland.

Bremen, 3. Dezember 2015
Anruf, Notizen:
Dafür müsste ich Sie mit unserem Büro in Bangladesch in Verbindung bringen. Bitte schreiben Sie eine E-Mail an Rick. Viel Erfolg und eine gute Reise!

Dhaka, 11. Dezember 2015
Dear Imke,
Yes, you can meet me between 7–14/Jan, kindly let me know when you will be at our office or where I have to pick you up?
Kind regards
Rick

Old Dhaka | Bangladesch

Die Altstadt von Dhaka hat eine Befestigungsanlage aus der Mogulzeit, in der fein gekleidete Bengalis an botanischen Gärten und an altrosafarbenen Prachtbauten entlang flanieren. Sie hat den ältesten Hindu-Tempel der Stadt mit der zehnarmigen Göttin Dhakeswari – Dhakas Namengeberin – und die Sternenmoschee, die über und über mit Mosaiksteinen verziert ist. Sie hat die Kirche der armenischen Gemeinde, die eine Frauenstatue auf dem Friedhof stehen hat, der ein Arm fehlt, und ein die Sinne überwältigendes Gassengewirr, durch das sich unzählige Menschen zu Fuß oder in Rikschas fortzubewegen versuchen. Die Gassen sind nach Süden hin begrenzt durch das Wasser des breiten Flusses Buriganga, und der Hafen, von dem aus die Schiffe für die Fahrt in andere Gegenden Bangladeschs ablegen, heißt Sardaghat. Ich schiebe mich durch die Menge der Reisepassagiere am Fluss, die sich mit ihren Habseligkeiten von den Schiffen hinunter- oder auf die Schiffe hinaufdrängen, und an den Arbeitern vorbei, die Kisten und Säcke von Ladeflächen herunterheben und diese – sich den Weg frei rufend und schubsend – in die angrenzenden Lagerhallen tragen, meist auf dem Kopf. Ich steige das abschüssige Geröllufer hinunter und sehe die Passagierfähren ankommen und abfahren, mehrstöckige, weiß-blau angestrichene, verbeulte Gestelle aus Stahl, auf denen die Menschen Seite an Seite auf dem Boden hocken, 16 Stunden bis Barisal, 24 Stunden bis Kulna. Kleine Holzboote schaukeln auf dem Wasser, die zum Übersetzen auf die andere Seite des Flusses dienen, und Barkenbesitzer bieten Obst – kunstvoll zu Kreisen gelegt – vom Deck ihrer Boote aus an. Nie habe ich ein volleres Flussufer gesehen als am Hafen von Sardaghat und nie sah ich schwärzeres Wasser als das Wasser des Buriganga. Ich folge den Aufforderungen der wartenden Bootsbesitzer und setze mich im Schneidersitz auf den Bretterboden, der eine einzige schmale Fläche ist, die nur einige

Zentimeter über dem Wasser entlanggleitet. Der stehende Fährmann treibt das Boot in Achterkreisbewegungen an und der Fluss empfängt mich mit schaukelnder Ruhe, je weiter die Altstadt am Ufer zurückbleibt. Es legt sich so etwas wie Stille auf mich, das erste Mal seit ich in Dhaka bin, Stille, die von Ruderschlägen und entferntem Motorkahnknattern begleitet wird. Holzboote kreuzen die Wasserstraße und weichen geschickt den viel größeren Frachtern und Lastkähnen aus, wir schaukeln auf den Wellen der Überholmanöver. Der Fährmann dreht, wir fahren den Fluss hinauf, die Menschen auf den anderen Booten winken fröhlich herüber. Laken, die am Flussrand zum Trocknen aufgespannt sind, wehen im leichten Wind. Nach einiger Zeit biegen wir ab in einen Seitenarm, der apokalyptisch anmutet. Die Ufer bestehen aus meterhohen Schichten Müll, der angezündet wurde, er schwelt vor sich hin, und im schwärzlichen Wasser unter den Holzbrettern steigen Blasen auf, die zwischen Tierkadavern und Plastiktüten träge nach oben gären. Ich möchte keinen Finger in das Flusswasser hineinhalten müssen, geschweige denn darin, falls es zu einem Kentern käme, schwimmen. 22 000 Liter Giftmüll soll täglich in den Buriganga fließen, lese ich später, und dieser käme auch aus den tausenden Kleidungsfabriken, die in Dhaka ansässig sind. Der Stadtteil Hazaribagh, den Seitenarm weiter hinauf, gilt wegen der Abwässer aus 250 Gerbereien als einer der verseuchtesten Orte der Welt. Und das glaube ich sofort. Wir fahren durch Müllfeuerrauchschwaden, die auf den Fluss wehen, in den diesigen Himmel steigen, die provisorischen Häuser und Strommasten vernebeln – kein Grün weit und breit –, und die Muezzins beginnen zu rufen, ich höre die Himmelsstimmen, ich denke, gleich ertönt die letzte Posaune. Wir legen an, ich klettere über Müllschichten an Land, in denen Plastikplanenbehausungen stehen und drei kleine Kinder in bunter Kleidung spielen, die lachend angelaufen kommen, um mich neugierig und kichernd anzusehen.

Der Manager, Rick, hat sich nicht mehr gemeldet. Unter den Telefonnummern war er nicht zu erreichen, meine E-Mails blieben unbeantwortet. Die Marke wirbt auf ihrer Website damit, nachhaltig und »unter Achtung auf die Menschen« zu produzieren. Fotos von Baumwollfeldern und begrünten Balkonen unterstreichen das Unterfangen. Mit den Hinweisen »bio« und »fair« wurde das Top in einer Bremer Kletterhalle angeboten, in der ich nicht klettere, aber Kaffee trinke. Ich stelle mich an diesem Morgen in Dhaka an die Straße, die zum Flughafen führt, halte einen Bus an und nenne dem Busfahrer mein Ziel. Der Bus ist voll, die Menschen sehen mich an, rücken zusammen. Die Schiebefenster sind weit geöffnet und der Fahrtwind weht hinein. Auf den Wink des Busfahrers hin steige ich aus und stehe auf einer belebten Kreuzung. Ein Rikschafahrer fährt mich durch Wohngebiete, das Büro liegt im dritten Stock eines Wohnhauses. Ich möge warten, sagt der, der mir die Tür aufmacht, seine Hand weist auf das Sofa. Auf dem Plakat darüber sind schöne Menschen in schöner Kleidung abgebildet. Der Manager macht große Augen. Dass ich hergefunden hätte, wie ich hergekommen sei, mit dem Bus? Das glaube er nicht, niemand fahre hier mit dem Bus. Niemand?, sage ich, die Busse sind voll. Es täte ihm leid, dass er sich die letzten Tage nicht gemeldet habe, er habe mir gerade eben geschrieben. Grund sei Ärger mit der Presse in England, er müsse nun vorsichtig sein mit Öffentlichkeit. Die, die es gut machen, kriegen noch einen drauf. Nein, ein Besuch in der Fabrik sei nicht möglich. Das wäre genau die, die in England am Pranger stehe, aber in eine andere Fabrik könne ich gehen, die auch für sie produziert. Was ist denn passiert?, frage ich und er fasst zusammen, später lese ich nach: Der Komiker Russell Brand hatte mit der Marke eine eigene Kollektion gestaltet, nach Eigenaussage für einen guten Zweck, aber die Sweatshirts mit »Made in the UK« bedruckt. Die Daily Mail, britische Boulevardzeitung, konservativ, Auflage zwei Millionen, schickte Journalisten nach Bangladesch und schrieb auf, dass die Näherinnen für 1.98 Pfund Sterling (2,26 Euro) am Tag, ohne Überstundenzulage, arbeiten und dies offiziell acht Stunden täglich, aber inoffiziell bei Liefertermindruck bis zu elf. Dass er ein Heuchler sei, stand in der Überschrift, und dass das errechnete Living Wage bei 214 Pfund (245 Euro) läge, aber der Lohn aktuell nur bei den 5300 Taka Minimum Wage, 44.21 Pfund (50,53 Euro). Sechs bis sieben Tage die Woche arbeiten, nur essen und schlafen, und mit dem Lohn kaum über die Runden kommen, fasste der Artikel die Interviews mit den Näherinnen zusammen. Die in Brüssel sitzende Marke habe zugegeben, dass es Schwierigkeiten mit illegalen Überstunden gab, aber bestand darauf, dass es stimme, dass ihre Arbeiter mehr verdienen und weniger Überstunden zu machen brauchen, dass sie daher »nachhaltig« seien, denn sie würden hart daran arbeiten, dass die Missstände aufhören. Die Fair Wear Foundation in Amsterdam sprang der Marke bei. Besagte Firma sei in der Tat eine der besten Arbeitgeberinnen in Bangladesch und bezahle weitaus besser als viele skrupellos agierende Produzenten. Was macht ihr anders, frage ich, warum seid ihr gut? Rick rollt auf seinem Bürostuhl zurück und verschränkt die Arme hinter dem Kopf. Ich bin seit dreieinhalb Jahren hier, sagt er, ich komme aus Sri Lanka. Ich habe das Büro aufgebaut und ich glaube an sustainable products, an Nachhaltigkeit. Wir machen Qualität. Nichts, was du im Vorbeigehen wegwirfst, keine T-Shirts fürs Gärtnern oder zum Schlafen. Man braucht die gleiche Menge an Wasser und Energie, ob man ein konventionelles oder ein hochwertiges T-Shirt herstellt, darum geht es. You destroy a lot of lifes along the way, sagt er, du zerstörst viele Leben auf dem Weg. Ich denke an das Wasser des Buriganga, er sagt, die Farmer benutzen Pestizide. Cotton ist ein ganz eigenes Business, erklärt er, es ist nicht einfach, gute Baumwolle zu bekommen. Die Fasern müssen lang genug sein und nicht mit Pestiziden kontaminiert. Unsere Baumwolle kommt aus Indien, von vielen kleinen Bauern, wir wollen langfristige Beziehungen aufbauen. Es gibt gerade große Probleme, fügt er leise hinzu, der Preis ist gefallen. Viele Farmer in Indien können ihren Lebensunterhalt nicht mehr bestreiten, sie nehmen sich das Leben. Das Leben? Ja, sagt er, sie wissen nicht mehr ein noch aus. Er steht abrupt auf. Eigentlich müsstest du für das Buch eine Cotton-Plantage besuchen. Darum geht es doch, gutes Cotton macht ein gutes T-Shirt. Er drückt mir einen Artikel über die Entwicklung der weltweiten Cotton-Produktion in die Hand und sagt, Bangladesch werde dieses Jahr China als Baumwollimporteur überholen. Ich überfliege die mir nicht vorstellbaren Zahlen von 22,89 Millionen Tonnen Baumwollproduktion weltweit und 34,48 Millionen Hektar Anbaufläche. Einhundert Hektar sind ein Quadratkilometer, das ergeben 344 800 Quadratkilometer Baumwollanbau, das ist ungefähr die Größe von Deutschland. Es erscheint mir unwahrscheinlich, dass ich in meinem Leben noch keinen Meter Baumwollfeld gesehen habe, aber auch eine Textilfabrik hatte ich vorher noch nie gesehen, keine Cutterin, keinen Zuschneider, keinen Textilveredler – und trage Textil, mein Leben lang. Rick zeigt mir Bilder von Baumwollfeldern und von ihm, zwischen bunt gekleideten Frauen auf dem Boden sitzend. Bangladesch habe einen sehr schlechten Ruf, erklärt er, vor einigen Jahren noch gab es große Schwierigkeiten mit Kinderarbeit und Bezahlung, aber es werde besser. Okay, der Mindestlohn sei auch heute noch nicht fantastisch. Richtig schlimm seien Aldi und Lidl: These guys messed up Bangladesh. Alle wollen ihre Aufträge haben, die hohe Stückzahl. Sie können es sich leisten, nicht auf soziale Standards zu achten, sie überlassen Agenturen die Preisdumping-Verhandlungen. Tchibo habe nun ein Büro vor Ort, im Direktkontakt könne man Druck auf die Subunternehmen ausüben, Qualität und Standards überprüfen. Die Agenturen gehen niemals zu den guten Fabriken. So ist das. Also, sagt er, du kannst in die andere Fabrik fahren. Aber kein Wort zu denen über die Sache mit Russell Brand.

Eine halbe Stunde später sitze ich mit vier bengalischen Männern in einem Auto. Der Fahrer rechts, ich auf dem Beifahrersitz, hinten Shishir, der Assistent von Rick, der mich begleitet, und zwei Manager der Firma Interstoff, die für die Marke meines Tops produziert, einer heißt Shafi. Ich weiß nicht, wohin wir fahren und wie lange das dauern wird. Laute Musik kommt aus den Boxen. Shafi erklärt von der Rückbank aus, Interstoff habe 135 Produktionslinien in vier Gebäuden. Zwei bis drei Linien produzieren für die Brüsseler Marke, vier bis fünf Linien für Tchibo. Auf den anderen Linien werde für andere große Namen produziert, Mango, Tesco, Sansbury und H&M, sie hoffen, bald auch für Tom Tailor. Wir reihen uns ein in den Verkehrsstau von Dhaka und ich frage die drei kichernden Männer auf der Rückbank, was das Besondere an Stella Dreams und ihrem Hersteller sei. Shishir ergreift das Wort, es klingt feierlich. Bangladeschs Kleidungsindustrie gehe durch eine Revolution, Rana Plaza sei der Wendepunkt gewesen. Die Zeit sei reif für eine grüne Produktion, für Nachhaltigkeit. Was ist der Unterschied zu Tchibo in der Produktionslinie nebenan?, frage ich. Shafi sagt, Tchibo nehme auch Organic Cotton, OCS zertifiziert, eine Vorstufe zum hohen Ökostandard GOTS. H&M verwende manchmal Biobaumwolle, aber Stella Dreams' Marke auf jeden Fall nur GOTS-zertifizierte Stoffe. Und die Näherinnen?, frage ich. Nähen heute für Tchibo, morgen für H&M, übermorgen für die Firma aus Brüssel. Das Auto fährt über eine Piste, Staub wirbelt auf, ich frage mich, ob dies noch Dhaka ist. Brachland, trockene Gräser, trockene Gebüsche, Strommasten. In der Ferne die Bäume, die eine Straße säumen. Was ich von Bangladesch denke, wollen Shishir und Shafi wissen, Bangladesch sei schließlich das beste Land auf der Welt. Ich zögere. Ich sage, für mich ist alles so anders. Die vielen Menschen auf den Straßen, die Lebendigkeit, aber die Armut, die erschüttert mich, und – ich rede schnell weiter – die farbenfrohen Gewänder der Frauen, die sind toll. Shafi nickt. Wir sind auch farbenfroh im

Herzen. Die drei Männer auf der Rückbank strahlen. Und was ich von Hitler halte. Von Hitler?, frage ich ungläubig. Ja, Hitler. Er habe auf der ganzen Welt einen schlechten Ruf, aber wir finden, er war ein guter Mann. We like him, eine starke Persönlichkeit. Eine Pause entsteht. Ich hole Luft. Ich sage ihnen, was ich von Hitler halte. Wir streiten. Es wird laut. Klar, sagt Shafi, das mit dem Morden, das war verkehrt, aber überall auf der Welt werde doch gemordet, er zählt einige Länder auf. Ich schaue auf die aufwirbelnden Staubwolken vor der Windschutzscheibe, ich überlege, wie ich noch mal in dieses Auto geraten bin. Shafi sagt, nur wegen Hitler ist Deutschland so groß, ihr wisst gar nicht, was ihr ihm zu verdanken habt. Ich sage matt, ach ja? Er hat den Deutschen das Cricketspielen verboten. Das Cricketspielen?, frage ich zurück. Shafi triumphiert. Da habe man es wieder, keine Ahnung hätten die Deutschen, was Hitler alles Gutes getan habe. Das Cricketspiel hätte damals fünf Tage am Stück gedauert und die Deutschen hätten nicht mehr gearbeitet. Hitler habe das Spiel verboten und deswegen sei Germany eine große Nation. Ich sehe ihn an und bin schlagartig so erschöpft, als hätte ich fünf Tage am Stück Cricket gespielt. Ich sage, und die Bengalis spielen heute noch Cricket? Ja, sagt Shafi, wieder triumphierend. Heute ist das Cricketspiel ja auch viel kürzer. Wir erreichen das Ende des Brachgeländes und biegen, den Wall erklimmend, auf die befestigte Straße ein. Der Fahrer flucht. Er sieht den kilometerlangen Stau, der sich im weiten, flachen Land zwischen den hellgrünen Reisfeldern erhebt. Er wendet den Wagen, er sagt, wir fahren über die Dörfer. Die Fahrt dauert eine oder zwei Stunden auf unbefestigten Wegen. Die schaukelnden Busse, die uns entgegenkommen, haben Menschen auf den Dächern sitzen, die Lkws verursachen die größten Wolken aus Staub.

Gazipur | Interstoff

Im Konferenzraum von Interstoff warten Shishir und ich auf Pradip, der uns die Firma vorstellen wird. Es ist nicht einfach, sagt Shishir, neue Fabriken zu finden, wir haben Ansprüche, der Standard GOTS ist selten. Er zeigt mir einen Fragebogen, mit dem sie neue Zulieferer testen: Qualität, Sicherheit, Soziale Standards. Die Fragen sind von der Fair Wear Foundation. Es gibt noch viel zu tun, fasst er zusammen, viele kennen ihre Rechte nicht, auch nicht das Recht, sich zu wehren. Vor zehn bis 15 Jahren seien Schläge in vielen Fabriken normal gewesen. Sie hätten Arbeiterkomitees in vier Firmen angeregt. Und die Gewerkschaft?, frage ich. Wenn es aktive Komitees gibt, braucht es keine Gewerkschaft, sagt er. Ich sage, so? Pradip betritt den Raum, blaues Hemd, Notebook unter dem Arm, fester Händedruck. Er wirft die Power-Point-Firmendarstellung an die Wand und erklärt den Critical Action Plan: Alles, was kritisiert wird, werde verändert. Garantiert. Dann nennt er die Zahlen der Firma: 2700 Männer, 2300 Frauen, 200 000 Kleidungsstücke am Tag. 25 Prozent für H&M, 25 Prozent für Tesco. Der Rest für andere Marken. Neu hinzugekommen seien Zara, New Yorker und Cotton On. Die Firma habe einen Kindergarten, einen medizinischen Dienst und eine Kantine. Sie zahle Extra-Boni zum großen Fest Eid und 400 Taka monatlich dazu – 4,50 Euro, habe ich richtig verstanden? – für die, die mit Chemikalien arbeiten. Sie unterhalte eine Schule und eine kleine Klinik, verteile Reis und Geld an arme Menschen, unterstütze das ansässige Cricketteam, ein Waisenhaus und die Bildung von Mädchen. In Zukunft wolle sie Schlafräume für die Arbeiter bauen und ein Fortbildungszentrum. Er erwähnt die siebzig Querschnittsgelähmten, die hier Arbeit gefunden hätten, auch Überlebende von Rana Plaza, viele von ihnen seien traumatisiert. Wie es zum Einsturz kommen konnte, frage ich. Er sagt, die Ignoranz des Managements. Die Risse in den Wänden seien bekannt gewesen, trotzdem liefen Generatoren im vierten und fünften Stock, eine andauernde Vibration. Sie wollten die Zeitfristen einhalten, die Stückzahlen erreichen, die Aufträge nicht verlieren. Auch die Manager seien ums Leben gekommen. Wir gehen durch das Gebäude und Pradip zeigt die Liste an der Wand mit den heutigen Geburtstagskindern – 11. Januar 2016, es sind vier – neben den Fotos des letzten Firmenfestes und den bunt geschmückten Gedichten von Angestellten. In den Produktionsräumen sind die Decken niedriger als in Vietnam. Dort waren es Hallen, hier sind es Fabriketagen. Neonröhren dominieren die Räume, wenig Tageslicht. Die Näherinnen sitzen sich in zwei Reihen an den Produktionslinien gegenüber, eine neben der anderen, viele tragen einen Mundschutz. Stoffteile und Kleidungsstücke liegen aufgehäuft zwischen ihnen, das Sirren der Maschinen erfüllt den Raum. Wir laufen durch lange Verbindungsgänge in ein anderes Gebäude, Pakete sind links und rechts unter den Fenstern gestapelt. Ihr Inhalt: The Deep V in schwarz, Größe S. T-Shirts von Cotton On. Die Pakete werden vielleicht zum Sitz der Marke, Australien, schippern oder in ein Land der weltweiten Cotton On Läden: Südafrika, Singapur, Libanon. Ein anderer Konferenzraum erwartet uns, weiße Wände, großer Tisch. Eine Frau kommt mit zwei jungen Menschen herein, die barfuß sind, zwei Mitarbeitende, die sich zu einem Gespräch bereit erklärt haben. Sie sind schüchtern, sie lächeln verlegen. Auf Anweisung von Shishir reichen sie mir ihre Firmenausweise, die sie um den Hals hängen haben, ich schreibe auf: Afzal Al-Ahad, Sewing Operator, in der Firma seit dem 3. März 2009, und Sumi Akter, Sewing Operator, in der Firma seit dem 11. Februar 2012.

Sumi Akter und Afzal Al-Ahad

In einem fensterlosen Raum eines Betongebäudekomplexes im Distrikt Gazipur von Dhaka sitzen ein Firmenmanager um die 40, der Kunde, der Aufträge an ihn vergibt, um die 30, eine Näherin unter 20, ein Näher Mitte 20 und eine Kundin des Kunden der Firma, die das Produkt, das hier hergestellt wird, trägt, um die 40 aus Deutschland und sehen sich an. Ich stelle mich vor und erkläre das Buchprojekt. Sumi kichert. Sie hört nicht auf zu feixen, wir schmunzeln. Wie die Situation wohl auf sie wirkt? Was sie denkt über eine Frau meines Alters aus Europa? Was sie denkt, wie mein Leben aussieht? Wie das wäre, wenn sie zehn Menschen besuchen könnte, zehn Trägerinnen ihrer Produkte, in Australien, Singapur, Südafrika, Schweden? Was würde sie schreiben über sie und über die Orte, die sie besucht? Und was wäre, wenn die Geschichte anders verlaufen wäre, Indien hätte Europa kolonialisiert und in Deutschland würde man heute die Kleidungsstücke für Südostasien nähen und Sumi käme hergeflogen und wolle mich interviewen? Wie wäre das für mich?

Afzal Al-Ahad ist aufgeregt, ich bin es auch. Ich sage, ich fange mal an. Herr Al-Ahad ... Shishir unterbricht mich. Wir sprechen uns hier mit Vornamen an, ich sage, ja, gut. Ich möchte Sie im Buch vorstellen, Afzal, wie sieht Ihr ganz normaler Tagesablauf aus? Sumi kichert. Pradip räuspert sich. Das Licht fällt aus, einige Sekunden. Afzal Al-Ahad erzählt. Um sieben Uhr stehe ich auf und mache mich fertig. Ich frühstücke Reis, Brot und Gemüse. Ich gehe 15 Minuten zu Fuß zur Fabrik. Ich bin Näher. Ich bekomme einen Auftrag, den mache ich den ganzen Tag. Am nächsten Tag mache ich etwas anderes. Zwischen eins und zwei habe ich frei. Ich esse lunch, zu Hause. Wer bereitet Ihnen das Essen zu? Shishir übersetzt, ein servant. Ich sage, oh, er habe es gut, Sumi kichert. Wie er denn wohne?, frage ich weiter. Shishir sagt, er teilt sich mit einem Kollegen ein Zimmer. Und nach dem Mittagessen? Gehe ich zurück in die Fabrik und arbeite dort von zwei bis sechs oder sieben. Ich notiere, ich sehe auf. Weder Pradip noch Shishir kommentieren die Überstunden. Afzal sagt, dann mache ich mich frisch, gehe zum Markt einkaufen, entspanne mich oder hänge mit Freunden ab. Normalerweise sehe ich fern. Manchmal gehe ich auch spazieren. Und am Wochenende? Was machen Sie da? Er sagt, freitags? Da gehe ich in den Park oder ins Kino. Und wenn Ferien sind? Wie lange sind die? Shishir sagt, sechs oder sieben Tage die langen Ferien, zum Fest Eid acht Tage oder mehr. Ich sage, das Eid, bei dem geschlachtet wird? Er sagt, geopfert, nicht geschlachtet. Sumi kichert. Afzal sagt, ich spiele Cricket. Ich bin Fan vom Bangladesh National Team. Ich versuche, ins Stadion zu kommen. Man muss dafür kämpfen, es gibt eine sehr lange Schlange und das Ticket kostet mindestens 300 Taka, 3,40 Euro. Pradip nickt, dieses Land ist cricket-crazy. Und in den langen Ferien, Afzal? Fahre ich in mein Heimatdorf zu meiner Familie. Ist die groß? Er zuckt mit den Schultern. Ich habe neun Brüder und drei Schwestern, ich bin das achte Kind. Pradip sagt, ein ganzes Cricketteam, Afzal lächelt verlegen. Shishir sieht auf die Uhr, es ist später Nachmittag. Ich stelle Afzal eine letzte Frage, ob er Pläne habe für die Zukunft. Nun ist es still. Er ringt mit sich. Sein Gesicht läuft rot an. Sofort bereue ich es, diese Frage gestellt zu haben, hier vor seinem Vorgesetzten. Dann sagt er leise, ich möchte ein eigenes Business starten. Kosmetik. Dafür spare ich Geld. Die Nachfrage nach Kosmetik ist hoch und das wird sie immer bleiben. Alle wollen doch schön sein. Ich würde vom Hersteller kaufen, kleine Mengen, ein wenig aufschlagen und weiterverkaufen. Pradip nickt anerkennend, Afzal strahlt, ich bin erleichtert. Ich sage, soll noch irgendetwas ins Buch, etwas, das für Sie wichtig ist? Ja. Bangladesch ist ein schönes Land, ich liebe mein Land, ich möchte es niemals verlassen.

Sumi Akter setzt sich aufrecht hin und erzählt los. Sie hat sich die Fragen gemerkt, sie redet lebendig und schnell: Um sieben Uhr morgens gehe ich ins Bad, meine Mutter macht mir Frühstück. Ich habe eine Schwester und einen Bruder, ich lebe mit meinen Eltern zusammen. Um zehn vor acht gehe ich zur Fabrik. Zur Mittagspause gehe ich heim, esse etwas und schaue Tom & Jerry-Cartoons im Fernsehen. Welche Cartoons?, frage ich. Na, Tom & Jerry! Um siebzehn oder um achtzehn Uhr komme ich heim. Dann verbringe ich Zeit mit meiner Schwester oder helfe meiner Mutter im Haushalt. Mein Bruder ist noch in der Schule, er wird dort betreut, er ist acht Jahre alt. Und wie alt sind Sie, wenn ich fragen darf? Sie sieht mich pikiert an. Shishir räuspert sich, eine Dame verrät ihr Alter nicht. Ich entschuldige mich mehrfach, Sumi kichert, it's okay. Abends, um halb zehn essen wir ein leichtes Abendessen, dann sehen wir mit der ganzen Familie fern. Was denn?, frage ich. Na, Tom & Jerry! Am Freitag schlafe ich aus, helfe meiner Mutter oder nehme meinen Bruder mit in den Park. In den Ferien fahren wir in den Ort, aus dem meine Familie stammt. Ich liebe schöne Orte in der Natur. Wanderwege in den Bergen oder die Strände von Chittagong, da wohnt ein Onkel von mir, sechs Stunden von hier entfernt. Und was wäre Ihnen wichtig, für das Buch zu erzählen? Dass ich traurig bin, wenn meine Mutter krank ist. Sie ist oft krank. Dann muss ich die Familie unterstützen. Meine Mutter hat Asthma, das ist nicht heilbar. Pradip räuspert sich verlegen. Ja, sage ich, das ist schlimm. Haben Sie auch Zukunftspläne, Sumi? Klar. Einen guten Mann heiraten. Oh, sage ich, was ist ein guter Mann? Sie kichert. Shishir sagt, einer, der Geld hat. Es geht um ein wenig Sicherheit im Leben, das ist das Wichtigste hier. Ich sage, ja klar, good luck! Ob ich ein Foto machen dürfe, frage ich noch, dann geht es schnell. Ich bedanke mich, dondebar, thank you, good bye, schon sind sie fort.

Es ist 17 Uhr. Um 18 Uhr fährt der Firmenbus die Manager zurück in die Stadt, auch uns. Wir warten im Innenhof. Warum ist Bangladesch das beste Land der Welt, Shishir, das hast du vorhin im Auto

Sumi Akter und Afzal Al-Ahad

gesagt? Er hat einen kleinen Rucksack auf und steht mit den Händen in den Hosentaschen mir gegenüber. Große gelbe Lkws machen waghalsige Überholmanöver auf der Straße in seinem Rücken und hinter den Mauern in meinem sitzen sehr viele Menschen und nähen. Shishir sagt, wenn du nur unseren Lebensstandard siehst, klar, der ist nicht hoch. Aber ich bin hier geboren und ich mag, wie wir leben. Ich treffe jeden Tag meine Freunde. Wir sind von Kindesbeinen an zusammen aufgewachsen. Ich kann mich glücklich schätzen: Meine Umgebung, meine Eltern, sie werden immer für mich da sein, they will always take care of me. Wir laufen am Straßenrand, um uns die Beine zu vertreten. Männer, die etwas verkaufen, hocken auf dem Boden. Um einen hat sich eine Schar gebildet. Zwei große tote Echsen liegen aufgeschnitten vor ihm. Um die Echsen herum liegen Fotos von nicht erigierten und von erigierten Penissen. Shishir zieht mich weg. Ich sage, ups, das hatte ich nicht erwartet, so eine Bilderfreizügigkeit. Er sagt, tut mir leid, ich sage, schon gut. Glauben die, Echsenfleisch bringe Potenz? Er seufzt, die glauben alles hier. Das, was Bangladesch braucht, ist Bildung, und für die Wirtschaft Initiativen vom Staat.

Der Bus fährt drei Stunden zurück in die Stadt, 25 Kilometer, Stop-and-go, um 21 Uhr sind wir in Flughafennähe. Die Manager der Firma fahren morgen früh die gleiche Strecke zurück. Ich bin froh, als ich endlich aussteigen und laufen darf, im Gassengewirr beim Hostel, an dem Straßenhändler mit den Bananen vorbei. An den Kindern, die Feuer machen – längst ist es dunkel –, und an den Matratzenherstellern, die unter grellen Glühbirnen, die von der Decke baumeln, die Fasern von Kokosschalen in Stoff einnähen. Sie grüßen mich. Ich hebe lächelnd die Hand. Rikschas umfahren mich klingelnd.

Das beliebige T-Shirt

Die Kleidungsfabrik neben meiner Unterkunft in Dhaka ist kein freundliches Gebäude. Es gibt Gitter an den Fenstern und Neonlichter, Maschinenlärm dringt Tag und Nacht auf die Straße, vor den Toren patrouilliert ein Sicherheitsdienst. Ich frage die Uniformierten, ob ich die Herstellung von Textil in diesem Betrieb ansehen dürfe, sie schütteln energisch den Kopf. Zum Hauptsitz der Firma möge ich fahren und mir die Erlaubnis vom Management holen. Ich sage, kein Problem, das werde ich tun. Wie lautet die Anschrift? Der erste Rikschafahrer, dem ich sie nenne, schüttelt den Kopf, der zweite nickt. Ich frage, wie lang? Er sagt, 20 Minuten. Zwei Stunden fahren wir, bis er das Hauptgebäude gefunden hat, in der Stadt fragt er sich durch, hier lang, nein, da lang, ja, ganz bestimmt. Es ist das einzige Mal, dass ich nicht allein unterwegs bin. Ich habe Brian dabei, einen im Hostel gestrandeten Engländer, Mitte 50, lange Haare, Harley-Davidson-Fahrer. Stiefel und Jeansweste, auch bei 25 Grad. Er hält sich das Kreuz auf dem rumpelnden Sitz und flucht, warum er zur Hölle der crazy German gefolgt sei. Ich sage, weil er sich nicht aus dem Haus getraut hatte – do you remember? – und zu Cat-Stevens-Musik die Tage auf dem Flachdach herumsaß. Right, sagt er und boxt in die Luft, dann auf meinen Arm. Wir kommen an, eine Tür in der Absperrung geht auf. Ein Uniformierter bringt uns zur Rezeption, wir warten. Warum sind Sie hier? Tourismus. Der Manager ist ein schmieriger Typ. Eine Schiebetür vom Großraumbüro in sein kleines. Nein, nein, das ginge nicht, die Fabrik am Hostel zu sehen. Er könne mir aber die Produktion in diesem Haus zeigen. Ob ich mit Brian verheiratet sei. Nein? Ob ich Zeit hätte später. Er würde mich durch ganz Dhaka führen. Ich sage, ich sei bereits eingeladen, zeige in Richtung Großraumbüro, ist das das Hauptgebäude? Wir gehen los. Die Decken in der Etage sind so niedrig, dass ich Beklemmungen kriege. Die Musterabteilung, kein Tageslicht, ausschließlich Männer, hunderte, sie sitzen an alten Maschinen, jeweils zu zweit. Einer zieht den Stoff durch, der andere hält fest, an der anderen Seite. Es wuselt, es ist laut. Ein Mann sitzt an einem Holzschreibtisch und wendet betrachtend das hin und her, was die Zweierteams vor ihm hergestellt haben. Hinter ihm stehen Tische voller Stapel, Türme aus gelben Ordnern. An der Längsseite des Raumes schneiden Männer mit Scheren an Kartonmustern herum, alle sehen mich an. Die fertigen Muster hängen nebeneinander auf Bügeln wie Hemden in einem Kleiderschrank. Der Manager fragt, warum ich nicht selber eine Firma aufmache, zehn Nähmaschinen, zehn Leute und los. Es sei einfach. Die Textilindustrie brauche keine teuren Maschinen, keine großen Investitionen. Ich sage, guter Plan. Welchen Kunden er mir überlasst? Er sagt, keinen. Wir kommen zum Schneideraum und von allen Betrieben, die ich gesehen habe, ist hier die Anzahl der Cutter Rekord. Es wirkt provisorisch, niemand trägt Schutzhandschuhe, haarscharf gleiten die Messer an den Fingern vorbei, ich denke, bitte nicht aufsehen jetzt. Der Manager erklärt mir die Produktionsabfolge, er kommt mir dabei zu nah. Als wir weitergehen, taxiert er mich. Er will ein Selfie machen auf der Treppe, dann hält er inne, er hat einen Plan. Im Büro, Schiebetür zu, another selfie please. Er stellt sich zwischen Brian und mich, legt den linken Arm um Brians Schulter, mit der Rechten hält er das Smartphone hoch und schiebt seinen Oberarm an meinen Körper heran. Er blickt zu mir und grinst, dann reibt er mit dem Arm über meine Brüste. Ich weiche zurück, sein Arm folgt, Brian drückt von hinten. Ich winde mich raus, sage zu Brian, wir müssen gehen, eile zur Tür. Brian stolpert hinter mir her. Was ist denn los?, fragt er im Gang mit wehenden Haaren. Und überhaupt, warum hast du das Buch nicht erwähnt? Und warum hast du einen Ehemann und zwei Kinder erfunden? Ich sage, forget it, Brian, schon gut. Treppe runter, raus aus dem Gebäude, an der Straße winke ich eine Rikscha heran. Die Rückfahrt geht schnell, sechzig Minuten, Abkürzungen durch ruhige Wohngebiete. Der Fahrer ist ehrgeizig und hat Kondition. Die Schreckstarre, die sich auf mich gelegt hat, verfliegt mit der Zeit und mit der Geschwindigkeit. Der Driver nimmt die Kurven scharf, wir halten uns an den Sitzrändern fest, er nimmt alle Schlaglöcher mit. Wir japsen, wenn wir für einen Moment vom Sitz in die Luft geworfen werden. Wir rufen laut aus, wenn ein Bus auf uns zubrettert und die Rikscha erst im letzten Moment zur Seite weicht. Wir steigen ab. Brian sagt, nie wieder, crazy German. Ich sage, das werden wir ja sehen.

Der Name der Firma ist Nassa Group. Der Name des Managers Masudur Rahaman. Sie produzieren in Dhaka, in zehn Gebäuden. Das Gebäude im Stadtteil Showra ist für spontanen ausländischen Besuch tabu. Sie produzieren für siebzehn internationale Marken, hieß es vor Ort unter anderem für Reebok und für Esprit.

Die Jacke | Wattierte Pilotenjacke

Stockholm, 14. Januar 2015

Dear Imke Muller-Hellmann,

Thank you for your letter and for contacting us!

We think you have a very nice idea and an interesting story.

Glad to know that you are wearing a 10-year old jacket from us and that it is among your favourite clothing!

Regret to inform you that we do not have the order number in our system, it is long gone archived.

But we would be happy to assist you if you buy a jacket from the recent collection/s!

Have a nice day

Stockholm, 3. Februar 2015

Dear Imke Muller-Hellmann,

How nice that you have found a jacket from our present range!

I have forwarded your letter and our correspondence to our communication department.

Hope they can help you further!

Have a nice day

(Ich bekomme trotz mehrerer Rückfragen keine Antwort mehr und teile am 8. Juni 2015 meiner Ansprechperson in Stockholm mit, dass ich in der kommenden Woche persönlich vorbeikommen werde. Schließlich könne man in einem Gespräch das weitere Vorgehen besser miteinander abstimmen.)

Stockholm, 9. Juni 2015

Dear Muller-Hellmann,

I'm sorry for the late reply.

Well, I can check again but with another person.

Hope you get lucky this time!

Best regards

Die Jacke

Stockholm, 10. Juni 2015
Dear Imke,
Your mail has been forwarded to us at the press/comm department.
As we receive so many requests from press and media we have
limited resources to assist with your book project. We can answer
your questions per e-mail, but we cannot accommodate a visit.
You can send your questions to this e-mail address.
Best regards

Hamburg, 15. Juni 2015
Hallo Imke,
vielen Dank für deine Anfrage. Unser Kollege hat sie uns weitergelei-
tet.
Gern können wir dir auch von Deutschland aus weiterhelfen. Wenn
du Fragen hast, sende sie meinem Kollegen oder mir gern zu.
Wegen der Jacke kommen wir auf dich zurück.
Viele Grüße

Hamburg, 25. Juni 2015
Telefonat, Notizen:
Ich habe versucht, dem E-Mail-Verlauf zu folgen. Sie waren also erst
beim Kundenservice, dann bei der Presseabteilung Stockholm und
nun bei der Presseabteilung Deutschland. Erzählen Sie mir doch noch
mal, worum es Ihnen geht. – Das freut uns natürlich, dass Sie unsere
Jacke seit zehn Jahren tragen. – Ich habe mir Ihr aktuelles Buch ange-
schaut. Wollen Sie das neue Buchprojekt ähnlich gestalten? – Liefer-
ketten wären nicht das Problem. Die sind öffentlich zugänglich bei
uns und nicht vertraulich. Das ist eher eine organisatorische Frage.
Was brauchen Sie von uns? – Wir sind in 60 Ländern aktiv. Produk-
tionsbedingungen sind inzwischen ein Thema. Wir bekommen viele
Anfragen, die Produktionsstätten zu besuchen, also eher von Journalisten, Autoren hatten wir jetzt noch nicht dabei. Vielleicht könnten

wir Ihnen die Möglichkeit eröffnen, mit den Kollegen vor Ort, an den Produktionsstandorten die Betriebe zu besuchen. Das wird dann eine Gruppe mit Journalisten sein. Wir bekommen aber jeden Tag aus jedem Land Anfragen, und Deutschland ist nur einer von 60 Märkten, deshalb können wir nicht immer sofort reagieren, und wir müssten sehen, ob das ginge. – In den meisten Firmen wird für viele Marken produziert. Sie können ja durch die Reihen gehen und eine Mitarbeiterin fragen, ob sie die Jacke wiedererkennen. – Schwierig ist der Teil der Kultur: Sie werden keinen super spannenden Redefluss bekommen, sondern sehr viele höfliche Antworten erhalten. Dies ist zumindest meine Erfahrung. Ihre Idee ist es, Geschichten zu erzählen. Gerade in China ist das schwierig. Ein wichtiger Aspekt der Kultur ist es, das Gesicht zu wahren. Das ist zum Beispiel in Bangladesch sehr anders. In Hongkong war es auch anders. Und in Guangzhou. Dort war es am einfachsten, da ist der kulturelle Wandel schon weit fortgeschritten. Wenn ich mit Mitarbeitern aus der Fabrik gesprochen habe, wollten alle große Modedesigner werden, und ihr Hobby war es, shoppen zu gehen und Schuhe zu kaufen. Das ist ein Wandel mit der Ökonomie und der sozialen Entwicklung. – Wenn Sie sich den Arbeitsmarkt in China anschauen, die Löhne steigen rasant, die chinesischen Näher sind sich bewusst, dass sie einen Wert haben, dass sie nicht so leicht austauschbar sind. – Ich prüfe das gerne mit Ihrem Besuch, aber es liegt an der praktischen Beschränkung.

Hamburg, 19. August 2015
Liebe Frau Hellmann,
Bitte entschuldigen Sie die erneute Verspätung!
Ich habe mit den Kollegen vor Ort gesprochen und leider sehen wir derzeit aufgrund zahlreicher anderer Anfragen keine Möglichkeiten, einen Besuch bei einem Lieferanten in China in den nächsten Monaten zu organisieren. Im September/Oktober steht bereits eine Pressereise in China an, bei der zahlreiche internationale Medien die

Möglichkeit haben, verschiedene unserer Lieferanten in China zu besuchen. Dies bindet allerdings unsere Ressourcen und nimmt uns leider die Möglichkeiten, Sie vor Ort sinnvoll zu unterstützen. Das tut mir sehr leid, bitte aber hierfür um Ihr Verständnis. Mit freundlichen Grüßen

Bremen, 19. August 2015
Telefonat, Notizen:
Da gibt es eine große Journalistenreise im September/Oktober, deswegen sind alle Kapazitäten voll, es geht nicht. – Mitte Dezember wird nicht klappen. Ich sehe keine konkrete Möglichkeit für Ihren Besuch. – Hmm, vielleicht könnte man das noch im März mit unterschieben, aber das weiß ich nicht. Ich würde da ungern heute wieder anrufen. – Vielleicht ergibt sich spontan die Möglichkeit. – Ich rufe die im Februar/März an und vielleicht haben sie dann wenig Arbeit und sagen »Ja«. – Hmm, das stimmt natürlich, das Visum ... – Nein, die ist komplett ausgebucht, wir mussten schon renommierte Medien ausladen. – Die Hoffnung will ich Ihnen nicht machen mit März, das ist nichts, womit Sie planen können. – Einfach da hinfahren? Das kann ich schwer einschätzen. Ich persönlich finde das schwierig. Ich kenne die Leute nicht. China ist auch nicht bekannt für Unternehmenstransparenz und Pressefreiheit ... – Wie wäre es mit einem Designer? Das wäre dann ein Schwede. Versendet wird in Poznan, Polen. Ginge auch eine Verkäuferin? Wie wäre es mit jemand aus dem Einkauf? Oder mit einem Funktionsexperten? Falls es eine Outdoorjacke ist. Die beraten die Designer, welches Material genommen werden sollte. Ich schätze mal, dass ein Dutzend Leute mit der Jacke zu tun hatte, bevor Sie bei Ihnen gelandet ist. – Wie hoch wird die Auflage des Buches sein? – Wo die Jacke produziert wurde? In Dongyang, einer Kleinstadt, zwei Stunden von Shanghai entfernt.

Hamburg, 19. August 2015
Liebe Frau Hellmann,
der Name der Fabrik ist Zhejiang Tongli Clothing Co., Ltd.
Die Adresse: No. 90, Zengshan Road Xicheng Industrial Zone 322100
Dongyang, China.
Ich hoffe, dass die Ihnen weiterhilft.
Beste Grüße

Hangzhou, 21. August 2015
Dear Imke,
Thanks for your contact; this is a really special inquiry :)
I am responsible for new customer development, you can talk with
me about your visit.
I would like to know what kind of book you are writing? And what
jacket are you talking about? Do you mind send me a picture?
And why don't you contact us through the brand's Shanghai office?
Hope to get more information and background.
Thanks and B.rgds!
Zhejiang Tongli Clothing co., ltd Hangzhou office
浙江同力服装有限公司 杭州办事处

Hangzhou 12. April 2016
Dear Imke,
Well noted about your situation, I checked internally, it is better for us
to be informed by the brand's Shanghai Office.
Thanks and B.rgds!
Zhejiang Tongli Clothing co., ltd Hangzhou office
浙江同力服装有限公司 杭州办事处

Hamburg, 12. April 2016

Liebe Frau Hellmann,

Bitte entschuldigen Sie die späte Antwort. Ich arbeite mittlerweile in einem anderen Bereich. Ich weiß ehrlich gesagt nicht wirklich, wie ich Ihnen hier helfen kann. Ich habe Ihre Anfrage an meine Kollegen in unserer globalen Presseabteilung weitergeleitet. Sie können die Kollegen dort unter … erreichen. Allerdings weiß ich aus der Vergangenheit, dass wir hier leider unter den extrem vielen Anfragen, die wir erhalten, stark priorisieren müssen und internationalen Medien den Vorzug geben.

Beste Grüße

(Ich suche im Netz nach Fotos von Mitarbeitenden des Shanghai Offices, picke die Person heraus, die mir am sympathischsten erscheint und schreibe sie an. Dabei mache ich einen entscheidenden Fehler. Ich achte nicht darauf, wie viele Jahre der Mitarbeiter im Betrieb ist. Nur die, die lange dabei sind, trauen sich, unkonventionelle Wege zu gehen und sich über offizielle Betriebsregeln hinwegzusetzen.)

Shanghai, 14. April 2016

Hi Imke,

Thanks for your email. I will reach out to our Woven Supply Chain Manager and Sustainability Manager to find out how we can appropriately manage your request.

Cheers

Shanghai, 1. Juni 2016

Hi Imke,

I spoke with our Media Relations department. Please see their response below:

»Our general policy is that we decline participation in books. When it comes to books on our suppliers we of course can't decide whether or not they participate. We can however let the suppliers know that we don't wish them to talk about us.«

So please feel free to collaborate with our suppliers as long as there is no connection made with us in the book.

I wish you all the best with your book publication.

China

Die Volksrepublik China ist 28-mal so groß wie Deutschland und in ihr leben 1,367 Milliarden Menschen. Das sind 1285 Millionen mehr Menschen mit Ausweispapieren mit fünf Sternen auf rotem Grund als mit Papieren mit einem Adler – offene Flügel, zur Seite gewandter Kopf. Das Land hat hohe Bergmassive, Steppen und Wüsten, Flussdeltas, Schwemm- und Hochebenen, und das Gelbe, das Ostchinesische und das Südchinesische Meer. Es hat den höchsten Berg der Erde, die längsten Landesgrenzen, die meisten Nachbarländer und die größte Bevölkerung, die vor allem im Osten des Landes lebt, in der Nähe der Küste, viele von ihr in den Metropolen: elf Millionen Menschen in Peking, 13 Millionen in Guangzhou, 24 Millionen in Shanghai. 2133 Jahre lang herrschten in diesem Land die Kaiser, 28 Jahre lang die Kuomintang, die Politiker der Republik, und 67 Jahre lang – bis heute – die zweitgrößte Partei der Welt, die Kommunistische Partei Chinas. Die Planwirtschaft 1952 bis 1975 brachte Wachstum und Hungersnöte, die Sonderwirtschaftszonen seit 1979 Fabriken ausländischer Unternehmen, Wanderarbeiter und Made-in-China-Produkte für die ganze Welt und der »Sozialismus mit chinesischen Merkmalen« einer kleinen Oberschicht und den Familien der kommunistischen Funktionäre viel Geld. Chinas Ökonomie wächst schnell. 2050, sagen einige, wird es alle Industrieländer überholt haben, nein, widersprechen andere, dies wird bereits 2039 so sein.

Als ich das Land erreiche, bin ich nervös. Ich bin die Letzte in einer Schlange von Ausländerinnen und Ausländern in einer fast menschenleeren Halle eines Bahnhofs, mein Rucksack wird zum wiederholten Male auf Verbotenes hin durchleuchtet und ein stummer, junger Mensch in Uniform betrachtet ernst mein Gesicht, um herauszufinden, ob das grimmige Bild des Reisepasses mit der fahrig lächelnden Reisenden vor ihm übereinstimmt. Als Stipendiatin einer großen Stiftung durfte es ein Tourismus-Visum nicht sein, aber ein Journalismus-Visum noch weniger. Mit meinem Thema ließe man mich nicht hinein, so der Stipendiumsbetreuer. Nicht hinein? Textilindustrie, sagte er, rieche nach schlechter Presse. Eine Einladung des Generalkonsuls von Shanghai ebnete den Weg zum Visum der Kategorie F, »Exchange-Austausch«, und wenn es Probleme gebe, so der Stipendiumsbetreuer weiter, möge ich mich nicht sorgen, der chinesische Staatsapparat klappe reflexartig zu wie eine fleischfressende Pflanze, die eine Fliege fängt, aber öffne sich wieder, wenn man nur beschwichtigend einwirke und geduldig genug kitzele. Ich stehe in dem für mich ersten Bahnhof des großen Landes und versuche, nicht an die fleischfressende Pflanze zu denken, die ich mir nach dem Gespräch in einem Video ansah: Der Fliege in dem Clip ging es nicht gut. Ich verlasse das Bahnhofsgebäude ungehindert und werde auf 4500 Kilometern, die ich in Zügen und Bussen zurücklegen, und in den sieben Städten, die ich besuchen werde, kein einziges Mal mehr von einem Uniformierten taxiert, auch nicht befragt, nicht behindert. Ich werde auf bestimmte Internetseiten nicht zugreifen und die Hälfte der Zeit meine E-Mails nicht lesen können, und ich werde – so wie alle in diesem Land –, sobald ich die privaten Wohnräume verlasse, gefilmt: auf den Straßen, in den Fahrstühlen, U-Bahnen, Bussen und Zügen, im Innenhof des hippen Hostels und in fast allen von mir besuchten Restaurants. Ich werde mich fühlen wie in einem bunten, gut ausgestatteten, lückenlos überwachten Raum und das wird mich anfangs irritieren und später wütend machen. Alle im Land, denen ich davon erzähle, werden die Achseln zucken und diese Gefühle nicht verstehen.

Ich laufe über den großen, fast menschenleeren Platz vor dem Bahnhof, auf dessen Halle ein M für »McDonald's« prangt, und überlege, was ich zurücktrage in die »Fabrik der Welt«, nach China, wo es hergestellt wurde: die Sandalen, die Jacke, den Rucksack, die Umhängetasche, das Smartphone. Die Mütze, den Schal, drei Unterhosen, zwei T-Shirts, einen der beiden Pullover aus Fleece. Vielleicht die Nagelschere? Möglicherweise die Feile. Mit großer Sicherheit das Notizbuch, den Kopfhörer, den externen Akku und, aus der Handvoll Schreibgeräte, hineingeworfen in den Rucksack, in das obere Fach, mindestens einen Stift.

Es sind 1600 Kilometer Zug, bis ich die Hauptstadt der Region Zhejiang, Hangzhou, erreiche. Auf der zweitägigen Fahrt sehe ich mehr Hochhäuser und Fabriken als in allen 41 Jahren meines bisherigen Lebens zusammen. Während die Lautsprecher der Smartphones und iPads der um mich Sitzenden das Großraumabteil mit Filmen, Spielen, Musik und Telefonaten beschallen, im Bildschirm über den Köpfen mit pädagogisch wertvollen Comics lautstark zur Ruhe gemahnt wird und die Lautsprecherdurchsagen sehr häufig die nächste Station und das Verbot des Rauchens verkünden, blicke ich aus dem Fenster und betrachte die Straßen, auf denen Flugzeuge starten oder landen könnten – sechsspurig, achtspurig, zehnspurig breit –, und die Hochstraßen und die Autobahnauffahrten, die sich im Bau befinden und abbrechen in der Luft, Betonsprungbretter und geschwungene Kurven, die in den Himmel ragen. Ich sehe Flüsse, die einbetoniert, Landschaften, die aufgerissen, Berge, die mit Strommasten vollgestellt sind, und bis zum Horizont Gewächshäuser und Plastikplanen oder Neubauten und Altbauten-Kästen und Altnachgebaut-Bauten, und denke: Dort, wo kein einziger Strommast und kein Baukran steht, mache ich ein Foto und dort, wo es richtig schön ist, steige ich aus. Ich fahre zwei Tage lang Zug. Ich mache kein Foto, ich steige nicht aus.

Dongyang | Tongli

In Hangzhou nehme ich ein Taxi zum Busbahnhof. Ich will in die Stadt Dongyang, aus der meine Jacke kommt, 200 Kilometer entfernt. Vier Busbahnhöfe gäbe es, zeigt mir der Fahrer mit seinen Fingern an, und ich schreibe ihm die Schriftzeichen für Dongyang, die ich mir gut eingeprägt habe, auf: eine Vier mit einem Querbalken oben und zwei seitlichen Strahlen unten – das Zeichen für Osten – und ein ß und ein Schrank aus zwei Quadern auf zwei Füßen – das Zeichen für die Sonne. Der Fahrer nickt und fährt los, und ich weiß nicht, von welchem der Busbahnhöfe ich weiterfuhr, ich weiß nur, dass ich eingeschüchtert im Rücksitz des Taxis saß, da diese Stadt riesig ist, acht Millionen Menschen zählt, die durch eine imposante Kulisse moderner Glas-Stahl-Bauten laufen, und dass wir an Ampeln mit Sekundenanzeigern standen, im Stop-and-go, und große Banner am Bahnhof, unter den Hochstraßen und an öffentlichen Gebäuden angebracht waren, die für Gastfreundschaft für den G20-Gipfel, der vor ein paar Wochen hier stattfand, warben. Der Zugbahnhof von Hangzhou war so groß wie eine Flughafenhalle, der Busbahnhof, den ich betrete, ist dagegen klein. Die Zeichen des digitalen Abfahrtsplans leuchten rot über die gesamte Fläche der gegenüberliegenden Wand, es müssen Hunderte von Bussen täglich vom Parkplatz hinter dem Gebäude rollen, und ich suche akribisch nach der durchgestrichenen Vier und den Quadern auf den zwei Füßen, ich finde sie nicht. Dongyang ist keine Endstation, weiß ich später, Dongyang ist eine Kleinstadt, eine Zwischenstation auf dem Weg nach Jinhua, wenn der Bus einen Umweg fährt, nur dann. Ich sehe mich hilfesuchend um, halte meinen Zettel mehreren Menschen entgegen, werde zu einem Bus gelotst, steige ein. Nach zwei Stunden Fahrt, eine Stunde davon auf einer Autobahn, die es so auch in Deutschland geben könnte, überquert der Bus ein Mittelgebirge, das an seinem höchsten Punkt den Blick in die Weite des Tales freigibt: Häuser, so weit man sehen kann, hohe Häuser vor allem und Stadtviertel, deren Wohnblocks sich ähneln, die sich wie geklont auf der anderen Seite einer Straße oder eines Parks – akkurat angelegt – fortsetzen. Der Bus fährt hinein in das Meer der Stadtgebäude, und ein Lkw, beladen mit einem Container, fährt an uns vorbei. Die Lettern, weiß auf rotem Grund, verraten den Firmennamen und die Destination: Hamburg Süd. Beinahe stoße ich meine Sitznachbarin an und rufe aus: Sieh mal, da komme ich her! Beinahe winke ich ihm zu, dem Container, den ich in Bremen häufig von meinem Schreibtisch aus sehe, da mein Arbeitszimmer an den Gleisen liegt, die nach Hamburg führen. Ich denke: Da fahren sie hin, die Kleidungsstücke, die ich trage, die Elektronikteile meines Computers und das Plastik des Drehknopfes der Heizung des Raumes, in dem ich schreibe, der 120 Kilometer entfernt von Hamburgs Süden liegt und 12 517 Kilometer von hier, dem Produktionsort – erst Straße, dann Seeweg, dann Gleis. Wir halten an einer Bushaltestelle, ich frage, ob dies der Hauptausstieg für Dongyang sei und eile, meine Jacke anziehend, die Treppen des Reisebusses hinunter, zerre meinen Rucksack aus dem Gepäck. Niemand steigt mit mir aus, der Bus fährt wieder an. Ein Taxifahrer zeigt einladend auf seinen Wagen.

Der Fahrer hält vor einer Ansammlung Hochhäuser. Meine Gastgeberin des Internet-Zimmer-Portals ist nicht da. Die Zahlen in der chinesischen Adresse kann ich lesen: 111, 2 und 25. Aus ihnen schließe ich, dass es das zweite Hochhaus ist und die Wohnung im 25. Stock. Die uniformierten Pförtner lassen mich passieren und sehen mir nach. Ich nehme den Fahrstuhl mit der Kamera oben links. Die Box neben der Wohnungstür könne ich mit dem Zahlencode öffnen, textet Ziyi, die Gastgeberin, doch erst taste ich mich durch den Flur, der dunkel bleibt, ich fluche. In der Box ist der Schlüssel. Ich stoße die Tür auf und rufe, ni hao? – Hallo? Niemand da. Fassungslos blicke ich vom Balkon auf die sich darbietende Aussicht: Häuser, Blocks und Wolkenkratzer, Wolkenkratzer, Blocks und Häuser. Am Horizont die Silhouette der Berge. Eine Kleinstadt sei Dongyang, hatte es in einem der Telefonate im Vorfeld geheißen, und ich begreife: Für China ist das so. Eine Kleinstadt ist eine Stadt unter einer Million Menschen, Dongyang hat 800 000. Ziyi kommt mit einem weißen Mercedes-Schiff angefahren und zeigt mir die Produkte, die sie vertreibt, die auch in der Wohnung ausliegen, ihr Business: Einzeln eingeschweißte Monatsbinden in einer Verpackung, die eine Comic-Katze mit großen Augen ziert. Sie wartet einen Moment, ob ich sage, dass ich sie kaufen möchte, ich möchte sie aber nicht kaufen. Wir fahren zu einer Freundin. Ziyi lenkt den Wagen sehr langsam durch die Stadt. Sie vergisst manchmal, in ihrer Spur zu bleiben oder zu blinken oder an einer roten Ampel zu halten, das aber ist nicht schlimm, der Verkehr ist entspannt: Gelassen wird betrachtet, was die anderen tun, ab und zu wird gehupt, niemand schimpft, niemand regt sich auf. An einer Stelle passieren wir den großen Fluss. Ziyi sagt, der ist wirklich sehr schön. Als ich ein Kind war, war das anders, da waren die Ufer aus Müll. Die Freundin wohnt in einem Hochhaus an einer schnurgeraden befahrenen Straße und sie hat vor ein paar Tagen ein Kind geboren. Die Mütter des Paares sind da, sie schieben uns in das Zimmer, auf dessen Bett das winzige Baby liegt. Dann wird gemeinsam gegessen und zugeschaut, wie der Besuch mit den Stäbchen isst. Die laxen Tischmanieren kommen mir für diese Prüfung entgegen und die runde Platte in der Mitte wird munter gedreht, Gemüse, Fleisch und Reis fahren praktischerweise sehr nah an meinem Schälchen vorbei. Dongyang ist berühmt für seine Holzmöbel – schwer, gepolstert, kunstvoll geschnitzt –, die in jedem Zimmer der Wohnung herumstehen und mich erst glauben lassen, die Wohnung gehöre den Großeltern und nicht dem jungen Paar. Vier Monate wird die Freundin für das Baby ihre Arbeit aussetzen, dann wird die ältere Generation

übernehmen. Überall in China sieht man alte Menschen mit sehr
kleinen Kindern, und wenn die Großeltern auf dem Lande leben,
sehen sich Eltern und Kind nur zweimal im Jahr: Anfang Oktober,
zum Nationalfeiertag, und im Januar oder Februar zum Mond-
kalender-Neujahr. Ziyi verschwindet mit der Freundin im Zimmer
und eine der Großmütter klopft neben sich auf das Polstersofa
unter dem Hochzeitsbild vor dem Fernseher. Ich setze mich und
sie zeigt mir, was sie gelernt hat, was mir bereits als beliebte Tätig-
keit in diesem Land auffiel: das Machen von Selfies. Sie hebt das
Smartphone hoch, blickt sehr ernst in die Kamera und ich tue es
ihr gleich. Sie kann nicht genug davon kriegen. Der Abend vergeht
auf dem Sofa mit chinesischen Soaps, unterbrochen von konzentriert würdigem Dreinblicken. Unser Abschied später ist herzlich.
Auf der Rückfahrt sagt Ziyi, dolmetschen gehe nur morgen, dann
flöge sie nach Bali, für ihre Hochzeitsbilder. Für die Bilder?, frage
ich. Ja, sagt sie, für die Bilder.

Am Morgen ist es regnerisch-grau. Ich trinke Kaffee aus einem
Pappbecher auf der Sofa-Landschaft des Wohnzimmers mit Blick
auf das Häusermeer. Die Gipfel der Berge sind wolkenverhangen
und irgendwo ganz rechts liegt Tongli, die Firma, aus der meine
Jacke kommt, 5,2 Kilometer entfernt. Ich bin aufgeregt. Zwischen
meiner ersten Anfrage an die Jackenmarke und heute liegen
696 Tage, ein Brief, 36 E-Mails, drei Telefonate und eine Reisean-
drohung nach Stockholm. Ein Stipendiumsantrag. Drei Monate
Reisevorbereitung mit Vernetzungsanfragen, Kontaktaufnahmen,
Reiseplanentwürfen, Unterkunftssuche, Lektüre, Chinesischvoka-
beln, Visumsantrag, Dolmetscherauftreiben, Impfungen und
Packen, mit Jahresurlaubsklärungen und Teamabsprachen und
täglichem Werbemails Löschen, da ich Tongli über ein Bestellpor-
tal anschrieb und nun bei den Herstellern kaufen soll – Buy more,
save more! Check out and place your order right now!

Die Zengshan Straße, Zeng Shan Lu, ist breit und führt parallel an der Kette der sich steil erhebenden Berge entlang. Links und rechts reihen sich die Firmen aneinander, sie werden videoüberwacht, so wie wir, wie ein Schild beim Abbiegen ankündigt. Tongli liegt am Ende der Straße. Ein Gelände mit schicken Bauten, einem zur Seite gleitenden Tor und dem Firmenzeichen, angebracht auf einer Mauer: Zwei rote stilisierte Hände, die ineinandergreifen. Unter dem Namen sind vier chinesische Zeichen und die englische Übersetzung zu lesen: Safety, Harmony, Openness, Fairness. Der Pförtner hat sichtlich Freude an unserem Besuch. Dass ich aus Deutschland, dé guó, käme, 10 000 Kilometer entfernt, dass diese Jacke hier hergestellt sei und dass ich jemanden sprechen möchte, dessen Arbeit darin enthalten ist. Er sieht mich ungläubig an und greift zum Telefon, er hört nicht mehr auf zu lächeln. Ein Manager eilt herbei, schlägt sich lachend mit der Hand auf den Oberschenkel, zündet sich kopfschüttelnd eine Zigarette an. Eine Managerin eilt herbei, sehr ernst, sie verzieht keine Miene. Ob ich Papiere hätte? Papiere? Ich wühle in der Tasche und reiche ihr das Empfehlungsschreiben des Generalkonsuls, das auf Deutsch und Chinesisch eine »hervorragende Schriftstellerin« ankündigt. Unwirsch reicht sie mir das Schriftstück zurück. Andere Papiere. Andere? Habe ich nicht. Aber die Jacke habe ich an, 10 000 Kilometer zurückgelegt, viele Kleider, Made in China, in meinem Kleiderschrank, und den Entschluss, loszufahren und nachzusehen, wer dahintersteckt, hier bin ich! Sie sieht mich mit zusammengekniffenen Augen an. Nein, sie könne mich nicht hineinlassen, da könne ja jeder kommen. Kommt aber nicht, sage ich, und Ziyi hebt ihre Augenbrauen, ich sage schnell, übersetz das nicht. Ich wolle ja gar nicht hinein, ich wolle eine Näherin sprechen, etwas über ihr Leben hören. In Deutschland wisse man nichts über das Leben chinesischer Näherinnen, aber man trage wie selbstverständlich die Produkte ihrer Arbeit auf der Haut, ein Leben lang. Sie schüttelt energisch den

Kopf. Einverstanden, sage ich, Sie haben ja Recht. Wo käme man dahin, wenn alle aufbrechen würden und sich gegenseitig besuchten? Ich nicke gedankenverloren, der Pförtner steht lächelnd in seinem Häuschen, der Manager zieht hastig an der Zigarette. Die Managerin hat die Arme vor der Brust gekreuzt. Ich sage, kann ich Sie interviewen? Sie sieht mich durchdringend an. Nein? Schade. Dann danke für die hier verrichtete Arbeit, bitte geben Sie das weiter, diese Jacke trage ich sehr gern. Ihre Gesichtszüge scheinen sich zu entspannen, sie sagt, was wollen Sie denn wissen? Der Nieselregen ist stärker geworden, ich lasse das Notizbuch in meiner Tasche. Nichts Besonderes, sage ich schnell, wie sieht Ihr normaler Arbeitstag aus, wie lange sind Sie schon bei Tongli, was machen Sie in Ihrer Freizeit? Sie verschränkt die Hände vor ihrem Bauch wie eine Politikerin. Ich habe administrative Aufgaben, ich muss darauf achten, dass alles in Ordnung ist, draußen wie drinnen. Ich bin seit acht Jahren in dieser Firma, die Arbeitszeiten variieren. Wenn kein Terminstress ist, Montag bis Samstag bis 17.30 Uhr. An meinem freien Tag gehe ich mit meiner Tochter auf den Spielplatz, das sind Indoor-Spielanlagen für Kinder, manchmal gehen wir auch in den Park. Wie heißt Ihre Tochter?, frage ich, und sie lächelt verlegen, sie sagt, Keke. Sie zieht ihr Smartphone aus der Tasche und zeigt uns Bilder. In Peking. Mit internationalen Freunden. Auf der Chinesischen Mauer. Die Tochter ist vier. Auf allen Fotos springt sie durchs Bild und strahlt. Ich sage, wie verbringen Sie ihre Zeit miteinander, wenn Sie frei haben, in den Ferien? Wir sind bei der Familie, sagt sie, so wie an den freien Abenden im Alltag auch. Meine Mutter oder meine Schwiegermutter kochen, wir essen zusammen, fürs Kochen komme ich zu spät nach Haus. Und was haben Sie für Wünsche für die Zukunft? Sie schüttelt den Kopf. Ich will meine Tochter nicht mit Erwartungen überfrachten. Ich sage, nein, nicht Wünsche für Ihre Tochter, Wünsche für Sie. Für mich? Sie sieht mich erschrocken an. Das weiß ich nicht, und nun muss ich weiterarbeiten. Selbstverständlich, sage ich, eine Frage noch: Möchten Sie etwas der deutschen Leserschaft mitteilen? Ja. Sie nimmt wieder Haltung an. Diese Jacke wurde in einer guten Umgebung hergestellt und ich hoffe, alle haben Freude daran. Ich nicke. Sie hebt noch einmal an, jetzt weiß ich es, ich würde gerne verreisen, am liebsten nach Australien. Australien? Warum? Da wohnt eine Freundin von mir. Ich sage, ach so. Sie reicht mir zum Abschied die Hand. Ihren Namen? Ein Foto? Nein, das ginge nicht, alles Gute. Sie dreht sich um und geht über den Hof. Der Manager eilt hinterher. Der Pförtner lächelt, als wir das Gelände verlassen. Er hebt winkend die Hand.

Wie fandest du das, frage ich Ziyi, als wir im Auto sitzen. Naja, sagt sie, nicht viel, aber etwas, oder? Sie sieht mir beim Aufschreiben der Notizen zu, sagt, weißt du, deine Fragen ... Die meisten Chinesen wissen nicht, was ihre Wünsche sind. Sie machen Geld. Das ist das Wichtigste zurzeit. Geld für sich und für die Familie. Sie tun alles dafür, sie vergessen ihre Träume von früher. Hast du Träume?, frage ich. Ja, wir Jungen, wir haben Träume. Ich möchte um die Welt reisen. Und ich hätte gerne ein Hotel, ein Reisehotel mit spannenden Gästen. Und wenn ich alt bin, hätte ich gerne eine Geschichte, die ich meinen Enkeln erzählen kann: meine eigene Geschichte. Sie lässt nachdenklich den Wagen an. Dann wendet sie abrupt den Kopf. Was ist mit dem Foto für das Kapitel im Buch? Ich sage, keine Ahnung. Ich werde noch andere interviewen, irgendwo, irgendwie. Sie zieht den Zündschlüssel wieder heraus. Fotografiere mich! Das weiß doch niemand. Komm! Ziyi stellt sich vor dem Eingang auf, Harmony, Openness, Fairness, wir laufen durch den Regen zurück zum Wagen. Ich frage, wie nennen wir dich für das Kapitel? Sie prustet los und nimmt das Notizbuch von meinem Schoß. Sie schreibt: Zhang Fang Ke.

Die Freundin des Bruders von Ziyi, Guiping, trägt Plateauschuhe und Baseballkappe und empfängt uns in der Garage. Ein Mercedes

steht vor dem Plakat des winkenden chinesischen Staatspräsiden-
ten Xi Jinping – ein Globus, ein Flugzeug, Soldaten und das Hän-
deschütteln mit Putin sind ebenso abgebildet. Wir essen regionale
Köstlichkeiten neben dem schwarzen GLK 300 – Geländewagen
Luxus Kompaktklasse –, von dem 540 089 Stück bis Juni 2015 in
Bremen und in Peking gefertigt wurden. Würde Guiping ein ähnliches Buchprojekt verfolgen und die Menschen besuchen wollen,
die ihre Gebrauchsgegenstände herstellten, würde sie – falls sie
ein Visum bekäme, was für eine junge, unverheiratete Chinesin
eine halbe Unmöglichkeit darstellt – in die Stadt fahren, in der ich
wohne, und einen Arbeiter von Mercedes treffen. Was würde sie
ihn fragen? Was würde sie über Bremen schreiben? Das Essen, das
ihre Mutter gekocht hat, schmeckt vorzüglich. Das Garagentor steht
weit offen, der Verkehr fährt vorbei, laut und nah. Die Temperatur
ist über Nacht gefallen, wir frieren. Guiping arbeitet für eine große
chinesische Textilfirma, die mit sechs verschiedenen Marken den
heimischen Markt bedient. 1997 hat die Firma mit vier Nähmaschinen begonnen, heute arbeiten 4500 Menschen in der von Guiping
betreuten Fabrik in Hangzhou und es gibt 2000 Läden im ganzen
Land. Sie sagt, von dieser Art Firmen gebe es viele. Ihre Aufgabe ist
es, neue Arbeiterinnen anzuwerben und einzustellen, die meisten
kommen vom Land, ziehen von Fabrik zu Fabrik und werden Wanderarbeiterinnen genannt. Sie erhalten Kost und Logis, wohnen auf
dem Fabrikgelände und arbeiten sechs Tage die Woche mindestens
zwölf Stunden am Tag. Ein harter Job, sagt sie, ich könnte das nicht,
der Akkord, die Eintönigkeit, die Geschicklichkeit. Vor zehn Jahren
verdienten die Näherinnen 200 Euro, heute seien es 480 bis 680, je
nach Überstunden und Geschwindigkeit. Das ist richtig viel, sagt
sie, das ist so viel, als würden sie für den internationalen Markt produzieren. Nur wenn sie Kinder haben, werde es knapp. Die meisten
kämen mit 19 in die Stadt und blieben zehn Jahre. Mit 30 gehen sie
zurück aufs Land, machen ein kleines Business auf, gründen eine

Familie. In der Stadt leben sie weit weg von familiärer Kontrolle und ihr Mitspracherecht in der Familie steigt, sobald sie das erste Geld nach Hause bringen. Sie verdienen viel mehr als die Eltern. Es ist, gerade für Frauen, eine Möglichkeit aufzusteigen. Was hat sich in den letzten Jahren für die Näherinnen verändert? Früher waren die Fabriken klein, sagt Guiping, es war sehr heiß im Sommer, heute sind sie groß und haben Klimaanlagen. Früher gab es nicht viele Möglichkeiten, heute ist die Konkurrenz gewachsen. Die jungen Leute haben keine Lust mehr auf die Härte der Textilarbeit, sie gehen in andere Branchen. Es ist schwierig, Nachwuchs zu finden. Der Lebensstandard ist gestiegen, die Kosten sind gestiegen, viele Firmen schließen. Internationale, aber auch nationale Marken gehen nach Indien, Thailand oder Pakistan. Man kann nicht immer die Massenproduktion für andere Länder machen, die High-Quality-Produktion wird in China bleiben, die Low-Quality ins Ausland gehen, das ist der Lauf der Welt. Ich sage, dann ist in den letzten Jahren für die Näherinnen alles besser geworden? Der Lohn ist gestiegen, sagt Guiping, die täglichen zwölf Stunden Arbeit und mehr sind geblieben. Und die Geschwindigkeit. Sie werden pro Stück bezahlt. Wenn sie schnell sind, verdienen sie mehr Geld. Der kleine Sohn von Guiping kommt die Treppe hinunter und springt auf ihren Schoß, sein Spitzname ist Dingding. So, genug der Fragerei, sage ich, möchtest du den deutschen Leserinnen und Lesern noch etwas mitteilen? Ja! Sie lacht. Shoppt mehr! Dann verdienen die Arbeiter mehr! Sie arbeiten gerne, so verdienen sie Geld. Dingding rennt durch die Garage und zeigt mir das Oldtimer-Motorrad, das im Schatten des schwarzen Bremen-Peking-Produktes steht. Was sind deine Wünsche für die Zukunft, frage ich Guiping, als sie sich mit Ziyi und Dingding zum Foto vor dem Motorrad aufstellt. Sie zögert nicht. Eine Familie, ein Haus und Freude. Genug Geld, um meinen Eltern alles zu kaufen. Und natürlich auch meiner Schwägerin. Sie lächelt und drückt Dingding an sich. Ein Seitenblick fällt auf Ziyi.

Ziyi reist ab nach Bali und in der Wohnung im 25. Stock ziehen vier chinesische Touristen in die anderen Zimmer ein. Am ersten Abend nehmen sie den Schlüssel aus der Box an der Wohnungstür mit und ich komme nicht mehr hinein. Ich treibe mich auf dem Nachtmarkt rum, eine Einkaufsstraße, geöffnete Läden und gut hundert Stände an den Straßenrändern, grell beleuchtet, Musik beschallt. Mit Flüstertüten, die die Lautsprecher übertönen, rufen die Standbesitzer ihre Sonderangebote aus, während sich Autos in dem Gewimmel den Weg frei hupen und die Läden bei ihrem Kampf um Aufmerksamkeit ganze Musikanlagen auf den Gehweg getragen haben. Nach einer Stunde akzeptiere ich, was ich seit meinem ersten Supermarktbesuch in China ahne: Mein Nervenkostüm reicht für dieses Land nicht aus. Ich gehe heim. Ich komme am Hauptplatz des Ortes vorbei, auf dem zwei Gruppen von älteren Menschen zu ihrer jeweils eigenen Musik die Arme nach oben werfen und die Beine ausschwenken, sie turnen. An den Längsseiten sitzen viele, schauen zu oder reden, dazwischen fahren kleine Kinder auf ferngesteuerten Polizei- oder Feuerwehrautos mit lauten Sirenen, und am Kopfende des Platzes tanzen Paare zu chinesischer Popmusik. Ich muss lachen, es ist irrsinnig laut. In der Mitte des Platzes steht eine Luftballonverkäuferin bewegungslos zwischen allen Musikfronten, die bunten Ballons schweben wie eine Wolke gemächlich über ihrem Kopf.

Für die weiteren Stadterkundungen miete ich mir ein Fahrrad. Fast niemand fährt in China mehr Rad. Es gibt schwere Autos auf den Straßen – auffallend viele der Pkws sind weiß –, es gibt Elektro-Vespas und Elektro-Räder, die – vor allem abends, da oft ohne Licht – immer plötzlich auftauchen und sehr schnell vorbeisirren, es gibt einige leichte Motorräder, es gibt Taxis und Busse und das war es. Meine Vorstellung von China vor der Reise war das Straßenbild Chinas von vor 20 Jahren: Fußgängerinnen und Fahrradfahrer, die die Straßen verstopfen, lebendiges

Gehwegleben. »There are nine million bicycles in Bejing«, heißt eine Popschnulze aus dem Jahr 2005. Pustekuchen, das ist vorbei, in Dongyang sehe ich täglich sechs oder sieben. Es sind öffentliche Räder, die an über 20 Ausleihstationen in der Stadt verteilt stehen, die mit einem WeChat Account, die chinesische Variante von WhatsApp, bezahlt werden, man scannt den Strichcode auf dem Fahrrad ein. In China nicht online zu sein macht Probleme. Zumindest, wenn man in Kontakt gehen, ein Rad mieten, sich in einer Stadt orientieren oder bargeldlos zahlen muss oder will – bald wird jeder Schritt in China nicht nur video-, sondern auch digital überwacht sein. Eine Frau überlässt mir ihre Fahrradleihchipkarte, als ich ratlos vor der Radstation stehe. Ich ziehe eins der Stadträder aus seiner Verankerung und frage mich, wo sie nun sind, die ehemals neun Millionen »Fliegenden Tauben« in Bejing, die alten Klassiker, die am oberen Teil des Rahmens mit einem Doppelrohr ausgestattet waren, mit Rücktritt und einem einzigen Gang. Ich gebe mich mit dem gesichtslosen City-Rad zufrieden und fahre los. Die Stadt hat auch kleine Straßen, jede von einer anderen Baumart gesäumt. In der einen sind es Pomelo-Bäume mit schweren, gelben Früchten, die zwischen immergrünen schmalen Blättern hängen, in anderen ist es der Ahorn, der die Sonne als Lichtflecken durchlässt, die sich auf dem Asphalt tanzend bewegen. In kleinen Läden gibt es Obst und Gemüse, Sonnenbrillen, Nudelteigtaschen, Musikinstrumente und Eisenwaren. Es gibt Restaurants, Fastfoodketten, Imbisse, Kantinen und Snackbars. Essen ist wichtig in China und medial omnipräsent. Auf Bildschirmen in Bussen, Zügen, Bahnhöfen und Einkaufszentren wird Fleisch geschnitten, es werden Nudeln gerollt, Suppen gekocht, neue Gerichte probiert und bewertet, die Kameras schwenken immerzu über Köstlichkeiten und Teller, fein hergerichtet. Nicht einmal die Dönerproduktion – rohes Fleisch, von einem Container in den anderen gekippt – wird einem vorenthalten. Wie man in Deutschland den normierten Frauenkörpern der Werbung nicht entkommt, entkommt man in China nicht dem Anblick von Essen.

Der Fluss von Dongyang hat eine kilometerlange Promenade, sauber, schick, menschenleer, der ich folge, bis der Asphalt aufhört und das Revier der Angler beginnt, die auf aufgerissener, roter Erde auf den Fußsohlen hocken und ihre Angeln in das gestaute Flusswasser halten. Die Berge erreiche ich über eine sehr breite Straße. Ich schließe das Rad an einem Friedhof in Hanglage ab, Steinstufen führen durch die in den Berg gehauenen Gräberterrassen: Fotos von Verstorbenen auf schwarzen Platten aus Stein, abgebrannte Feuerwerkskörper, Reste von Räucherstäbchen. Hinter dem Friedhof windet sich ein Pfad hinauf, bis sich die Stadt unten im Dunst verliert und eine Aussichtsplattform das Ende des Weges markiert. Ein alter Mann trägt zwei Eimer Wasser an einer Stange über den Schultern zu neu angelegten Fundamenten, auf die er bald einen Pavillon setzen wird. Selbst hier wird gearbeitet, denke ich, als ich schwer atmend vom Aufstieg die Aussicht bestaune, an einem Sonntag, selbst hier wird ein neues Gebäude gebaut.

Einen Versuch mache ich noch. Die zweite Fabrik von Tongli liegt in einem Wohngebiet zwischen mehrstöckigen Häusern, glasverspiegelten Hotels und kleinen Läden. Ich fahre drei Kilometer bergauf, geradeaus, und biege am Westbusbahnhof ab, scharf links. Ein großes Tor und Menschen, die vor dem Gebäude auf dem Gehweg laufen, einzelne, die das Gelände betreten, zur Spätschicht vielleicht, es ist spät am Tag, es dämmert. Ich fahre direkt vor das Pförtnerhäuschen, die Bremse quietscht, ich steige ab. Ni hao – Hallo. Ich sage, dé guó, Deutschland, 10 000 Kilometer, zeige auf meine Jacke, dann auf den Betrieb. Die drei Menschen im Sicherheitspersonaloutfit sehen mich fassungslos an. Dé guó? Yes. Jacket? Yes. Mitarbeiter kommen hinzu oder werden gerufen, es werden immer mehr, ich verliere die Übersicht. Einer eilt herbei, der Englisch spricht, im Laufschritt zieht er sich eine Jacke über. Er ist sehr höflich, er übersetzt, eine Traube steht um uns herum. Welche Marke?, will der Oberpförtner wissen, und ein Nebenpförtner tritt heran und sieht auf mein Jackenschild. Alle nicken, ja ja, für diese Marke wird hier produziert. Ob ich Papiere habe? Leider nein. Alle reden durcheinander, es geht hin und her, dann ist es still. Der Übersetzer räuspert sich. Die Firmenpolicy lasse keinen Firmenbesuch zu, es täte ihm sehr leid. Einige schauen betreten, andere streng. Ich sage, ich müsse gar nicht die Firma besuchen. Ob ich jemanden sprechen könne? Ein Interview, just talk. Der Übersetzer verkündet mein Anliegen, Köpfe werden zusammengesteckt, man berät sich. Dann ist klar: ohne Papiere, nein. Ich zucke mit den Achseln und bleibe für einen Moment ratlos stehen. Wieder gehen Sätze hin und her, man hat eine Idee. Ich möge zum Hauptsitz der Firma fahren, sie meinen die Zeng Shan Lu, in der ich mit Ziyi war. Ich nicke, und es scheint mir, als atme die Gruppe auf. Umständlich lasse ich mir erklären, wie ich dorthin gelange, obwohl ich es weiß. Ich danke und hebe grüßend die Hand, aber der Oberpförtner will noch etwas wissen. Ob ich in der Stadt wohnen würde, in welchem Hotel, seit wann und wie lange noch. Ich antworte ausweichend, es folgt beiderseitiges höfliches Grüßen. Enttäuscht rolle ich vom Firmengelände und denke, dass mein Abgang nach diesem Nein auf einem größeren Fahrrad sicherlich mehr Würde hätte, doch dann bringt mich das unscheinbare, grünweiße Knie-nah-am-Gesicht-City-rad so zügig zurück durch die Stadt, dass es die Gedanken verweht: Den Hügel hinunter, mit Wind im Haar, fahre ich amüsiert, froh.

Hongkong

Hongkong liegt am Südrand von China, an der Mündung des Perl-flusses am Südchinesischen Meer. Die Stadt besteht aus der Halb-insel Kowloon und – neben 250 kleinen – einigen großen bergigen

Inseln, von denen Hong Kong Island im Zentrum ist: Zwischen ihr und Kowloon liegt die Meeresenge Victoria Harbour, sie ist für ihre Skyline berühmt. Hongkong ist eines der am dichtesten besiedelten Gebiete der Welt mit Lebenshaltungskosten, die weltweit zu den höchsten zählen. Die Menschen leben in sehr kleinen Wohnungen in Wolkenkratzern oder in Zimmern in Wolkenkratzern oder in nur einem Teil eines Zimmers in einem Wolkenkratzer, das durch Gitter oder Holzwände von anderen Zimmerteilen abgetrennt ist. Die »cage people«, wie Letztere genannt werden, zahlen für ihren cage-Käfig 100 bis 150 Euro im Monat. Die Mieterin einer sehr kleinen Wohnung – nicht im Zentrum – zahlt 1750 Euro.

1841 lebten in Hongkong 7500 Menschen, 2015 waren es 7,3 Millionen. 1841 wurde die Hafenstadt von Großbritannien besetzt und zur Kolonie gemacht, von da an war sie für die Kolonisatoren Ausgangsort zur Eroberung chinesischer Märkte und für Festlandchinesen Zufluchtsort, für die jeweilige politische Opposition: Nach Gründung der Republik kamen 1912 die Monarchisten, nach der Niederschlagung der Arbeiteraufstände in Shanghai 1927 die Kommunisten und nach der Ausrufung der Volksrepublik China 1949 die Kuomintang und die Kapitalisten. In der Zwischenzeit war die Stadt von den Japanern besetzt, 1945 war sie zerstört und verarmt. Es folgten Jahrzehnte ökonomischen Booms, Hongkong stieg als Kolonie mit neoliberaler Wirtschaft zur Weltstadt auf. 1997 wurde die Stadt an China zurückgegeben. »Ein Land, zwei Systeme« heißt der Vertrag, in dem 50 Jahre Marktwirtschaft, bis 2047, und ein wenig Unabhängigkeit von China vereinbart wurden. Hongkong hat eine eigene Währung, den Hongkong-Dollar, eine eigene Flagge, weiße Blüte auf rotem Grund, eine Regelung, die visumfreies Einreisen für Bürgerinnen und Bürger reicher Länder ermöglicht, und eine Bevölkerung, die betont, dass Festland-Chinesen und Hongkong-Chinesen ganz unterschiedliche Menschen seien und dass China sich gefälligst aus Hongkonger Angelegenheiten heraushalten soll.

In Hongkong sieht und spricht mich niemand an. Nicht der Mann, der sich zu mir an den Restauranttisch setzt, nicht der Fahrer, der den Bus gelenkt hat, dem ich am Ziel eine Frage stelle, nicht einmal die Gastgeberin, mit der ich mir die abstellkammergroße Wohnung im 19. Stock eines Wolkenkratzers teile. Es gibt keine Menschen, die mich anbetteln, keine Straßenverkäufer, die auf sich aufmerksam machen, keine Bedienung, die lächelt, egal in welchem der Restaurants, ich befürchte nach drei Tagen Hongkong, für die Welt unsichtbar geworden zu sein. Ich laufe mit tausend anderen Menschen kilometerweit durch geleckte unterirdische Metrotunnel, in denen alle drei Minuten durchgesagt wird, dass man sich an der regelmäßig desinfiziert werdenden Rollbahn-Reling festhalten möge und dass man achtgeben soll, der Boden sei nass und damit vielleicht slippery. Die Tunnel spucken mich in Shopping-Malls aus, von denen es weit mehr in der Stadt gibt als Fahrräder oder Menschen, die nicht permanent auf ihr Smartphone schauen, und ich werde durch die Klimaanlagen der Einkaufstempel tiefgekühlt, draußen sind es Tag und Nacht 30 Grad. Ich laufe durch Schluchten von Hochhäusern und an Menschen vorbei, die aussehen wie aus dem Modekatalog, durch neonleuchtende Einkaufsstraßen mit gigantischer Markenwerbung und auf überirdisch gespannten Fußwegen und Fußgängerbrücken, die den mehrspurigen Verkehr unter sich lassen. Ich fahre die längste Außen-Rolltreppe der Welt einen ganzen Stadtteil hinauf und erklimme den höchsten Berg der Hong Kong Island mit Aussicht auf hunderte Wolkenkratzer, aber atme erst auf, als ich den Hafen von Victoria Harbour erreiche, den Ort der Abfahrt der alten Star-Ferry von 1950, die mich durch die Meeresenge auf die andere Uferseite fährt, mich Wasser, Wellen und Wind aussetzt, und mich damit wieder zum Leben erweckt.

Die Begegnung mit Ruby ist meine Ausnahme in dieser Zeit. Ruby zieht mich von dem Busfahrer weg, der nicht antworten will, sie sagt, ich möge sein Verhalten nicht persönlich nehmen, die Umgangsformen hier seien rau. Ruby ist eine von 300 000 Hausangestellten in Hongkong, junge Frauen aus Indonesien oder von den Philippinen. Sie ist vor elf Jahren hierhergekommen, sie sagt, von tausend Arbeitgebern ist einer gut, die anderen behandeln dich wie Sklaven, sie schlagen dich auch, they simply don't care about you. Ruby hat nun einen guten Arbeitgeber, 750 Euro Gehalt statt die 500 Euro Mindestlohn, plus Fahrtkosten und einen eigenen Raum. Sie würden miteinander reden können, sich sogar erzählen, wie es ihnen geht. Sonntags gehe sie in die Kirche und dann bei einem Freund des Arbeitgebers putzen für den besten Stundenlohn, den es je gab: 9 Euro und 80 Cent. Ruby hat einen Mann und eine 13-jährige Tochter, die auf den Philippinen leben. Jeder Abschied sei hart, sagt sie betrübt, das schaffe sie nur, weil sie wisse, wofür: für eine gute Ausbildung ihrer Tochter. Sie zeigt mir Bilder: ein fröhlicher Mann, eine lachende Jugendliche, eine Holzveranda, grüner Garten. Im Victoria Park, sage ich, waren Sonntag Hunderte von Frauen, sie hatten Decken ausgebreitet, auf denen sie saßen, kochten, aßen, schliefen, sich unterhielten. Hausangestellte, sagt Ruby, das waren die Indonesierinnen. Sie sind im Stadtteil mit dem Park, die Philippinas sind in Central. Wer bestimmt das denn?, frage ich und sie winkt ab, das stamme noch aus den Zeiten der Kolonie. Und im Park? War das ein Fest? Nein, sonntags ist frei. Wir treffen uns und pausieren. In den Häusern, in denen wir arbeiten, ist dafür kein Raum.

Was tust du in Hongkong, fragt Ruby und ich erzähle es ihr. Du bist verrückt, sagt sie, es gibt Millionen von Kleidungsstücken. Ich zucke mit den Achseln. Und welches führt dich hierher? Die Jacke. In Hongkong arbeitet eine Frau, die vor zehn Jahren für meine Jackenfirma tätig war.

Diana Vo | Vibrant Mint

Auf der deutschsprachigen Internetseite »Schanghai.com« schreibt
am 16. November 2005 »Diana81« unter der Rubrik »Stammtisch«,
dass sie aus Deutschland käme, seit Juni des Jahres in Dongyang für
eine Textilproduktion tätig sei und Lust auf Ausflüge am Wochenende habe. Am 5. Dezember 2005 antwortet ihr »Laufmasche«, die
in Hangzhou für einen Textilmaschinenhersteller arbeitet, dass sie
das für eine gute Idee halte. Zehn Jahre später sucht eine Autorin im
Internet, das nichts vergisst, nach »Dongyang« und »Textilproduktion« und hat den Eindruck, mit dem Chat von »Laufmasche« und
»Diana81« eine ehemalige Mitarbeiterin der Firma Tongli gefunden
zu haben. Die Stationen des Lebenslaufes von »Diana81«, auch im
Netz auffindbar, bestätigen dies. Die Marken, für die sie – erst als
Verkäuferin, dann als Managerin – tätig war, heißen: Peek & Clop-
penburg – Windsor – Marubeni – Tongli – Tchibo – Vibrant
Mint. In Städten ausgedrückt, liest sich dieser Berufsweg so: Hamburg – Bielefeld – Hamburg – Dongyang – Bangkok – Hongkong.

Ich treffe Diana Vo in einer alten Fabriketage, die man in einem
Lastenaufzug erreicht. Junge Menschen, die am Anfang ihrer Selb-
ständigkeit stehen, arbeiten an gemieteten Schreibtischen oder in
Einzelbüros. Der Boden besteht aus Beton, die Tische aus hellem
Holz, die Wände aus Glas. Es gibt Kaffeeautomaten und Wasser-
spender, ein Raucherzimmer mit sperrangelweit offenen Fenstern
und am Eingang eine mit einem Holztresen versehene Rezeption.
Diana Vo hat ein Büro und zwei Kolleginnen, und hinter ihrem
Schreibtisch hängen Kleidungsstücke an fahrbaren Kleiderstan-
gen, die die aktuelle Kollektion ihrer eigenen Marke sind: Vibrant
Mint – Sportbekleidung und Bademode. Wir gehen zum Reden ins
Raucherzimmer, es ist sehr warm, wir setzen uns an einen Tisch.
Diana Vo ist jung und hat bereits als Textilmanagerin Karriere
gemacht, nun hat sie den Schritt in die Selbständigkeit gewagt. Sie

ist von meinen Fragen überrascht, nachdenklich, bevor sie antwortet, bedächtig, wenn sie spricht. Dongyang, sagt sie, ist lange her, das war eine harte Zeit. Nach dem Studium in Hamburg, Textilmanagement, kam die Anfrage, eine Produktion in China zu koordinieren. Spontan-naiv, wie sie es nennt, sagte sie: Ja. Der Anfang war ein Schock, alles war anders. Niemand konnte Englisch und sie kein Mandarin, aber alle dachten, dass sie es könne, wegen ihres Aussehens, ihre Eltern stammen aus Vietnam. Es gab zum Waschen kaltes Wasser und zum Trinken heißes, es gab keine Heizung, kein Brot, keine Pasta, in der ganzen Stadt nur drei oder vier Ausländer, kein Skype und kein Facebook, nur E-Mails. Das erste halbe Jahr war sie schrecklich allein. Beruflich war es das Beste, was ihr passieren konnte, betont sie, Textil von der Pike auf zu lernen, empfehle sie jedem, der in diesem Bereich tätig sein möchte. Erst die Produktion verstehen, alle Abläufe, alle Geheimnisse, dann für einen Endkunden arbeiten. So lerne man, was Qualität bedeute, und ebenso, keine Dummheiten zu verlangen. Sie meint Einkäufer, die aus Deutschland anrufen: Ich brauche dies und das Muster in zwei bis drei Tagen. Hallo?, sagt sie und rollt die Augen, man muss doch erst die Zutaten dafür besorgen! Tongli hatte damals 500 Mitarbeiterinnen und Mitarbeiter, heute seien es ein paar Tausend. Sechs Tage Arbeit die Woche waren normal, in der Hochsaison waren es sieben. Da mussten alle mit anpacken, zwei Mal im Jahr, wenn die Ware verschifft wurde. Ihre Aufgabe war die Koordination zwischen dem deutschen Importeur und der Produktion. Sie sagt: Die Zeit rennt immer. Das zeitlich hinzubekommen, dass die Menge stimmt, das Material da ist und der Standard der Kunden eingehalten wird, ist eine Herausforderung, man kann so viel falsch machen. Die Farbe, die Größe, die Menge, aber auch bei den Preisschildern und selbst beim Einpacken, beim Falten der gewünschten Kartons. Wenn etwas schiefgelaufen war, war es ihr Job, den Fehler in der Kette zu finden, eine Detektivarbeit. Aus den anfangs vereinbarten sechs Monaten wurden zwei Jahre. In denen, sagt sie, habe ich viel gearbeitet, viel geschlafen und viel gefeiert. Feiern können die Chinesen auch: Essen, Trinken, Karaoke. Und die Bedingungen in der Produktion?, frage ich. Wie waren die? In Deutschland gebe es mitunter Kritik an ihnen. Kritik?, sagt sie, ich lebe nicht mehr in Deutschland, das bekomme ich gar nicht mit. Sie überlegt. Ja, ab und zu musste ich schon mal weggucken. Warum? Sie lehnt sich zurück. Die Farben waren manchmal nicht so, wie sie sein sollten, das ging schon mal kräftig daneben. Ich sage, nein, das meine ich nicht. Ich meine die Arbeitsbedingungen in der Fabrik. Arbeitsbedingungen? Sie meinen: China gleich billig? Eine schlechte Billigproduktion? Das ist Quatsch. Da steht High-Tech herum, da ist es moderner als in Hamburg und London. Ich sage, okay. Und die Arbeitsbedingungen der Näherinnen? Ach so. Na ja. Gut bezahlt wurden sie nicht, es reichte zum Überleben. Es wurden Schlafgelegenheiten gestellt. Sie haben auf dem Gelände gewohnt, vier bis sechs in einem Raum mit einer Gemeinschaftsdusche. Sie kamen vom Land. Abends waren sie so kaputt, dass sie schnurstracks schlafen gingen. Am freien Tag bummelten sie durch die Stadt. Es ist ein schwieriger Job, jeder macht nur einen Griff. Es ist Routine, es ist langweilig. Die Maschinen sind laut und man bekommt Rückenschmerzen. Ich habe großen Respekt vor diesen Jobs. Egal. An der Nähmaschine, am Gabelstapler, auf den Baustellen. Eigentlich vor allen Berufen. Ärzten, Anwälten oder in der Pflege. Was Menschen alles leisten, nicht nur in der Textilindustrie. Ich sage, meine ursprüngliche Jacke war von 2005. Sie nickt. Sie können mir ein Foto schicken, ich kenne sie alle. Alle Jacken? Alle, die ich mitproduziert habe. Einige tausend. Wirklich. Ich kenne jede. Die Farbe, die Form, welches Problem es gab, was gut gelang. Ich habe ein gutes Gedächtnis. Ich erkenne sie auch, wenn ich Menschen sehe, die etwas tragen, was ich auf den Weg gebracht habe. Das ist ein schönes Gefühl. Die Skijacke in Österreich, die

Kindersocken auf dem Spielplatz in Hamburg, die Alltagsjacke im
Flughafen Frankfurt. Selber ziehe ich die Stücke nie wieder an.
Was ich hergestellt habe, kann ich nicht tragen, ich war so lange
damit befasst, dass es mir reicht. Haben die Näherinnen auch so
ein Erlebnis der Anerkennung? Diana Vo blickt auf die Uhr. Am
Fenster steht ihre Kollegin, die raucht und kurz zu uns rüberschaut.
Die Näherinnen, sagt Frau Vo, haben diese Erfahrung nicht. Es ist
ihnen egal, was sie zusammennähen. Sie wissen nicht, für welchen
Kunden sie nähen, ob es ein Hugo-Boss-Hemd oder das Hemd
einer hoch preisaggressiven Marke ist. Sie haben so viele Mengen
zu bewältigen, sie nähen vom Gesamtprodukt nur einen sehr kleinen Teil. Sie blickt erneut auf ihr Handy. Ich frage, gibt es noch
etwas, was Sie den Menschen, die das Buch lesen, sagen möchten?
Sie überlegt, ja. You get what you pay for. Kaufen Sie bewusst! Kaufen Sie Qualität! Erwarten Sie keinen Mercedes, wenn Sie einen
Golf bezahlen. Kaufen Sie lieber weniger und dafür gut! »Geiz ist
geil«, so ein Spruch, der tut weh. Entlasten Sie die Näherinnen,
indem Sie teurere Kleidung kaufen! Ich hake ein, je teurer, desto
besser? Sind es nicht häufig dieselben Betriebe? Gute Frage, sagt
sie, ja, das stimmt. Ich würde ja auch nicht sagen, dass Aldi und
Tchibo schlecht seien. Es gibt Social Audits und, wie heißt das noch
mal, Social Responsibility. Die Leute sollen überhaupt mehr einkaufen, nicht nur im Schlussverkauf, sie geben zu wenig Geld aus.
Wie wäre es mit: In jeder Saison einen neuen Bikini? Von Vibrant
Mint, füge ich hinzu. Genau, sagt sie. Unsere Bikinis haben die besten Prints und sind aus gutem Material. Unsere Ware ist ehrliche
Ware. Ich sage, sie sollen bewusst und mehr kaufen? Ist das nicht
ein Widerspruch? Weiß nicht, sagt sie, mehr Qualität halt. Ich nicke
und notiere, eine letzte Frage, sage ich, haben Sie Wünsche für Ihre
Zukunft? Sie denkt nach. Klar. Dass das klappt mit der Selbständig-
keit. Dass viele Leute unsere Mode tragen. Und dass ich eine gute
Balance zwischen Arbeit und Freizeit finde: nicht jeden Tag busy

ohne Ende bin. Dass ich reisen kann. Ich sage erstaunt, aber Sie reisen doch viel! Ja. Aber Reisen ohne Stress, das wünsche ich mir. Ohne die E-Mails immer dabeizuhaben. Ich möchte mich unter eine Palme pflanzen und Kokosmilch trinken.

Der Lastenaufzug bringt mich zurück in die Hochhausschluchten von Kennedy Town. Am Ende des Gebäudes sehe ich das erste Graffiti, seit ich in Hongkong bin: eine fliegende Eule. Der runde Kopf und die schwarzen Federn weit aufgespannter Flügel auf weißen Mosaiksteinfliesen.

May Wong | Globalization Monitor

May Wong ist eine chinesische Arbeitsrechtlerin, die die NGO »Globalization Monitor« in Hongkong koordiniert. Globalization Monitor spricht von den negativen Effekten der Globalisierung, von Freihandel, Privatisierungen, liberalisierten Kapitalflüssen und ihren Folgen. Chinas Erfolg auf dem Weltmarkt beruhe auf der Ausbeutung der Umwelt und der arbeitenden Bevölkerung des Landes, und ohne das Recht auf Organisierung müssen die Arbeiterinnen und Arbeiter in China geringe Löhne und eine intensive Arbeitsdichte ertragen. China sei jahrzehntelang Teil der weltweiten Abwärtsspirale im Wettbewerb um die günstigsten Produktionskosten gewesen, und diese Ausbeutung sei kein chinesisches, sondern ein globales Anliegen der zivilen Gesellschaft. Globalization Monitor möchte sich international vernetzen und Alternativen zu einer profit-zentrierten Entwicklung aufzeigen. Die Überschrift ihrer Website lautet: People before Profit.

May Wong antwortet auf meine Anfrage, dass sie mir gerne helfe, ein Interview mit Näherinnen, die für eine internationale Marke arbeiten – am liebsten für die Marke meiner Jacke hatte ich gesagt –, zu organisieren. Am Tag unseres Treffens fegt ein Taifun über die

Stadt, bei gleichzeitig großer Hitze gießt es aus allen Kübeln. Der
Verkehr wird langsam, die Menschen verhaken sich im Meer ihrer
Regenschirme und die Lautsprecherstimme in den U-Bahn-Tun-
neln warnt ununterbrochen vor dem nassen Boden, dass dieser rut-
schig sein könne. Wir treffen uns an einer Metrostation und rennen
im strömenden Regen zur nahe gelegenen Milchbar, Plastikstühle,
weiße Wandkacheln, frostige Temperaturen. In China esse man
wenig Milchprodukte, erklärt sie, aber hier gäbe es richtigen Pud-
ding, den müsse ich probieren. Wir reden über die Demokratiebe-
wegung von 2014 und über die Spannungen mit China, die es trotz
des Vertrags »Ein Land, zwei Systeme« gebe. Hongkong betone die
zwei Systeme, erklärt Wong, China das eine Land. 2014 sei das Jahr
der Wende gewesen, the dividing line. Die Jungen hätten verstanden, dass ihre politischen Freiheiten bedroht sind, und sie sind auf
die Straße gegangen. Ich müsse wissen, die Jungen identifizieren
sich nicht mit China. Auch Rassismus schwinge da mit. Sie, reicher,
kapitalistischer, etwas »Besseres« als Festlandchina, sagen den Chinesen von dort: Don't extend your black hand into my territory. Und
du, frage ich? Bist du Chinesin? Ich? Ja. 1987 war ich in Peking auf
dem Tian'anmen Platz und ich war stolz, Teil dieser großen Nation
zu sein. Sie lacht und fügt nachdenklich hinzu, 1989 hat das zerstört,
1989 hat einiges zerstört, aber ich bin Chinesin und darum Teil der
Bewegung, die China verändern will. Sie erzählt von den Razzien
2014, mit denen China NGOs verboten und Aktive ins Gefängnis
gesteckt hat, von Zeng Feiyang und Meng Han vom Worker's Cen-
ter in Panyu, ein Stadtbezirk von Guangzhou, Kollegen von ihr.
Zeng und Meng klärten Arbeiterinnen über ihre Rechte auf und
unterstützten sie bei den Verhandlungen bei der Schließung einer
Schuhfabrik. Zeng Feiyan saß neun Monate in Haft, er ist entlassen
auf Bewährung, Meng Han sitzt immer noch. China werde nervös,
erklärt Wong, das Wachstum stagniert, Streiks nehmen zu, man
zeigt klare Kante gegen Forderungen der Arbeiterschaft. 2015 sei

2774 Mal gestreikt worden, doppelt so viel wie 2014, aber von diesen Streiks ist in der Presse nichts zu lesen. Sie senkt ihre Stimme, 2017, so die Gerüchte, wird es wieder Razzien geben. Schon letztes Mal haben sie die Konten eingefroren, wir können unseren Partner-NGOs in Festlandchina kein Geld mehr überweisen. Sie holt ihr Handy aus der Tasche, sagt, nun zu deinen Interviews, und schreibt sehr schnell chinesische Zeichen auf den Touchscreen, eine Nachricht an die Kollegin, die mir den Kontakt herstellen wird. Wann genau wirst du in Dongguan sein und wie lange? Ob die Näherinnen für die Marke deiner Jacke nähen, kann ich dir nicht versprechen. Aber wegen dieser Marke musst du den Bericht einer anderen NGO lesen, ganz aktuell. Ich frage sie, was im Buch über China und seine Textilindustrie ihrer Meinung nach stehen soll. Sie sagt, schreib auf: China wird immer reicher, aber die Arbeiter nicht.

Ich sitze auf dem sehr schmalen Bett des sehr kleinen Zimmers der Wohnung im 19. Stock, ein Stuhl passt hier nicht rein. Von unten tönt der Lärm des Verkehrs der sechsspurigen Straße herauf, von oben prasselt der Regen des Taifuns an die Fensterscheibe. Drei Tage Taifun sind angekündigt, keine Ausflüge und keine Zugfahrt nach Festlandchina, alle Züge und Flüge wurden gestrichen, die Hongkonger haben frei, das Leben der Stadt kommt zum Erliegen. SACOM heißt die NGO, von der May Wong sprach, Students and Scholars Against Corporate Misbehaviour. Der Bericht lautet »Ein investigativer Report über Chinas Zulieferer für ZARA, H&M und GAP«. Ich lehne mich zurück, ich lese. Die Marke meiner Jacke produziere nicht selber. Sie kaufe bei Zuliefererbetrieben ein, die ihre Produktion nach deren Wünschen gestalten. Die Zulieferer beschäftigen 1,6 Millionen Menschen in 30 Ländern. In China sind es 1088 Fabriken: 437 Fabriken der Produktion, 484 Fabriken der Veredelung, 167 Fabriken für Stoffe und Garn. Es gebe eine Abteilung für Unternehmensverantwortung, Corporate Social Responsibility, die als Reaktion auf Proteste in den reichen Ländern in den 90er Jahren eingerichtet worden sei. Große Marken, so habe sich gezeigt, seien über schlechte Presse verwundbar. Seit 1997 gibt es den Verhaltenskodex, Code of Conduct, der für alle Geschäftspartnerinnen und -partner gilt. Ein sechsseitiges Vertragswerk, das im Februar 2016 von den zehnseitigen Vereinbarungen zur Nachhaltigkeit, Sustainability Commitments, ersetzt worden ist. Ihre Überschriften lauten: Gesunde Arbeitsplätze, gesunde Ökosysteme und Tierschutz. Zu einem gesunden Arbeitsplatz gehöre eine faire Bezahlung: Ein »fair living wage« soll bis 2018 bei allen wichtigen Zuliefererbetrieben eingeführt sein. Der Bericht von SACOM zählt die Ziele auf, die die Marke sich gesetzt hat, und nimmt die Umsetzung unter die Lupe. Getarnt als normale Angestellte arbeiteten sie in vier Betrieben mit, von denen zwei für meine Jackenmarke produzieren. In allen Betrieben, so das ernüchternde Ergebnis, hatten die Vereinbarungen zur Nachhaltigkeit in einem Produktionsalltag von »schnell, gut und billig« keine Chance.

Dongguan

Dongguan liegt nördlich von Hongkong im stark industrialisierten Perlflussdelta, eine der urbanisiertesten Regionen der Welt, in der 60 Millionen Menschen leben. Der Perlfluss durchquert die 14-Millionen-Metropole Guangzhou und mündet, Dongguan links liegen lassend, in eine 30 Kilometer breite Bucht im Südchinesischen Meer, in der er die Ufer von Shenzhen, Macao und Hongkong umspült. Dongguan wird als Fabrik der Welt bezeichnet: In 50 000 Betrieben arbeiten fünf Millionen Wanderarbeiterinnen und -arbeiter, die die Made-in-China-Konsumgüter produzieren, die in Europa allgegenwärtig sind. Es heißt, die Stadt exportiere jedes Jahr 600 Millionen Paar Schuhe und 250 Millionen Kleidungsstücke, was 3 287 671 produzierte Schuhe und 684 932 produzierte Textilien an einem einzigen Tag bedeuten würde. Deng Xiaoping, Nachfolger von Mao Zedong, benannte ab 1979 Sonderwirtschaftszonen, in denen der Sozialismus aufgehoben und das internationale Kapital eingeladen wurde. Die Idee war ein Tausch: billige Arbeitskräfte und Vorschriftenfreiheit gegen Know-how und ausländisches Kapital. Anfang der 90er Jahre kamen die Produktionsstätten aus Hongkong dazu – 10 Millionen Chinesen waren bis 2004 im Perlflussdelta für Hongkonger Betriebe beschäftigt –, und Mitte der 90er die Textilmanufakturen aus Italien, die Elektronikfabriken aus Japan, die Maschinenbauer aus Deutschland und ein Sammelsurium von Leichtindustrie aus Taiwan. 2008 kam die Finanzkrise und mit ihr die Arbeitslosigkeit für 20 Millionen Menschen im Delta. Die meisten gingen zurück aufs Land, in die familiäre Ökonomie oder in eine bescheidene Selbständigkeit: ein Nagelstudio, ein Lebensmittelladen, ein Frisörsalon. Seitdem verlassen tausende Fabriken die Region oder gleich das Land. Die Löhne sind gestiegen und wer bleibt, investiert in Maschinen, um Menschenarbeit zu ersetzen. Mit der Krise wuchs ein anderer Wirtschaftszweig, für die örtlichen Kader Plan B: die Prostitution. Dongguan wurde im ganzen Land bekannt. 2014 wurde diesem Geschäft durch Großrazzien ein Ende gesetzt.

Liu Hongling, meine Gastgeberin in Dongguan, nennt sich Christina. Sie ist nicht die einzige mit Namenszuwachs, der ich auf meiner Reise begegne, ich treffe einige, die zusätzlich zu ihrem chinesischen Vornamen einen englischen tragen. Diesen stellen sie nach westlichem Vorbild, entgegen der chinesischen Sitte, voran – in China ist der meist einsilbige Nachname der Erstgenannte. Im Gespräch mit Mao Zedong müsste es also heißen »Guten Tag, Herr Mao, wie geht es Ihnen?« und »Hallo Zedong, Alter, was geht?« Christina holt mich am Bahnhof ab, ruft meinen Namen quer durch die Halle und erzählt munter drauflos. In der einstündigen Autofahrt zu ihr nach

Hause höre ich vom schlechten Benehmen der Menschen in Hongkong, der forcierten Abtreibung bei ihrer Mutter unter der staatlichen Aufsicht der Ein-Kind-Politik – weswegen Christina keinen Bruder habe – und von den 32 zusammengewachsenen Städten, aus denen Dongguan bestehe. Ich blicke aus dem Autofenster und sehe kilometerweit nur Asphalt und Beton: Fabriken, Wohnblöcke, Straßen. Ich denke, Zedong, hier will ich nicht tot überm Zaun hängen, und, Herr Mao, verzeihen Sie, aber der Welten ungeteilte Schönheit ward dieser Stätte nicht zuteil. Ich erzähle Christina von Staaten in Europa, die nicht zur Abtreibung, sondern zur Austragung zwingen, und sie sieht mich ungläubig an. Wir sind alle Einzelkinder, sagt sie, alle verwöhnt, für uns soll das Leben aufregend sein, verheißungsvoll, es soll nicht nur aus Arbeit bestehen. Die Ein-Kind-Regelung, fügt sie hinzu, wurde abgeschafft. Seit dem 1. Januar 2016 sind zwei Kinder erlaubt, China habe Angst vor Überalterung.

Die Wohnung von Christina hat mehrere Zimmer in einer Häuseranlage mit bepflanztem Innenhof, für chinesische Verhältnisse ist sie sehr ruhig. Die Miete beträgt im Monat 410 Euro, das ist für Dongguan viel. Wenn man im Außenflur aus dem Fenster schaut, sieht man das Drumherum von Fabriken und Straßen, wenn man aus den Zimmern blickt, sieht man das Grün. Ich stelle meinen Rucksack ab und wir machen einen Spaziergang. Christina hat irgendwo gehört, dass Deutsche gerne spazieren gehen, und sie hat einen Weg zu einem Park ausgewählt, den sie offensichtlich noch nie gegangen ist: kilometerlang an einer autobahnähnlichen Schnellstraße entlang, Wohnblöcke von Samsung hinter uns lassend, Tankstellen und Kfz-Werkstätten passierend. Es ist dunkel, als wir endlich den Park erreichen, die Füße tun uns weh. Wir setzen uns auf die Brüstung an einem künstlichen Teich und eine Grille zirpt, der ich dafür sehr dankbar bin. Eine Grille! Ein echtes, die Betondominanz überstanden habendes Lebewesen – hoffentlich kommt das Geräusch nicht vom Band.

Christina kommt aus der Provinz Hunan. Sie ging 2007 nach Shenzhen, dann nach Dongguan. Sie hat sehr häufig den Job gewechselt, sie zählt mehr als zehn Stationen ihres Werdegangs auf, sagt dabei oft »Assistenz der Geschäftsführung« und »Verkaufsförderung«, merchandising. Angefangen hat sie mit 245 Euro im Monat, später waren es 600. Die Firmen, für die sie arbeitete, verkauften alles Mögliche – Möbel, Elektronikteile, Hochhausverglasung – und es gab immer gute Gründe zu gehen: Der Chef war unsympathisch, der Chef war nicht flüssig, der Job war sterbenslangweilig. 2012 kam der Karrieresprung, heute sucht sie chinesische Investoren für US-amerikanische Großbauprojekte – Geld wird gegen Greencard getauscht – und verdient damit 2300 Dollar und beträchtliche Extrazahlungen. Meine Eltern sind stolz auf mich, sagt sie, sie wollen, dass ich eine Geländelimousine kaufe und damit im Dorf vorfahre. Was zur Hölle soll ich mit einer Geländelimousine?, sie lacht aus vollem Hals. Christina hat nie eine Universität besucht, sie betont, sie habe zum Lernen keine Geduld. Ganze zwei Bücher habe sie in ihrem Leben gelesen – Animal Farm und einen Liebesroman –, aber Filme habe sie gesehen, Fernsehdokumentationen und Reportagen. Die Ausnahme beim Lernen war Englisch, da war sie fleißig, Englisch sei das Tor zur Welt und der Weg zum Erfolg. Nach dem Erfolg kam das Reisen, und das habe ihren Blick auf China verändert. Sie sah die in China zensierten Videos vom Tian'anmen Platz von 1989 mit Freundinnen in Thailand an, sie sagt, wenn du einmal die Box geöffnet hast, kriegst du sie nie wieder zu. Wir sitzen bis spät in die Nacht zusammen, die Fenster stehen weit offen, es ist warm. Ein einziges Mal nur senkt sie die Stimme beim Erzählen, als es um die Kulturrevolution geht. Du kannst ins Gefängnis kommen, sagt sie leise, wenn du schlecht von ihr sprichst. Die ältere Generation verehrt Mao immer noch, überall Mao! Wir Jungen ..., sie macht eine schnelle Handbewegung. Du musst aufpassen, wo du was sagst. Wir haben keine Meinungsfreiheit. There is no freedom of speech.

Zhou Chunhong und Wang Kaimei

Christina und ich fahren eine Stunde U-Bahn, eine Stunde Bus und eine halbe Stunde Moped-Taxi, auf dem Sitz hinten drauf. Die Stadt hört nicht auf, die Fabriken hören nicht auf, Dongguan ist ein einziges gigantisches Industriegebiet. Wir erreichen ein Einkaufszentrum im Süden, in Houjie, unserem Treffpunkt. Es ist später Nachmittag, es dämmert, es ist sehr warm. Wir stehen vor Läden, die grell erleuchtet sind und musikbeschallt, an einer vierspurigen Straße, deren Fahrspuren ein Grünstreifen trennt. Hinter der Straße befinden sich Fabriken und hinter den Läden Hochhäuser, die man durch schmale Gassen – aufgehängte Wäsche, unzählige Klimaanlagekästen – erreicht. Zhou Chunhong und Wang Kaimei holen uns ab. Frau Zhou ist in den Fünfzigern, Frau Wang um die vierzig, beide schieben ein Rad. Wir laufen zu einem Restaurant, bekommen einen separaten Raum, bestellen ein mehrgängiges Menü. Für welche Marken sie nähen, möchte ich wissen. Es ist nicht die Marke meiner Jacke, aber »Suja, Suja« habe ich noch nie gehört. Frau Wang reicht mir ihren Firmenausweis, auf dem steht: SCHIESSER – Natürlich. Zeitgeist. Seit 1875. Schiesser ist ein großer deutscher Hersteller von Unterwäsche mit Sitz am Bodensee. Frau Zhou und Frau Wang kommen aus der Provinz Hubei, 1000 Kilometer nördlich, im Landesinneren gelegen. Sie kommen aus demselben Dorf, das arm war, wie sie sagen, und hätten gesehen, wie die Nachbarinnen fortgingen, zum Arbeiten, weit entfernt, und wiederkamen mit Geld. So taten sie das auch. Vorher sei niemand weggegangen aus dem Dorf, dann plötzlich viele. Auch sie kamen nach zwei Jahren wieder und konnten ihren Familien Häuser bauen. Frau Zhou hat mit ihren Schwiegereltern, deren Vater, ihrem Mann und ihrem Sohn unter einem Dach gelebt, vier Generationen. Das Haus, das sie bauten, kostete 2000 Euro. Inzwischen seien die Preise explodiert, heute müssten sie 40 000 dafür bezahlen. Wonach haben Sie entschieden, wohin Sie gehen?, frage ich. Nach dem Wetter, sagt Frau Wang. In unserem Dorf sind die Sommer heiß und die Winter kalt, hier ist der Winter kurz, es ist das ganze Jahr über warm, ob ich nicht auch hier leben möchte? Ich zögere, sage, was das Wetter betrifft, auf jeden Fall, ja. Sie erklären mir, dass es bei der Arbeit zwei Gruppen gäbe, Gruppe A und Gruppe B, Frau Zhou ist in A. Sie machen die Tops und die warme Kleidung, auch Pyjamas und lange Shirts. Alles XXL für Chinesinnen, sagt sie lächelnd, und Frau Wang zeigt mit dem Finger, wie tief ein Ausschnitt gehe, sie könne sich gar nicht vorstellen, wie groß die Brüste sein müssten, um so etwas tragen zu können, nun lachen beide. Frau Wang ist in Gruppe B, sie machen die Unterhosen. Für eine Unterhose brauche sie eine Minute. Eine Minute?, frage ich. Ja, eine Unterhose, eine Minute. Kaimei ist richtig gut, sagt Frau Zhou, sie ist schnell: 300 Boxershorts in einer Stunde! Frau Wang strahlt. Mit Abschneiden der Fäden, ergänzt sie, und überhaupt: Boxershorts sind nicht einfach zu nähen. 300?, erwidere ich. Unfassbar! Wie ihr Arbeitstag aussieht, frage ich, als die Tür aufgeht und das Essen hereingebracht wird. Die runde, drehbare Platte in der Mitte füllt sich mit Schüsseln. Das Essen in der Kantine ist schlecht, sagt Frau Wang, sie würden die Reste nachher gerne mitnehmen für morgen. Wer zahlt die Kantine?, frage ich. Der Betrieb, 40 Euro im Monat, was man mehr benötigt, muss man selber zahlen. Ist auch das Frühstück dabei? Sie nickt: Wir frühstücken um 7 Uhr. Um 7.30 Uhr gehen wir zu unseren Arbeitsplätzen, um 7.40 Uhr beginnt die Schicht. Alle zwei Stunden dürften wir eine Pause machen, zehn Minuten, aber die machen wir nicht, wir werden pro Stück bezahlt, also arbeiten wir durch. Mittagspause ist von 11.40 Uhr bis 13.10 Uhr. Wir essen zu Mittag und legen uns hin. Wo das?, frage ich. In den Schlafräumen, sagt Frau Zhou. Was sind das für Räume, sind die gemütlich? Geht so, sagt sie. Es gibt heiße Duschen, das ist sehr gut. Aber im

Sommer gibt es nur zwei Ventilatoren und keine Moskitonetze. Ein Raum hat Stockbetten für sieben Personen, aber meistens sind wir nur zwei oder drei, einige mieten sich eigene Zimmer in Fabriknähe an. Um 13.10 Uhr geht es weiter. Wenn wir keine Überstunden machen bis 17.10 Uhr. Aber Überstunden machen wir eigentlich immer, unter der Woche bis 19.40 Uhr oder bis 21.40 Uhr, selten am Wochenende. Früher hat der Chef einen ausgegeben, wenn es richtig viele Überstunden wurden, ab 22 Uhr gab es ein Mitternachtsmahl, das gibt es heute nicht mehr. Sind Sie mit Ihrem Job zufrieden?, frage ich. Ja, sagt Frau Zhou, unser Job ist sicher. Viele Abteilungen wurden an Tochterfirmen vergeben, aber unsere Unterwäsche ist stabil. Wir sind spezialisiert, wir sind schnell und wir sind gut. Der Boss ist aus Hongkong, der ist okay, und wir haben Arbeitsverträge, nach denen arbeiten wir acht Stunden täglich und 22 Tage im Monat. Wir arbeiten aber bis zu 300 Stunden. Mit Basisgehalt – 190 Euro –, Stückzahlen und Überstunden verdienen wir manchmal mehr als die Vorarbeiter, die kriegen fix 550 Euro. Letztes Jahr kamen wir auf 580 bis 680, das gab es noch nie. Dieses Jahr geht das nicht, das Business läuft nicht so gut, es gibt nicht genügend Aufträge. Was ist, wenn Sie krank sind?, frage ich. Das ist schlecht, sagt Frau Wang, dann ist man nicht schnell, dann erreicht man die Zuschläge nicht. Nicht schnell? Ich meine, was ist, wenn man zu krank zum Arbeiten ist? Das ist ganz schlecht, sagt sie, bleibt man zu Hause, kriegt man kein Geld. Kein Geld? Ich frage Frau Wang, ob das Basisgehalt weitergezahlt wird und ob es Geld von der Krankenkasse gibt, aber sie verschluckt sich an einer Gräte und hustet laut, sie hängt sich über die Lehne des Stuhls. Wir springen auf und klopfen ihr auf den Rücken, Christina sieht mich sorgenvoll an, Frau Zhou schimpft laut. Sie winkt ab, deutet auf die Stühle und erzählt weiter, als ob nichts geschehen sei. Freie Zeit? Zwei Wochen Urlaub im Jahr. Wenn man fünf Jahre dabei ist, einen Extratag frei, bei zehn Jahren mehr Extratage. Im Urlaub besucht sie Verwandte, sonntags kümmert sie sich um den Enkel, geht auf den Markt und kocht. Der Enkel geht bald zurück ins Dorf, dann hat sie frei nach der Arbeit, dann ist sie nicht so erschöpft. Frau Wang spuckt endlich die Gräte aus und schnappt nach Luft. Frau Zhou redet laut auf sie ein, zeigt auf den Teller und fasst sich mit der Hand an den Kopf. Frau Wang nickt und schiebt die Fischreste fein säuberlich an den Tellerrand. Sie sagt, sich heiser räuspernd, ich gehe gerne shoppen und am Wochenende treffe ich meinen Mann. Er arbeitet in Shenzhen. Er wohnt auch in einem Wohnheim, wir mieten uns ein Zimmer in einem Hotel, wir führen eine Wochenend-Ehe, das ist nicht einfach. Wir arbeiten hart für das Schulgeld für unseren Sohn, Su Lei, er ist 19 Jahre alt. Sie nimmt ihr Handy und zeigt mir Bilder, wischt mit dem Finger in schnellen Bewegungen über die Fotos. Sie mit einem schlaksigen, hochgewachsenen Mann vor einem Gebäude. Er auf dem Sofa sitzend neben einer sehr alten Frau, seiner Großmutter, bei ihr ist er aufgewachsen. Su Lei ist 1,80 Meter, das ist für China groß. Er sieht mir ähnlich, strahlt sie, ich vermisse ihn sehr. Letztes Jahr wollte er nicht mehr lernen, er wollte helfen in der Fabrik. Ein Jahr lang haben wir Seite an Seite gearbeitet, ich habe ihm alles erklärt. Dann hatte er genug. So eine harte Arbeit, hat er gesagt, wenn das so ist, gehe ich studieren. Er hatte tausend Ausreden, nicht zur Schule zu gehen, mit einem Mal hatte er keine mehr. Sie betrachtet das letzte Bild auf dem Gerät, sagt, ich habe ihn im Dorf zurückgelassen, als er drei Jahre alt war, nun hatten wir ein ganzes gemeinsames Jahr, das war wunderschön. Christina sieht mich an und während wir Englisch reden, unterhalten sich die beiden Frauen weiter. Sie sagt, wie tapfer, seit 15 Jahren in der Fabrik … Das ist verdammt viel, wenn dein Kind klein ist. Ich nicke. Kannst du sie nach Wünschen für die Zukunft fragen? Und sag mal, arbeitsrechtlich sind sie nicht organisiert, oder? Christina fragt nach und sie schütteln den Kopf. Es gäbe fünf Aktive in der Fabrik,

Zhou Chunhong

die würden streiken wollen. Aber sie und die Mehrzahl der Leute
nicht. 200 bis 300 Arbeiterinnen seien es in ihrem Gebäude, insgesamt seien es 1000. Wünsche? Ich habe keine Wünsche, sagt Frau
Zhou, ich bin über 50, was soll ich mir wünschen? Die Firma überlegt, in den Norden zu gehen, da ist das Wetter schlecht, da komm
ich nicht mit. Vielleicht könnte ich Vollzeit für den Enkel da sein?
Aber ich verdiene für die Familie gut. Ich weiß nicht. Wünsche
habe ich keine. Ich auch nicht, sagt Frau Wang, nur, dass ich arbeiten kann und dass ich mehr Zeit mit meinem Sohn hätte. Ich frage,
und wenn Sie Geld gewinnen würden, was würden Sie tun? Beide
sehen sich an, zucken mit den Achseln. Auf die Bank bringen würden wir das. Fürs Alter, sagt Frau Zhou. Für das Appartement für
meinen Sohn, sagt Frau Wang, in der Innenstadt von Dongguan,
dafür spare ich eh. Sie stochert in den letzten Resten des Tellers

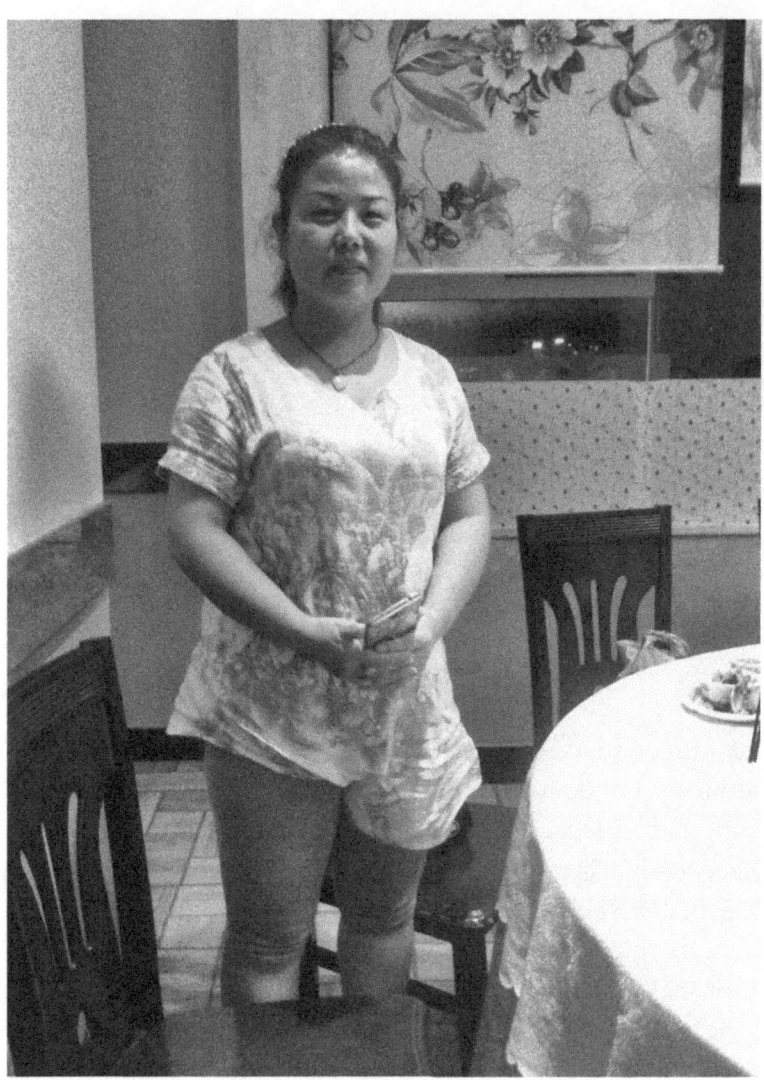

Wang Kaimei

herum, sie sagt, früher haben die Menschen geheiratet und sich zusammen etwas aufgebaut. Heute ist das anders, heute denken alle materiell: Hast du kein Haus, heirate ich dich nicht. Ich vermisse die Zeit, als es nicht nur um Geld ging.

Wir laufen zu dem Einkaufszentrum, das unser Treffpunkt war. Frau Zhou will wissen, ob ich verheiratet bin, wie viele Kinder ich habe und ob in Europa alle Parfüm benutzen, weil sie im Vergleich zu Chinesen so stinken. Ich stupse sie mit dem Ellenbogen an und tue empört, wir lachen. Christina sagt, lass mich das für dich beantworten. Als sie fertig ist, frage ich, was hast du ihnen gesagt? Frau Zhou und Frau Wang heben die Hand zum Abschied, ich bedanke mich sehr. Sie fahren mit den Rädern davon, wir winken ihnen nach. Ich sage, los, erzähl schon! Christina kichert in sich hinein, sagt, das verrate ich dir nicht.

Die Schuhe | Vintage Boots

Bremen, 11. Juni 2015
Telefonat, Notizen:
Ich habe nach Ihren Briefen mit allen Geschäftsführern Rücksprache
geleistet. Sie geben keine Daten raus. – Ich habe mir Ihr Anliegen
angesehen. Das kann gar nicht sein. Die Artikelnummer ist ein
Herrenmodell. – Die Schuhe sind von der Eigenmarke designt.
Das macht ein Team. Wir haben eigene Mitarbeiter dafür. – Könnten
Sie mir das Anliegen noch einmal schicken, ich werde es weiterlei-
ten. – Tut mir leid, dass es so kompliziert ist. Wir können einfach
nicht immer reagieren. Wir wissen ja auch nicht, was die Einzelnen
im Schilde führen. Es ist schwierig herauszufiltern, was die Einzelnen
wollen.

Bremen, 4. September 2015
Telefonat, Notizen:
Aber Sie tragen doch sicherlich Damenschuhe. Ach, das habe ich
ja noch nie gehört. Dann haben Sie mindestens Schuhgröße 40.
Das freut mich, dass auch Frauen ab und zu Herrenschuhe tragen. –
Ich habe von Ihrem Vorhaben gehört. Die Schuhe sind in Portugal
produziert worden. – Im Prinzip, ja klar. Warum sollten Sie da nicht
hinfahren können? Von unserer Seite aus ist das gar kein Problem, wir
haben nichts zu verbergen. – Die Schuhe, die Sie meinen, laufen
sehr gut. – Der Lieferant gibt sich bedeckt mit seiner Produktion.
Die haben halt so einen bestimmten Look, das besondere Leder,
das macht die aus. Die Firma hütet die Art und Weise der Herstellung
wie ein Koch sein Lieblingsrezept. Aber versuchen können wir es.

Bremen, 10. September 2015
Telefonat, Notizen:
Nein, die E-Mail ist nicht bei mir angekommen. – Worum geht es? –
Das wird schwierig.

Bremen, 15. September 2015
Telefonat, Notizen:
Die Firma dieser Schuhe läuft über eine Agentur, die sehr erfolgreich ist, sie baut ihr Geschäft weiter aus. Ich weiß nicht, ob der Kontakt über die Vermittlung der Agentur klappt. – Zu anderen Firmen haben wir einen Direktkontakt, das ginge dort bestimmt. Wie wäre es, wenn wir die aktuellere Produktion eines ähnlichen Modells nehmen? Wäre das auch okay? – Sie können mich gerne besuchen und ich kann Ihnen dann einiges Drumherum erzählen.

Bremen, 28. September 2015
Telefonat, Notizen:
Ich habe mit der Agentur gesprochen. Der Besuch ist gerne möglich. Ich bin selber überrascht. Wir können zusammen nach Portugal reisen, ich würde mitkommen und weitere Produzenten in der Umgebung besuchen. Wenn Sie die Reise alleine machen wollen, geht das natürlich auch.

(Es folgen E-Mails mit Reiseplanungen. Die Reise scheitert an einer Erkrankung meinerseits. Sie wird auf später verschoben.)

Hamburg, 28. Februar 2017
Hallo Frau Müller-Hellmann,
leider habe ich keine gute Nachricht. Der Lieferant hat keine eindeutige Auskunft zu einem Treffen gemacht. Ich muss Sie bitten, sich ggf. an andere Produzenten zu richten.
Es tut mir sehr leid.
Ihnen trotzdem eine gute Fertigstellung Ihres Buches.
Beste Grüße

(In meinen Notizen stehen Ortsnamen von Schuhproduktionszentren in Nordportugal. Die Namen fielen bei der Planung einer möglichen Reiseroute. Einer der Orte ist sehr klein. Ich sehe mir die Internetseiten aller dort ansässigen Schuhfabriken an. Es kommt nur eine Firma als Produzentin meiner Schuhe in Betracht. Auf meine schriftliche Anfrage reagieren sie nicht. Aber ein Telefonat glückt. Ich werde eingeladen.)

Felgueiras | Portugal

Von der Stadt Porto im Norden Portugals nach Guimarães sind es eine Stunde und elf Minuten Richtung Nordosten in einem Vorortzug, der für die EM 2004 elektrifiziert und von der schmalen Meterspur auf die iberische Breite von 1668 Millimetern umgebaut wurde. Im Fußballstadion der Stadt spielte am 14. Juni Italien vor 29 595 Zuschauenden unentschieden gegen Dänemark und am 22. Juni vor 16 002 Besuchern siegreich gegen Bulgarien, das entscheidende Tor fiel in der 94. Minute. In Guimarães leben 50 000 Menschen in schmalen, hohen Häusern, die bunte Kacheln an den Außenwänden haben, weiße Fenstersprossen und kunstvoll geschmiedete Gitter an den Balkonen. Der Kern der Stadt wurde von der UNESCO zum Weltkulturerbe ernannt und auf einer ihrer Altstadtmauern steht in großen Lettern, dass hier Portugal geboren sei, da Afonso Henriques, der 1103 in der Burg vor Ort das Licht der Welt erblickt hatte, sich 1139 nach der Schlacht von Ourique gegen die Mauren zum ersten König Portugals ausrufen ließ und damit die Grafschaft Portucalia von Kastilien lossagte. Von Guimarães aus sind es im Bus 35 Minuten Richtung Südosten bis nach Felgueiras, eine Kleinstadt mit 15 000 Menschen, die als »Hauptstadt der Schuhindustrie Portugals« bezeichnet wird. Der Bus fährt auf seinem Weg die Hänge des steilen Serra da Penha hinauf und wieder hinunter und durchquert ein Tal, in dem Anfang April der Ginster, der Flieder und die Kirschbäume blühen und in dem Pappeln, Orangen- und Feigenbäume zu Hause sind. Die Ankunft in Felgueiras ist durch einen Verkehrskreisel bestimmt, an dem große Werbeplakate mit Bildern von Schuhen aufgestellt sind und Rasensprenger mit Wasserfontänen das Grün der Straßenpflanzen gegen die aufsteigende Hitze des Morgens verteidigen. Der Ort besteht aus renovierten Häusern mit Kacheln und verfallenden Gemäuern mit zerbrochenen Scheiben, aus einem

schmucklosen Rathaus mit einem Garten davor, in dem ein Springbrunnen rauscht, und aus kleinen Bars, Supermärkten und Läden,
in deren Schaufenstern T-Shirts fein gefaltet auf Holzspanplatten
liegen oder glänzend neue Rasenmäher verschiedener Größen aufgereiht sind. Der Verkehr auf den Kopfsteinpflastern ist laut und
in den Momenten, in denen kein Auto fährt, hört man die Rufe
der Mauersegler über der Stadt und das beständige Haspeln der
Girlitze in der Luft. Der Taxifahrer braucht für die Strecke in das
Dorf, in dem die Schuhfabrik steht, keine fünfzehn Minuten und
auf meine Frage hin, wo die vielen Fabriken Felgueiras' denn seien,
schnellt sein Arm während der Fahrt ununterbrochen hoch: Hier
links zwischen den Häusern, da rechts, unten im Wohnhaus, dort
oben, die Straße weiter hinauf. Es sind viele, betont er, wirklich sehr
viele. Wir erreichen das Dorf, das von zwei Hügelketten umgeben
ist und das eine Autobahnbrücke überspannt. Er setzt mich vor der
Tür des Herstellers meiner 2014 gekauften Schuhe ab, ein Fabrikgebäude, das tatsächlich in der Sohle eines kleinen Tales zwischen
Wiesen, Weinhängen und Bachläufen liegt.

Sozé Group | Rande

Im Ausstellungsraum mit hundert verschiedenen Schuhen auf
Regalen und Tischen begrüßt mich Edgar Ribeiro, der Leiter der
Technischen Abteilung, und schmunzelt bei meinem Hinweis auf
die ungewöhnliche Lage der Fabrik. Ja, sagt er, wir sind Aliens im
Dorf: Links wachsen Kartoffeln, rechts wächst Getreide, in der
Mitte produzieren wir Schuhe. Die Fabrik ist 40 Jahre alt und
damals hat es keine Reglementierungen gegeben, man hat da, wo
Platz war, einen Betrieb hingebaut und losgelegt. Edgar ist Anfang
30 und seit vier Jahren bei Sozé. Er hat Industriedesign in Lissabon
studiert und, fasst er zusammen, nach seinem Abschluss alles

gekonnt, aber nichts so richtig und beschlossen, sich zu spezialisie-ren: in Schuhdesign. Das Herz habe es ihm gebrochen, die schönste Stadt des Landes, Lissabon, zu verlassen, aber hier im Norden könne er etwas bewirken, hier könne er Verantwortung übernehmen – und schlaflose Nächte haben, fügt er hinzu, die Gewinnmargen seien so klein, dass sie sich keinen Fehler erlauben dürften. Ich frage Edgar, warum Portugal ein Land der Schuhproduktion wurde. Warum viele vor 40 Jahren anscheinend denselben Traum gehabt haben, morgens erwachten und dachten: Lasst uns Schuhe machen! Und warum nicht Autos, Möbel oder Bier? Ganz so sei es nicht gewesen, sagt er, die Diktatur wurde vor 40 Jahren gestürzt und Portugal war ein armes, rückständiges Land. Große Marken kamen, um billig zu produzieren – Portugal war das China Europas. Portugiesische Geschäftsleute stiegen ein und gründeten eigene Firmen, Felgueiras wurde ein Zentrum der Schuhproduktion. In den 80er Jahren hatte der Ort die höchste Ferrari-Dichte Europas. Ferraris?, sage ich, ich werde später im Ort nach ihnen Ausschau halten. Nein, sagt Edgar, das ist vorbei. Die Söhne der Schuhfabrikgründer brauchen das Protzen nicht mehr. Sie wurden bereits mit einem Namen, der für Geld steht, geboren. Wie ging es weiter mit der neuen Schuhindustrie? Im Jahr 2000 produzierte Portugal jährlich 120 Millionen Paar. Dann kam der Absturz. Alle gingen nach Asien, alle wollten Lohnkosten sparen. Die Zahl fiel auf unter 50 Millionen, viele Firmen mussten schließen. Auch wir hatten vier Standorte und mussten uns auf einen konzentrieren. Heute haben sich die meisten Firmen erholt. Heute liegt Portugal bei 82 Millionen Paar im Jahr, hergestellt in ungefähr 1450 Betrieben. Produziert wird aber nicht mehr Massenware, sondern Qualität, auch viele Nischenprodukte. Ich frage, obwohl die Lohnkosten hoch sind im Vergleich zu denen vor 30 Jahren? Sie sind nicht hoch, sagt er, wir müssen unsere Ausgaben im Griff haben, wir sind eine teure Firma. Eine teure Firma? Wir bieten 16 verschiedene Konstruktionsarten an. Früher hatten wir hohe Stückzahlen und Fließbänder, heute fertigen wir 500, 1000 oder 2000 Stück, in 3er Teams, vieles davon in Handarbeit, alle halbe Stunde ein neues Modell. Wir müssen flexibel sein, um zu bestehen. Er zeigt auf die Schuhe des Ausstellungsraums, er sagt, das hier ist nur ein Bruchteil, wir haben im letzten Jahr 12 000 Modelle gemacht. Ich lasse meinen Blick über die trendigen Sandalen, Stiefel, Stiefeletten und Halbschuhe gleiten und nicke anerkennend. Ich sage, du hast mich überzeugt. Ich fange morgen hier an. Wie wäre das? Verdiene ich dann den Mindestlohn, 557 Euro? Ja, sagt er. Und dann? Dann zeigt sich, ob du geschickt bist und Kraft in den Händen hast und präzise sein kannst. Dann können wir deinen Lohn nach einigen Jahren etwas erhöhen. Aha, sage ich. Und wenn ich 20 Jahre dabei bin, alle Techniken kenne und alle Maschinen beherrsche und alle Firmengeheimnisse und -abläufe durchdrungen habe, dann komme ich auf das – sagen wir – Dreifache davon? Edgar hebt die Augenbrauen und schüttelt leicht den Kopf, nein. Das Doppelte? Er sagt leise, vielleicht. Wenn man ständig versucht, dich abzuwerben, und wenn ich dich wirklich mit deinem Wissen und Können brauche. So ist das. Deswegen können sich Portugiesen keine Schuhe »Made in Portugal« leisten. Die kosten 100 Euro im Laden, das ist ein Fünftel des Lohns. Wir produzieren zu 95 Prozent für den Export: USA, Australien, Asien und für die reichen Länder der EU. Ich frage, an wie vielen Füßen in der EU werden Schuhe aus Portugal getragen? Keine Ahnung, sagt er, in der EU leben 450 Millionen Menschen, aber nur 200 Millionen von ihnen leben in Ländern mit Geld. Ich nicke nachdenklich. Aber wie kann das gehen? Von 557 Euro im Monat zu leben? Was kostet die Miete für eine Wohnung? Er sagt, das kommt ganz darauf an, wo und welche Ausstattung. Aber du musst wissen: Portugal ist nicht nur als Land hoch verschuldet, auch die Familien sind es. In Portugal kauft man eher eine Wohnung, als dass man sie mietet. Für ein Appartement für 150 000 Euro zahlt man zurzeit 40 Jahre lang 500 Euro im Monat, mit Zinsen und so weiter. Seit Beginn der Wirtschaftskrise 2008 haben mehrere Hunderttausend Menschen ihre Jobs und damit ihre Wohnungen verloren. Auch dadurch ist das Mieten teuer geworden. 200 bis 250 Euro Miete im Monat war das Allergünstigste, klein und schlecht ausgestattet, aber nun ist unter 300 bis 350 Euro in der Kleinstadt, in der ich lebe, nichts mehr zu haben, dazu kommen 120 Euro Nebenkosten. Mit dem Mindestlohn auskommen zu müssen, heißt, jeden Cent umzudrehen. Und den Job zu verlieren, heißt, tief zu fallen in die Armut. Er lächelt schief, er sagt, wenn man noch Kinder hat, dann wird alles sehr eng, Portugal hat eine der niedrigsten Geburtenraten Europas. Nun aber zurück zu deinen Schuhen. Ich sage, da sind wir doch bereits. Ja, nickt er, das stimmt. Ich notiere, was Edgar mir erzählt, dann zeige ich in Richtung meiner Füße. Was haben diese Schuhe in der Herstellung gekostet? Er sieht an mir hinunter. Schwer zu sagen, die Sohle ist aus Gummi und angeklebt, das ist eine günstige Variante, aber es steht und fällt mit dem Leder. Ob es 2,50 Euro den Meter oder 200 gekostet hat, sieht man mit bloßem Auge nicht. Und so ein Turnschuh? Ich zeige auf ein buntes Ausstellungsstück hinter ihm im Regal. Er nimmt den Schuh in die Hand, wiegt ihn hin und her, sagt, je nach Material 30 bis 35 Euro. Andere kosten 20, Halbschuhe 60, 70 oder 100. Ein Preis kann fix hochschnellen, die Machart ist auch entscheidend. Die wichtigsten Macharten sind Strobel, Cemented und Goodyear – gestrobelt, gezwickt und rahmengenäht. Schon mal gehört? Ich schüttele den Kopf, noch nie. Okay, sagt er und hält den Turnschuh in die Luft. Die meisten Sneakers sind gestrobelt, das ist die schnellste und günstigste Variante. Die Innensohle wird mit einer umlaufenden Naht an das Schuhoberteil, den Schaft, genäht. Er fährt mit der Hand einmal um den Schuh herum. Unten wird die Laufsohle drangeklebt. Fertig. Läuft sich weich und bequem, ist aber nicht robust, und man kann sie nicht wiederbesohlen. Die Strobelnaht kann man sehen. Er nimmt die Einlage aus dem Schuh und zeigt mir die grobe Naht zwischen Innensohle und Stoff. Ist da keine zu sehen, wurde der Schaft unter die Sohle geschlagen. So wie bei deinen. Die sind cemented, klebegezwickt. Man befestigt die Innensohle am hölzernen Schuhmodell, dem Leisten, und zieht den Schaft von oben darüber. Dann schlägt man das, was übersteht vom Schaft, nach unten auf die Sohle um und verbindet diese miteinander. Ursprünglich mit Nägeln. Machen wir auch. Deine Variante ist aber geklebt. Auch die Laufsohle wird dann aufgeklebt, dabei spielen Druck und Wärme eine große Rolle, auch das Anschmirgeln des Materials, damit der Kleber hält. Die dritte und teuerste Machart heißt rahmengenäht – Goodyear, nach den ursprünglich dafür verwendeten Maschinen. Rahmengenähte Schuhe halten am längsten, man kann die Sohle immer wieder erneuern. Er greift ein aufgeschnittenes Modell aus der Ablage und deutet auf dessen Innenschichten: Der Schaft aus Leder und Innenfutter wird von außen mit der Innensohle vernäht. Beim Festnähen gibt es mehrere Varianten. Die beste ist die, die nicht durch die Sohle hindurchsticht, da sonst später Wasser eindringen könnte. Deswegen verläuft unter der Sohle ein aus dem Material herausgearbeiteter, umlaufender Damm. Bei anderen Modellen eine sogenannte Risslippe oder ein aufgeklebtes Band. Alle drei Varianten werden anders genannt. Die Einstechnaht verläuft jeweils durch die Erhebung hindurch. Gleichzeitig wird ein Lederband mit festgenäht, das über die Innensohle hinausragt und diese wie einen Rahmen umfasst, daher die Bezeichnung »rahmengenäht«. Auf den Rahmen wird die Laufsohle befestigt, wiederum mit Nadel und Faden. Ich beuge mich über das Modell in Edgars Händen und runzele die Stirn. Es ist längs aufgeschnitten und zwischen Innen- und Außensohle ist Kork eingefügt. Edgar drückt mir den Schuh in die Hand. Fühl mal, steinhart. Das ist normal für Goodyear-Schuhe. Nach ein paar Wochen sind die

eingelaufen, dann hat sich die Fußform in den Kork eingedrückt.
Wir sind eine der wenigen Fabriken Portugals, die auch einen weichen, einen flexiblen Goodyear-Schuh produzieren können. Das ist
unser Firmengeheimnis. Ich gebe ihm den aufgeschnittenen Schuh
zurück. Und wenn Angestellte die Firma wechseln? Wechselt das
Geheimnis dann mit? Nein, sagt Edgar und lächelt, jeder, der hier
arbeitet, kennt nur ein Puzzleteil davon. Ein Großteil des flexiblen
Schuhs hat mit Technik zu tun, mit der Zusammensetzung des
Materials.

Wir gehen durch einen Flur, vorbei an Glaswänden, hinter denen
Menschen an Computerbildschirmen sitzen und an bunten Schuh-
zeichnungen herumklicken. Wir betreten die Halle der Produktion – Männer und Frauen in Arbeitskitteln, laute Maschinen,
Klebstoffgeruch. Das hier links sind die Schneidemaschinen, sagt
Edgar, oben ist das Lager mit dem Material. Das Leder kommt
aus Portugal, Italien, Spanien, Brasilien, Pakistan und China. Vor
allem Schweinsleder kommt aus China, das kostengünstige für
das Schuhinnere. Das Leder wird ausgerollt und geschnitten. Hier
siehst du die alten Schneidemesser und die Schablonen von früher, die benutzen wir heute noch. Er zeigt auf einen Arbeiter, der
ein Messer mit Druck an der Kante einer Vorlage entlangführt, er
steht tief über den Tisch gebeugt. Und dies sind die Maschinen,
die mit Laser schneiden, computergesteuert. Ein Mann im blauen
Kittel breitet eine schwarze Lederhaut auf dem Schneidetisch aus
und umkreist mit einem Stab, der wie ein Zauberstab aussieht, die
rissigen Stellen des Materials. Auf einem Bildschirm sortieren sich
die einzelnen Zuschnittpuzzlestücke automatisch um die defekten Stellen herum, dann schneidet der Laser los. An der nächsten Maschine puzzelt eine Frau die benötigten Lederteile mit der
Computermaus auf dem Bildschirmgrundriss zusammen. Als alle
freien Stellen vergeben sind, flitzt der grelle, grüne Laserstrahl über

die gegerbte tierische Haut. Und das hier sind Maschinen, die mit Wasser schneiden, unter Hochdruck. Die große Maschine ist für Leder, die kleinere für Schaum und für das Material, aus dem die verstärkenden Kappen an Schuhspitze und Schuhferse bestehen. Ich wende meinen Blick von den schneidenden Maschinen weg und betrachte die Dreier-Gruppen in meinem Rücken, die aus den Lederstücken Schuhschäfte nähen. Es sind vor allem Frauen. Einige arbeiten mit der Hand, andere maschinell. Aus den Einzelstücken, die verbunden werden, erkennt man langsam das werdende Gesicht des Schuhs. Hier die Löcher für die Schnürsenkelösen, dort die Schlaufe für den hinteren Schaftoberrand. Sie hier, sagt Edgar und zeigt auf eine ältere Dame im Arbeitsanzug, die sehr nah und konzentriert vor dem Auf und Ab der Maschinennadel sitzt, ist die beste Näherin von allen. Wenn ich etwas richtig Schwieriges habe, gebe ich es ihr, ihre Präzision ist unglaublich. Er macht ein anerkennendes Gesicht. Zwischen den Dreier-Gruppen sitzt eine Frau an einer Maschine mit rotierenden Schneideklingen, die sehr laut sirren. Die Arbeiterin führt die Ränder der Lederstücke an den Klingen entlang und dünnt diese damit aus. Ausschärfen heißt der Arbeitsschritt, sagt Edgar, sonst würde beim Zusammennähen zweier Teile durch das Überlappen ein Wulst entstehen. Er zeigt auf die leeren Arbeitsplätze im Raum der Halle. Er sagt, heute sind ungefähr 80 Mitarbeitende hier, eigentlich sind wir 140. Zurzeit läuft nicht die volle Produktion, die anderen sitzen auf Abruf zu Hause. Anders ginge es nicht, sie bekommen ihren Lohn, aber die Arbeitsstunden sparen wir auf, für die stressigen Zeiten des Jahres. Wir gehen zu der Maschinenreihe am anderen Ende der Halle, an der heute Goodyear-Modelle hergestellt werden. Drei Männer haben jeweils einen gerade begonnenen oder halbfertigen Schuh in der Hand und bedienen große Geräte, die ihre eigenen Lautstärken und Geräuscharten haben. Ich sehe das Nageln des Schafts an die Innensohle, das Abschmirgeln des Randes am Sohlenmaterial, das

Ineinander-Vernähen an der Maschine. Ich erkenne den überstehenden Lederrahmen, der für die zweite Sohle mit angenäht wird, und staune über den Kork, der auf Knopfdruck heiß aus einer Apparatur gequollen kommt und mit schnellen Bewegungen in den Hohlraum zwischen Innen- und Laufsohle verstrichen wird, bevor die Außensohle aufgelegt und im exakten Abstand zum Sohlenrand angenäht wird. Die Maschine, die die Sohle befestigt, klackert laut, es braucht Kraft, die Schuhunterseite gleichmäßig unter der groben Nadel, die sich durch das Leder bohrt, entlangzuführen. Das Finishing, sagt Edgar, ist dort drüben. Wir gehen zu zwei Männern, die in geräuschärmerer Umgebung die Seiten der aufgenähten Sohlenschichten mit Farbe bestreichen und das Schuhoberleder zum Glänzen bringen. Die fertigen Goodyear-Schuhe stehen neben ihnen aufgereiht auf einem Gestell. Edgar nimmt einen davon in die Hand. Diese, sagt er, sind so arbeitsintensiv, davon können wir nur 200 Stück produzieren, sonst würden wir hier nichts anderes mehr tun. So. Und jetzt noch das andere Lager. Er zeigt auf den abgetrennten Bereich am Ende der Halle. Wir haben unsere fertigen Modelle aufgestellt, die aktuelle Kollektion unserer Eigenmarke, das sind vor allem Damenschuhe. Diese Woche können unsere Angestellten sie kaufen. 23 Euro statt 150 Euro im Laden, das ist ein Unterschied. Er zeigt mir die Schuhe auf den Lagerregalen zwischen Versandkartons und Kisten. Ich sage, oh, sind die klein. Ja, sagt er, die europäischen Muster liegen bei Schuhgröße 37 für Frauen und bei 42 für Männer. 37?, sage ich, ich kenne fast niemanden mit so kleinen Füßen. Ich weiß, sagt Edgar, in Deutschland verkaufen wir größere Schuhe, aber in anderen Ländern auch 35. 37 ist europäischer Durchschnitt.

Irene Peixoto Pinto

Irene Peixoto Pinto ist 37 Jahre alt und seit 21 Jahren in der Fabrik. Sie strahlt, als Edgar fragt, ob sie zu einem Interview bereit sei. Er stellt uns einander vor, er sagt, gleich sprichst du mit der stärksten Frau im Betrieb. Wir sitzen an den Tischen des Ausstellungsraums, Ana Maria Soares, eine junge Angestellte, die dolmetscht, Irene und ich. Irene hat große, kräftige Hände mit lackierten Fingernägeln und schicke Schuhe der Eigenmarke an den Füßen, ihre eigene Produktion. Ich erkläre das Buchprojekt und sie nickt, ich könne sie alles fragen. Warum Schuhe?, frage ich zuerst. Was hat dich bewegt, in einer Schuhfabrik zu arbeiten? Irene sagt, alle im Dorf arbeiten mit Schuhen, es gibt hier nichts anderes. Aber ich mag Schuhe auch. Ich mag die Arbeit der Produktion, sehen, was aus den Einzelteilen entsteht. Ich mag das Ergebnis in den Händen halten. Viele wissen gar nicht, was es alles braucht, um einen Schuh zu bauen. Stimmt, sage ich. Ich, zum Beispiel, aber langsam dämmert es mir. Was ist am schwierigsten bei der Arbeit mit Schuhen? Sie überlegt. Es gibt Modelle, die sind kompliziert, viel Handarbeit ist da gefragt, alles geht langsam, mühselig voran. Und die Innensohlen von Sandalen! Die sieht man, anders als in geschlossenen Schuhen, eine Sandale ist offen. Die Sohlen müssen perfekt verarbeitet sein. Du brauchst Kraft in den Händen und gleichzeitig Präzision. Warte, ich zeige es dir. Sie holt eine schwarze Sandale mit hohem Absatz aus dem Regal und deutet auf den Übergang zwischen der Innensohle, auf der der Fuß steht, und der Außensohle, auf der man läuft. Sie macht mit den Händen eine umbiegende, Kraft andeutende Bewegung. Ich verstehe, sage ich, so habe ich Sandalen noch nie betrachtet. Und was genau war bei diesen Schuhen deine Arbeit? Ich zeige auf meine Füße und sie wirft einen prüfenden Blick auf mein Schuhwerk. Die Ösen und die verstärkenden Kappen vorne und hinten. Kappen? Sie nickt. Die zeige ich dir später. Das Anbringen von Kappen ist meine Arbeit heute, wenn du es siehst, ist es einfacher zu verstehen. Ich sage, gut. Nun zum Alltag. Wie sieht ein ganz normaler Wochentag bei dir aus, Irene, wann geht es morgens los? Ich stehe um sieben Uhr auf, wecke meine zwei Kinder und mache das Frühstück. Bei uns gibt es Milch, Kaffee, Brot und Cornflakes. Dann schmiere ich Brote für die Schule und bringe die Kinder dorthin. Sie gehen in zwei verschiedene Schulen, sie sind 14 und 9 Jahre alt. Dann fahre ich in die Fabrik. Ich arbeite von 8 bis 12.30 Uhr und von 14 bis 17.30 Uhr. Die Arbeit wechselt häufig, das gefällt mir. Es ist nicht immer dasselbe, es bleibt interessant. Um 17.30 Uhr hole ich den Kleinen von der Schule ab, die Große kommt mit dem Bus. Wenn ich Überstunden machen muss, gehen die Kinder zu meinen Eltern. Zu Hause kümmere ich mich um die Wäsche, bereite das Abendessen zu, helfe bei den Hausaufgaben. Alles so etwas halt. Ich mache gerne den Haushalt, ich bin gerne aktiv. Vor drei Jahren hatte ich Krebs. Die Behandlung dauert noch an, aber ich gelte als geheilt. Arbeit gibt mir Leben. Ich fühle mich lebendig. Ich fühle mich nützlich. Um 20 Uhr essen wir zu Abend. Wir sitzen zusammen, wir erzählen uns etwas, wir sehen fern. Wir hören alle gerne Musik, meistens läuft Musik mit dabei. Um 22 Uhr schicke ich meine Kinder ins Bad und ins Bett. Dann haben wir eine Stunde zu zweit. Mein Mann ist übrigens auch in der Firma. Unsere Kinder sagen manchmal, hört doch mal auf, über Schuhe zu reden! Von 23 bis 23.30 Uhr bin ich in den sozialen Medien, vor allem bei Facebook. Dann gehe ich schlafen, das war mein Tag. Und wenn der nächste Morgen ein Samstag ist? Oder ein Sonntag? Wie sehen diese Tage aus? Irene und Ana Maria tauschen sich lachend auf Portugiesisch aus. Beide scheinen ein ähnliches Wochenende zu haben. Irene sagt, am Samstag ist Haustag, da wird organisiert und geputzt. Ich schiebe alle Möbel beiseite und schwinge den Feudel. Samstags essen wir schon um 19 Uhr, danach gehen wir aus. Bummeln und einen Kaffee trinken. Wir fahren nach Felgueiras oder nach Guimarães. Sonntags gehen wir in die Kirche, mein Vater fährt den Kleinen zum Fußball, um 12 Uhr essen wir zu Mittag. Am Nachmittag gehen wir shoppen und dann zu meinen Eltern. Meine Geschwister sind auch da mit ihren Kindern. Sonntags ist Großfamilientag. Ich frage, ist das üblich oder etwas Besonderes? Ana Maria antwortet an Irenes statt. Das ist ganz normal in Portugal, ich habe leider keine Großeltern mehr. Sie zählt auf, wann welcher Großelternteil verstorben ist. Warum triffst du nicht deine eigenen Eltern am Sonntag?, frage ich Ana Maria. Sie lacht, mit denen wohne ich doch eh. Ach so, sage ich, ja klar. Ich ziehe einen Strich unter meine Notizen, sage, Irene, was ist typisch für dich, was zeichnet dich aus? Irene zögert, dann redet sie los. Ich bin eine starke Frau. Ich bin immer glücklich. Ich bin anderen Menschen zugewandt. Man könnte sagen, ich bin kontaktfreudig und aufgeschlossen. Klar, als ich die Diagnose bekam, war ich traurig. Eine Woche lang stand ich unter Schock. Dann dachte ich: Irene, stark musst du sein! Es heißt doch, 80 Prozent der Heilung geschehe im Kopf. Sie klopft sich ein paar Mal an die Schläfe. Ich wollte positiv gestimmt bleiben. Es war schwer. Ich hatte lange Haare, die habe ich verloren. Ich bin aufgequollen, mein Gesicht war aufgedunsen. Aber ich habe versucht, normal weiterzuleben, auch wegen der Kinder. Ein normales Leben zu leben, so normal, wie es eben geht. Finanziell war es nicht einfach. Die Krankenkasse hat mir 300 Euro im Monat gezahlt, die gingen allein für die täglichen Fahrten zur Behandlung drauf. Die anderen Rechnungen waren ja auch noch da. Zum Glück geht es mir wieder gut, zum Glück kann ich wieder arbeiten! Wie geht es normalerweise mit dem Geld?, frage ich, reicht der Lohn aus? Irene ruft, das muss er! Am Ende des Monats müssen wir die Kröten beisammenhalten. Wir alle. Gut managen mit der Haushaltskasse. Ich kann meinen Kindern materiell nicht alles geben, ich kann ihnen nicht alle Wünsche erfüllen. Aber alle Liebe, die ich habe, die kann ich ihnen geben. Ana Maria und ich sitzen am Tisch und nicken nachdenklich, ich blättere in meinem Notizbuch. Drei Fragen habe ich noch, Irene. Sie sagt, nur zu. Was ist dein Wunsch für die Zukunft? Wie sieht dein Leben in zehn Jahren aus? Sie denkt nach. Sie sagt, ich möchte hier sein. Um meine Kinder aufwachsen zu sehen. Und um der Firma helfen zu können, Erfolg zu haben. Hier sein?, hake ich zögerlich bei Ana Maria auf Englisch nach, sie meint …? Ja, unterbricht Ana Maria mich schnell, sie meint »hier sein«, am Leben. Edgar betritt den Raum, er setzt sich dazu, ob alles gut sei mit uns. Und ob er Irene wieder entführen dürfe, er brauche sie in der Produktion. Irene lacht, tut mir leid, Chef, noch zwei Fragen. Ich hebe schnell den Finger für Frage eins: Wenn du zwei Stunden frei hast, für dich, was tust mit dieser Zeit? Sie weiß die Antwort sofort. Ich gehe in eine Bäckerei. Wenn es vormittags ist, frühstücke ich, wenn es nachmittags ist, esse ich einen Snack. Alleine? Nein! Dafür rede ich viel zu gerne, es muss in Begleitung sein. Ich hebe den zweiten Finger in die Luft, sage: Letzte Frage, möchtest du denen, die das Buch lesen, etwas Bestimmtes mitteilen? Es entsteht eine Pause. Edgar, Irene und Ana Maria witzeln auf Portugiesisch herum. Edgar sagt, sag ihnen, dass sie mehr Schuhe kaufen sollen. Irene wischt das Gelächter beiseite, hört zu! Wir sind gut in dem, was wir tun. Was wir tun, tun wir mit Liebe. Und wenn es mit Liebe getan ist, kann man das sehen: Es ist schöner gemacht. So ist das. Alle lachen und applaudieren, ich klappe das Notizbuch zu und bedanke mich.

Wir gehen zu Irenes Arbeitsplatz, die Lautstärke der Halle schlägt uns beim Öffnen der Tür entgegen. Irene nimmt einen Schuhschaft aus einer Kiste, Oberstoff und Innenfutter, lose vernäht. Dies wird ein Muster für H&M, sagt sie und öffnet die Spitze des Schafts, wo Außen- und Innenmaterial noch nicht verbunden sind. Sie schmiert eine Seite mit Kleber ein und drückt eine verstärkende Kappe auf. Das Gleiche tut sie an der Schuhschaftferse. Wir laufen an den Rand der Halle, wo erst die Spitze, dann die Ferse in einer Apparatur erhitzt und in Form gedrückt und zum Verfestigen an Eis gepresst wird. Zurück an ihrem Platz, bringt sie die Ösen in den Schnürsenkellöchern an und trägt den fertigen Schaft zur Weiterverarbeitung in eine andere Ecke der Halle. Nun wird der Schuh cemented, wie sie es nennt, Innen- und Außensohle werden in mehreren Arbeitsschritten verklebt, zum Erhitzen in einen Ofen gesteckt, in einer anderen Apparatur unter Druck gesetzt, zum Schluss wird der Leisten manuell aus dem fertigen Schuh herausgebogen. Einer der beiden Maschinenbediener erklärt mir auf Portugiesisch jeden Schritt, den er tut, er hat die Namen seiner Töchter auf den Unterarm tätowiert: Irina und Erika. Irene hat in der Zwischenzeit mit schnellen, routinierten Handbewegungen viele Kappen geklebt und tut es weiterhin, ich sehe ihr zu. Eine Stunde im Geruch der Kleber, und ich fühle mich leicht benommen. Irene sagt, das hatte ich anfangs auch. Hier in der Halle geht's. Aber in kleinen Räumen merke ich beim Kleben den Nebel im Kopf.

Wir verabschieden uns, ich sage, ich habe zwei Paar gekauft von den Boots, zwei von 2000, vielen Dank dafür, wo wohl die anderen 1998 Paare nun sind? Irene zuckt mit den Achseln, lacht und winkt mir nach.

Ich suche Edgar, wir stehen plaudernd im Flur. Wir reden über die Textilbranche, über schwarze T-Shirts zum Preis von vier Euro. Er sagt, die Fast Fashion Industrie wird in den kommenden Jahren stark sein wie nie, aber dann wird sie implodieren, sie wird sich selber abschaffen, sie ist zu aufreibend für Mensch und Natur. Dieser Wahnsinn wird so, wie er ist, nicht mehr lange bestehen.

Ein Lieferwagen der Firma nimmt mich mit, in Felgueiras steige ich aus. Ich bummele durch den Ort, trinke Kaffee in einer Bar, lese Artikel im Netz. Deutschland importiere 537 Millionen Paar Schuhe im Jahr, 80 Prozent davon aus Asien, 12 Euro im Durchschnittseinkaufspreis. Ich rechne nach, sechs Paar Schuhe und ein

Irene Peixoto Pinto

einzelner wären das jährlich für jeden. Ich lese, dass die Deutschen im Schnitt knapp 13 Paar Schuhe besäßen, Frauen 17,3 und Männer 8,2, dass es Gamaschen und Schuhfetischismus gebe, dass der Schuh in der arabischen Welt auch als Symbol der Verachtung verwendet werde und dass die Moorleiche aus der Römerzeit, »der Mann von Damendorf«, Bundschuhe an den Füßen trug. Ich trete auf die Straße und folge dem Glockengeläut. Die Kirche ist innen mit Kacheln gefliest, blau-weiß, und Maria hat sieben Schwerter in ihrem Herzen stecken. Die gewölbte Decke ist bemalt, eine Figur, die in prächtigen Wolken steht. Man kann nicht erkennen, ob es Maria oder Jesus sein soll – langes Gewand, langes Haar –, im Himmel ist das wohl endlich egal. Schuhe hat Mari-Jesus keine an, und da fällt mir auf: Niemand in der Fabrik hat kommentiert, dass meine Vintage Boots – vermeintlich und warum auch immer – Schuhe für Jesusse und nicht für Marias sind. Ich denke, Wolken bestehen aus Nebel und Eiskristall – sollte Mari-Jesus da oben an seinen Füßen frieren, würde ich meine Boots sofort mit ihr teilen.

Nachbemerkungen

Keine Antwort oder eine ablehnende Reaktion erhielt ich zu meiner Woman's Chamonix Hooded Jacket von Mountain Equipment (Tameside/England, made in der Ukraine), zu meinen Öko-T-Shirts von Les Racines du Ciel (Quimper/Frankreich, made in Portugal) und Earth Positive-Continental Clothing (Berlin, made in Indien) sowie zu meiner Bluse von Benetton (Ponzano Veneto/Italien, made in China).

Eine freundliche Einladung erhielt ich von HempAge (Adelsdorf), die ebenso wie ihr Zulieferbetrieb Hemp Fortex (Rushan, China) von der Fair Wear Foundation zertifiziert sind. Der Besuch vor Ort in China konnte leider nicht mehr in das Manuskript einfließen.

Nachbemerkung

Anhang

Best of Label

Nach CIR, Christliche Initiative Romero: Ein Wegweiser durch das
Label-Labyrinth. Münster 2017

Marken, die Mitglieder der Fair Wear Foundation sind

AEP, Acne Studios, Aevor, Affenzahn, Albiro, Alchemist, Anchor, Anna van Toor, Armedangels

B&C Collection, Baker Bridge, Bel & Bo, Belconfect, Bestex, BP-Bierbaum, Proenen, Bizniz, Blutsgeschwister, Brandless, Bucofa

CKS, Claudia Sträter, Clinic Dress, Clubkollektion.de, Continental

Deuter, Die rote Zora, DW-Shop, Dynafit

Earth Positive, Engelbert Strauss, Enna, Epona, Ergobag, Expresso

Fair Share, Filippa K, Fond of Bags, Fred & Ginger, Fred & Ginger Sister, Frencys, Friday

Ginger, Gonso Bike & Active Wear, Greiff, Grünheld

Haglöfs, Havep, Heigo, HempAge, HempFortex Industries, Hessnatur, Hilde & Co, Hilly, Hydrowear

Iriedaily

Jack Wolfskin, JBC

Kiekeboe, King Louie, Kings of Indigo, Kjus

LaDress, Limon, Living Crafts, Lutteurs

Madness, Maier Sports, Mammut, Manroof, Marsum, Mary Rose, Mary's, Mayerline, Mini Rodini, Minibär, Mountain Equipment, Mountain Force, Mud Jeans

Nudie Jeans

Odd Molly, Odlo, Offermann, Orcon, Ortovox

Picture Organic Clothing, Pingpong, Pranahaus, Profi Dress, ProGarments, Pyua

Ronhill, Roots for Safety BV

S-Gard, Salewa, Salvage, Sandqvist, Satch, Schijvens, Schöffel, Sena Eco Couture, Sheeld, SOL's, Solida, Spoom, Sprayway, Stanley & Stella, Star Sock, Suit Supply, Superstar, Swiss Post

Triffic, Tailor & Stitch, Takko, Thirtyfour, Traced Good, Tricorp

Underprotection, Uniform Brands, Uprise

Van Laack, Van Lier, Vaude, Vivanda
Waschbär, Wikland, Workfashion.com

Glossar

ASIAN FLOOR WAGE ALLIANCE
ist ein Zusammenschluss von 61 Gewerkschaften und Arbeits-
rechtsaktivist*innen aus 13 Ländern, die sich dafür einsetzen, dass
Existenz sichernde Löhne (siehe LIVING WAGE) in den asiatischen Produktionsländern von Bekleidung gezahlt werden. »Wage
floor« heißt Lohnuntergrenze.

BLUESIGN
ist ein Siegel für die Chemikalienregelung der bluesign technologie ag, die im Jahr 2000 in Gallen/Schweiz gegründet wurde. Für
die Umweltorganisation Greenpeace ist Bluesign ein sehr strenger
Standard mit »der umfassendsten Negativliste schädlicher Chemikalien«. Die NGO Christliche Initiative Romero bewertet das
Siegel ambivalent.

BSCI
steht für Business Social Compliance Initiative, die 2003 von
der Foreign Trade Organisation initiiert worden ist. Sie ist eine
Initiative der Wirtschaft, die ihren rund 1700 Mitgliedsbetrieben
ein »Überwachungs- und Qualifikationssystem« anbietet, um die
Arbeitsbedingungen verbessern zu können. Kritische Organisationen wie das Südwind-Institut und die Kampagne für Saubere
Kleidung halten ihre Kontrolle für zu schwach und nicht transparent genug.

CNG
steht für Compressed Natural Gas, komprimiertes Erdgas, mit
dem viele motorisierte Rikschas in Bangladesch angetrieben
werden.

FAIR WEAR FOUNDATION
ist eine 1999 gegründete Non-Profit-Organisation mit Sitz in
Amsterdam, die die Arbeitsbedingungen in der Textilindustrie
verbessert. Beigetretene Firmen verpflichten sich, die strengen
Bestimmungen der FWF einzuführen. Sie werden von der FWF
regelmäßig überprüft. Derzeit sind etwa 80 Unternehmen mit
120 Marken Mitglied.

GOTS
ist die Abkürzung für Global Organic Textile Standard der
gemeinnützigen Global Standard GmbH, in der vier Organisa-
tionen Mitglied sind (OTA aus den USA, IVN aus Deutschland,
SOIL ASSOCIATION aus Großbritannien und JOCA aus Japan).
Ein hoher Standard, der sowohl Umweltanforderungen als auch
Sozialkriterien bei der Produktion von Textilien berücksichtigt.
Von der Faser bis zum Endprodukt wird kontrolliert, ob die
Textilien umweltverträglich und sozial verantwortlich hergestellt
wurden. GOTS ist für die Umweltorganisation Greenpeace das
zweitstrengste, damit das zweitbeste Siegel. Auch für die NGO
Christliche Initiative Romero hat das Siegel Vorbildcharakter.

ILO
steht für Internationale Arbeitsorganisation, eine Sonderorgani-
sation der Vereinten Nationen. Die vier Grundprinzipien der ILO
sind: 1. Vereinigungsfreiheit und Recht auf Kollektivverhandlun-
gen. 2. Beseitigung der Zwangsarbeit. 3. Abschaffung der Kinderarbeit. 4. Verbot der Diskriminierung in Beschäftigung und Beruf.

LEED
steht für Leadership in Energy and Environmental Design und
ist ein Klassifizierungssystem für umweltfreundliches Bauen
von Gebäuden. Es wurde von der 1993 in Washington D.C.

gegründeten gemeinnützigen Organisation U.S. Green Building Council entwickelt. Vier Qualitätsstufen werden anhand eines Punktesystems vergeben: Certified, Silver, Gold, Platinum.

LIVING WAGE
bedeutet Existenzlohn: einen die Existenz absichernden Lohn, der auch eine soziale und kulturelle Teilhabe mit einschließt. Daher handelt es sich nicht um den Mindestlohn, der »nur« eine gesetzliche Lohnuntergrenze bezeichnet.

IVN BEST SIEGEL
ist das Siegel des Internationalen Verbandes der Naturtextilien. Der IVN Best Standard berücksichtigt die Lieferkette von der Faser bis zum Endprodukt und ist für die Umweltorganisation Greenpeace das strengste, also beste Siegel der Branche. Sowohl umwelttechnische als auch soziale Kriterien werden geprüft. Auch für die NGO Christliche Initiative Romero hat das Siegel Vorbildcharakter.

NGO
steht für Non-Governmental Organization, Nichtregierungsorganisation. Eine Bezeichnung, mit der eine Organisation der Zivilgesellschaft charakterisiert wird, die sich sozial- und umweltpolitisch engagiert und nicht an einen Staat oder eine Regierung – sei es finanziell oder durch ein Mandat – gebunden ist.

NGWF
steht für National Garment Workers Federation, eine Gewerkschaft der Bekleidungsindustrie in Bangladesch, die 1984 gegründet wurde. Ihr Präsident Amirul Haque Amin erhielt 2015 den Internationalen Nürnberger Menschenrechtspreis. Von Deutschland aus kann man diese Gewerkschaft z. B. über die Solidaritätsfonds von Femnet e. V. (Bonn) unterstützen.

OCS

steht für Organic Content Standard, ein Siegel der gemeinnützigen Organisation Textile Exchange, die 2002 gegründet wurde, um den Anteil organisch angebauter Baumwolle zu erhöhen. Im Gegensatz zu GOTS enthält der OCS keine Anforderungen zu den verwendeten Zusatzstoffen und keine Richtlinien zu Umweltmanagement und sozialer Verantwortung. Es gibt den OCS blended (mindestens 5 Prozent Bio-Material) und den OCS 100 (mindestens 95 Prozent bis 100 Prozent Bio-Material). Das Siegel richtet sich auch an Unternehmen, die sich in der Umstellung zu vermehrt organischen Rohstoffen befinden. Die NGO Christliche Initiative Romero bewertet das Siegel als nicht sehr glaubwürdig.

OEKO-TEX STANDARD 100

ist das Siegel, das am weitesten verbreitet ist, das aber – laut Greenpeace – nur die Schadstoffrückstände im Endprodukt testet, und die Herstellungsbedingungen außen vor lässt. Die Anforderungen des Zusammenschlusses von 18 Textilforschungs- und Prüfungsinstituten mit Hauptsitz in Zürich würden von Jahr zu Jahr strenger werden, jedoch weit hinter den Siegeln GOTS und IVN-Best zurückbleiben. Das von der OEKO-TEX Gemeinschaft vergebene Siegel OEKO-TEX MADE IN GREEN nimmt neben der Umweltverträglichkeit der Produktion auch die Sozialverträglichkeit der Arbeitsbedingungen mit in den Blick.

RANA PLAZA

ist der Name eines ehemals achtstöckigen Gebäudes in Sabhar bei Dhaka, das am 24. April 2013 einstürzte. Vor allem Textilfirmen waren in diesem Gebäude untergebracht. Es starben 1135 Menschen, 2438 Menschen wurden verletzt.

SA 8000
steht für Social Accountability und heißt gesellschaftlich-soziale
Rechenschaft/Verantwortlichkeit. Der SA 8000 ist ein internatio-
naler Standard der Social Accountability International (SAI), einer
NGO mit Sitz in New York, 1997 gegründet, der die Einhaltung
der Kernarbeitsnormen der Internationalen Arbeitsorganisation
(siehe ILO) überprüft. Für Greenpeace bescheinigt das Label die
Bereitschaft des Herstellers, sich kontrollieren zu lassen und die
wichtigsten Sozialstandards einzuhalten. Die Christliche Initiative
Romero hält den SA 8000 für einen hohen Standard, der jedoch
die Verantwortung für die Einhaltung zu sehr den Fabrikbesitzern
und Zulieferern übergebe; die Verantwortung der Marken käme
zu kurz. Eine Brandkatastrophe in einer Bekleidungsfabrik im
pakistanischen Karachi 2012, bei der 260 Menschen starben und
30 Menschen verletzt worden sind, hat das Label zeitweilig in ein
schlechtes Licht gerückt, da die Firma kurz zuvor mit dem SA
8000 zertifiziert worden war.

WILDCAT STRIKES
werden auf Deutsch wilde Streiks genannt. Gemeint sind Arbeits-
niederlegungen, die nicht durch eine Gewerkschaft organisiert
werden. In Vietnam gibt es nur eine Einheitsgewerkschaft, die
nicht regierungsunabhängig ist, von daher sind fast alle Arbeits-
niederlegungen in Vietnam wildcat strikes.

WTO
steht für World Trade Organization, Welthandelsorganisa-
tion, die seit 1994 besteht und ihren Sitz in Genf hat. Sie hat
164 Mitgliedsländer und zwei Kernaufgaben: Die Koordination
der Wirtschaftspolitik ihrer Mitgliedsstaaten mit dem Ziel
eines internationalen Freihandels und die Streitentscheidung
zwischen ihren Mitgliedern. Die Frankfurter Rundschau vom

14./15. Juni 2017 bezeichnet die WTO in ihrem Artikel »25 Jahre Rio-Konferenz. Uneingelöste Versprechen« als »Antreiberin für eine grenzenlose Turbo-Globalisierung«.

Literaturhinweise

APPICCAPS, Associação Portuguesa dos Industriais de Calçado, Componentes, Artigos de Pele e seus Sucedâneos: Facts & Numbers 2017 | http://www.apiccaps.pt/library/media_uploads/APICCAPS20177697503403p.pdf, abgerufen am 9. Juni 2017

Asia Floor Wage Alliance: Asia Floor Wage. What is it and why do we need one? | http://asia.floorwage.org/what, abgerufen am 9. Juni 2017

Beckert, Sven: King Cotton. Eine Geschichte des globalen Kapitalismus. München (C. H. Beck) 2014

Black, George: Made in Vietnam. In: onEarth. Natural Resources Defense Council, New York 12. 01. 2015 | https://www.nrdc.org/onearth/made-vietnam, abgerufen am 9. Juni 2017

Bölinger, Mathias: Werkbank Dongguan. Lebenswege made in China. Feature. Deutschlandfunk 2014 | http://boelinger.net/?p=357,

Chamberlain, Gethin; Osborne, Lucy; Drury, Ian: Hypocrite Brand's trendy tops made in Bangladesh sweatshop: Millionaire comic sells £60 Sweatshirts from workers earning just 25p an hour. In: The Daily Mail 05.06.2015 | http://www.dailymail.co.uk/news/article-3112824/Hypocrite-Brand-s-trendy-tops-Bangladesh-sweatshop-Millionaire-comic-sells-60-sweatshirts-workers-earning-just-25p-hour.html, abgerufen am 9. Juni 2017

Chang, Leslie T.: Factory Girls. From Village to City in a Changing China., New York (Spiegel & Grau) 2009

CIR, Christliche Initiative Romero: Ein Wegweiser durch das Label-Labyrinth. Münster 2017

CIR, Christliche Initiative Romero: Grüne Mode. Siegel und Standards. | http://www.ci-romero.de/gruenemode-textileexchange/, abgerufen am 9. Juni 2017

Fair zieht an: Zertifikate und Kriterien. 2017 | http://fair-zieht-an.synagieren.de/zertifikate-und-kriterien/, abgerufen am 9. Juni 2017

Fischer, Thomas: Portugiesischer Fusstritt gegen die Krise. Die Schuhindustrie als Erfolgsbranche. In: Neue Züricher Zeitung 4. Juli 2014 | https://www.nzz.ch/wirtschaft/ein-portugiesischer-fusstritt-gegen-die-krise-1.18336920, abgerufen am 9. Juni 2017

Görtz, Oliver: Köln in Zahlen. So viel wiegt der Dom, so viel Wasser fließt im Rhein bei Köln. In: Kölner Stadt-Anzeiger, Köln 31. Mai 2015 | http://www.ksta.de/koeln/-sote-koeln-in-zahlen-860806, abgerufen am 9. Juni 2017

Globalization Monitor: An Introduction to Globalization Monitor: Our Work. The Hong Kong Context. Monitoring China. | http://www.globalmon.org.hk/content/about-us, abgerufen am 9. Juni 2017

Greenpeace e. V.: Textil-Label unter der Detox-Lupe. Einkaufsratgeber für giftfreie Kleidung. Hamburg 2016. | https://www.greenpeace.de/sites/www.greenpeace.de/files/greenpeace_textil-label-juni_2016.pdf, abgerufen am 9. Juni 2017

Hartwich, Inna: Die Unsichtbaren von Hongkong. Hausangestellte in Hongkong. In: Frankfurter Rundschau 26. März 2014 | http://www.fr.de/panorama/hausangestellte-in-hongkong-die-unsichtbaren-von-hongkong-a-597239, abgerufen am 9. Juni 2017

Hessler, Peter: Über Land. Begegnungen im neuen China. Berlin (Berlin Verlag) 2009

IG Metall Nordhausen: Leinefelder Textilwerke. Damals und heute. Collage 2014

Inkota – Kampagne für saubere Kleidung: Hintergrundinfo Existenzlohn Bangladesch. 2013. | https://www.inkota.de/fileadmin/user_upload/Themen_Kampagnen/Soziale_Verpflichtung_fuer_Unternehmen/afw/INKOTA-CCC_Hintergrundinfo_Existenzlohn_Bangladesch.pdf, abgerufen am 9. Juni 2017

Lau, Rena: China's garment industry and its worker. Wage research report 2013. Globalization Monitor 2013

Nadir.org: Bangladesh – National Garment Workers Federation (NGWF)|https://www.nadir.org/nadir/initiativ/agp/s26/banglad/, abgerufen am 9. Juni 2017

SACOM – Students and Scholars Against Corporate Misbehaviour: Reality Behind Brands' CSR Hypocrisy. An Investigative Report on China Suppliers of ZARA, H&M and GAP. 2016

Bildnachweis

S. 143 © Bui Thi Hong Nhung
Alle anderen Fotos © Imke Müller-Hellmann

Dank

Ich danke Reinald Riede, Aaron Bittner, Sigrid Dietrich, Veronika Otto, Duong Thi Luu, Bui Thi Hong Nhung, Hasina Begum, Afzal Al-Ahad, Sumi Akter, Xu Guiping, Diana Vo, Zhou Chunhong, Wang Kaimei, Liu Yonghong und Irene Peixoto Pinto.

Herrn B., Manfred H. und Michael I., Sanjeev Bahl, Gayathri Kartik, Nguyen Thai Son, Thao Nguyen, Joke Joanna Wittekoek, Joy Mondol, Mahadi, Amirul Haque Amin, Safia Parvin, Jessmin Begum, Robi, Rick, Shishir, Rosanna Dom, Fayez Alam, dem Hamburger Mitarbeiter der Jackenmarke, Ren Ziyi, der Managerin alias Zhang Fang Ke, Ruby Dayal Grio, May Wong, Liu Christina Hongling, Casper Wong, He Wanding, Katharina Dreisman, Robert Hertel, Dong Hongliang, Leon Xu, Andrea Zehendner, Friederike Aumüller, der Managerin der Herrenschuhe, ihrem Assistenten, Edgar Ribeiro und Ana Maria Soares Sampaio.

Ich danke Oliver Radtke, Rudolph Bauer, Maja Linnemann, Gertraud Gauer-Süß, Sabine Ferenschild, Berndt Hinzmann und allen, die mir ihre Kontakte nach China genannt haben. Georg Escher, Johann Günther König, Axel und Sabine Stiehler, Marikke Heinz Hoek und Bernd Henninger. Stefan Höppner und dem Team Ü des Integrationsfachdienstes Bremen. Dem Literaturkontor Bremen. Der Robert Bosch Stiftung und dem Literarischen Colloquium Berlin. Ruth und Adolf Müller-Hellmann.

Bozzi, Iris, Lena, Jasmin und Wiebke. Anke, Petra, Anne, Anne, Nadja, Susanne, Heide, Ute, Franzis, Gunthild, Andrea, Sonja und Kathrin.

Judith. Und meinem langjährigen Lektor Bernd Gosau.

Wo bröckelt dein Putz am schönsten?*

---

* *Frage 99 an Salzburg »ask your town« des Künstlerkollektivs mark*